suhrkamp taschenbuch
wissenschaft 1802

Über das Recht wüssten wir nur wenig, wenn uns nicht Experten darüber Auskunft gäben. Sonst bliebe es weitestgehend unerfindlich. Rechtliches Wissen ist eine Dienstleistung, die von juristischen Experten für den Staat oder für private Auftraggeber erbracht wird. Aber was garantiert, dass die juristische Expertise auch wirklich vom Recht handelt und nicht davon, was Auftraggeber oder Machthaber als Recht ausgeben möchten? Aus rechtspositivistischer Sicht liegt diese Garantie letztlich in der methodisch durchgeführten Bindung ans Gesetz. Die jüngere Naturrechtslehre hat sie um die faire Güterabwägung im Einzelfall ergänzt. Beide Vorschläge, so Alexander Somek, sind jedoch nicht überzeugend, denn der eigentliche Kern des Geltungsanspruchs rechtlichen Wissens liegt im Vermeiden von Diskriminierung.

Alexander Somek, geboren 1961 in Wien, ist Professor of Law am College of Law der University of Iowa.

Alexander Somek

Rechtliches Wissen

Suhrkamp

Bibliografische Information Der Deutschen Bibliothek
Die Deutsche Bibliothek verzeichnet diese Publikation
in der Deutschen Nationalbibliografie
http://dnb.ddb.de

suhrkamp taschenbuch wissenschaft 1802
Erste Auflage 2006

Umschlag nach Entwürfen
von Willy Fleckhaus und Rolf Staudt
Druck: Nomos Verlagsgesellschaft, Baden-Baden
Printed in Germany
ISBN 3-518-29402-4

1 2 3 4 5 6 – 11 10 09 08 07 06

Inhalt

Vorwort

Es würde nicht die Feststellung lohnen, dass es Recht nur gibt, weil und insofern es auch als solches gewusst wird, wenn daraus nicht folgte, dass eine Theorie des Rechts angemessen nur als eine Theorie rechtlichen Wissens formuliert werden kann. Das Wissen des Rechts ist ein Teil der sozialen Welt, auf die es bezogen ist. Es ist als soziales Faktum zu studieren *und* in seinem Wissensanspruch ernst zu nehmen. Die Rechtstheorie ist die der Bestimmung dieses Anspruchs gewidmete Disziplin. Die Rechtswissenschaft sollte ihn einlösen.

Der »Kampf um die Rechtswissenschaft« (Kantorowicz), der das frühe zwanzigste Jahrhundert bestimmte, tobt schon seit langem nicht mehr. Er ist gegen Ende desselben Jahrhunderts ersetzt worden durch die Konkurrenz um den Marktanteil im Lehr- und Gutachtensbetrieb. Die wissenschaftliche Beschäftigung mit dem Recht befindet sich in der Defensive. Im Vergleich zur Abgabe von Dienstleistungen und zur Vorbereitung auf die praktische Berufsarbeit gilt sie als nutzlos.

Das Verschwinden der Rechtswissenschaft manifestiert sich an einem Wandel der Theoriefunktion. Die Theorie galt einst als das Gebiet, auf dem sich das rechtliche Wissen seiner Grundlage versichert. Das hat sich geändert. Die Theorie wird zur Quelle von Verunsicherung und Ratlosigkeit. Der berufstüchtige Jurist tut gut daran, sich von ihr fernzuhalten. Gleichwohl ist der Wissensanspruch ein Element der Wirklichkeit rechtlichen Wissens. Die Theorie lässt sich aus ihm nicht aussperren. Folglich erfährt sich rechtliches Wissen zu Beginn des einundzwanzigsten Jahrhunderts als unter dem Eindruck der jederzeit drohenden Selbstsubversion formuliert. Die Beschäftigung mit Rechtstheorie wird zum Reservat der Furchtlosen.

Die nachstehenden Kapitel sind in den letzten acht Jahren geschrieben worden. Sie sind aus nachpositivistischer Sicht formuliert. Das nachpositivistische Rechtsdenken radikalisiert das Projekt des Rechtspositivismus. Nach wie vor gilt es, das rechtliche Wissen vor den Verzückungen der Vernunft zu bewahren, allerdings auch jener, derer sich selbst der Rechtspositivismus schuldig gemacht hat. Das nachpositivistische Rechtsdenken ist skeptischer als das Naturrecht. Auf die soziale Erfahrung der Relativität moralischer Überzeugungen reagiert es nicht mit Verleugnung. Der Objektivitätsanspruch der Moral wird vorsichtig umkreist. Zu leicht verkehrt sich nämlich die Anrufung von Moral in die Kompensation sozialer Ohnmacht. Zum Ressentiment fühlt sich das nachpositivistische Rechtsdenken nicht berufen.

Meine Arbeiten haben von der jahrelangen Begleitung durch gute Kollegen und Studenten profitiert. Ich denke dabei insbesondere an Ralph Christensen, Nikolaus Forgó, Roland Gerlach, Christian Hiebaum, Elisabeth Holzleithner, Peter Koller, Kent Lerch, Gerhard Luf, Theo Öhlinger, Stanley L. Paulson, Ines Roessl, Manfred Stelzer, Dominik Thompson und Ewald Wiederin. Thomas Zeipelt vom Suhrkamp Verlag hat wichtige Vorschläge zur Verbesserung des Textes gemacht. Ihnen allen gebührt mein aufrichtiger Dank.

Mein Schwiegervater Günther Michor ist verstorben, während ich das Manuskript zum Verlag brachte. Seiner gedenke ich in dieser dunklen Zeit.

Iowa City, im November 2005
Alexander Somek

Einleitung
Die Wirklichkeit des Rechts

Eine sozial gezogene Grenze

Unter welcher Bedingung beschäftigt man sich mit Rechtstheorie?

Die Beantwortung dieser Frage fällt nicht schwer. Man befasst sich mit Rechtstheorie, wenn man die Beobachtung macht, dass die landläufige juristische Expertise dort endet, wo sie interessant zu werden verspricht. Wer über minimale soziale Sensibilität verfügt, macht im Anschluss an diese Beobachtung eine weitere. Ihr zufolge wird das, was man für interessant hält, von juristischen Experten als entbehrlich erlebt. Beide Beobachtungen geben über die Beschäftigung mit Rechtstheorie den Ausschlag. Insbesondere entscheidet darüber die Wahrnehmung der anderen.

Die vorstehende Antwort mag, obwohl ihr eine an Sartre gemahnende Subtilität innewohnt,[1] trivial anmuten. Indes deuten sich in ihr zwei Einsichten an. Zunächst kommt in ihr zum Ausdruck, dass man sich die Befassung mit Rechtstheorie nicht aussucht. Man gerät in sie. Das passiert einem zumeist schon während der Studienzeit. Überdies ist deutlich, dass die Grenze zwischen dem, was den meisten Juristen als handfestes juristisches Geschäft dünkt, und dem, was im Vergleich dazu als »theoretisch« bezeichnet wird, *sozial* gezogen ist. Die Rechtstheorie fällt auf nicht deswegen, weil das, was sie zu wissen vorgibt, für die juristische Analyse irrelevant ist. Die Befassung mit rechtstheoretischen Problemen ist anwendungsrelevant. Die Frage etwa, wie ein rechtsanwendendes Organ sich verhalten dürfe, wenn es einen so genannten unbestimmten Rechtsbegriff (z. B. »gute Sitten«) anwendet, ist rechtstheoretischer Art. Während die einen sagen, das Organ finde sich durch die Unbestimmtheit dazu ermächtigt, im Rahmen der auch durch einen unbestimmten Rechtsbegriff gezogenen Grenze nach seinem Gutdünken Ermessen zu üben,[2] behaupten andere, das Organ sei den Adressaten des Rechts gegenüber verpflichtet, eine allgemeine Konzeption der Be-

1 Zur Konstitution des Selbst durch den Blick des Anderen siehe bei Jean Paul Sartre, *Das Sein und das Nichts*, Reinbek 1993, 476.

2 Siehe Hans Kelsen, *Reine Rechtslehre. Einleitung in die rechtwissenschaftliche Problematik*, hrsg. v. S. Paulson, Aalen 1985, 99 (erste Auflage 1934).

deutung des betreffenden Rechtsbegriffs dessen Anwendung im Einzelfall zugrunde zu legen.[3] Es macht einen bedeutenden Unterschied aus, welcher Auffassung das rechtsanwendende Organ folgt. Für das Organ wird die Entscheidungsbegründung entweder leichter oder schwerer; für die Adressaten sind die Gründe des Entscheidens mehr oder weniger offenkundig. Von praktischer Irrelevanz kann also keine Rede sein. Gleichwohl ist die Rechtstheorie *sozial* erkennbar daran, dass sie von juristischen Experten als für das handfeste juristische Geschäft entbehrlich *erlebt* wird.

Diese sozial gezogene Grenze wird mit jedem Beitrag zur Rechtstheorie reproduziert. Die Themenwahl gibt dies indirekt zu erkennen. Wer sich mit der Bedeutung der Kohärenz für die juristische Argumentation auseinandersetzt, gibt zu verstehen, dass er zu europäischen Telekommunikationsrichtlinien voraussichtlich nichts sagen wird. Die Theorie hält sich beim Allgemeinen auf.

Die Grenze wird auch von manchen, die rechtstheoretisch arbeiten, explizit gezogen und affirmiert. Die hauptsächlich in Oxford beheimatete, am Werk vom H. L. A. Hart orientierte positivistische Rechtstheorie versteht sich als Analyse des Begriffs und der Struktur des Rechtssystems.[4] Sie analysiert die Elemente, aus denen sich das Rechtssystem zusammensetzt. Die Erwartung, Relevanz für die praktische Problemlösung haben zu müssen, weist sie als für die Rechtstheorie irrelevant zurück.

Anschlussfähigkeit durch Unzuständigkeit

Selbstausschließung macht anschlussfähig. Die Rechtstheorie verdankt ihre Anschlussfähigkeit an die gewöhnliche juristische Expertise einem bemerkenswerten Kompetenzverlust. Er kommt darin zum Ausdruck, dass sie als »Grundlagenfach« verstanden wird. In dieser Eigenschaft eignet sie sich vortrefflich als Brennpunkt für

3 Siehe Ronald Dworkin, *Bürgerrechte ernstgenommen*, Frankfurt/M. 1984, 104-105.

4 Siehe H.L.A. Hart, *The Concept of Law*, 2. Aufl. Oxford 1994; Joseph Raz, *Practical Reasons and Norms*, 3. Aufl. Oxford 2001; Jules Coleman, *The Practice of Principle. In Defense of a Pragmatist Approach to Legal Theory*, Oxford 2001. In seiner Rezension des zuletzt zitierten Werkes hat Ronald Dworkin diese Schule scharf kritisiert. Siehe Ronald Dworkin, Thirty Years On, in: *Harvard Law Review* 115 (2002), 1656-1687, hier: 1678-1681.

Verweise ins juristische Nichts. Diejenigen, die diesseits der sozialen Grenze zur Rechtstheorie operieren, empfehlen, wenn ihnen nichts mehr einfällt, dem rechtssuchenden Publikum einen Besuch im labyrinthischen Keller der juristischen Disziplin. Eine solche Empfehlung markiert das Ende der Expertise. Der Rechtstheorie erwächst daraus die Zuständigkeit für den Zuständigkeitsmangel.[5] Sie wird zuständig für diejenigen rechtswissenschaftlichen Fragen, von denen die juristischen Experten annehmen, dass sie entweder sich nicht beantworten lassen oder nicht beantwortet werden müssen. Durch ihre Existenz lässt die Rechtstheorie alle Fragen offen. Die Voraussetzung einer »theoretischen« Grundlage gestattet es, alle Rechtsprobleme, wenn es denn sein muss, so zu behandeln, als ob sie *letztlich* keine wären. Man darf, wenn man das Adjektiv »theoretisch« vorsetzt, behaupten, was einem beliebt, ohne den Kreis der juristischen Experten zu verlassen.

Die juristische Expertise bedarf eines solchen offenen Endes. Es tritt nicht äußerlich und zufällig zu ihr hinzu.

Die juristische Expertise ist ein Steuerungsmedium.[6] Wer juristische Expertise bemüht, tut dies, um das Verhalten anderer zu steuern. Das gilt für das Verhalten von Privatpersonen ebenso wie für das von Gerichten. Aber die Expertise ist ein paradoxes Steuerungsmedium. Wer sie abgibt und – zumeist auch – wer sie zukauft, weiß, dass die guten Gründe, die in juristischer Expertise enthalten sind, das Verhalten von Privatpersonen und Gerichten nicht steuern können. Sie können dies allein schon deswegen nicht, weil im Rechtssystem prinzipiell alles *argumentierbar* ist.[7] Zu jedem juristischen Argument gibt es ein juristisches Gegenargument. Diese Erfahrung ist nicht auf das akademische Milieu beschränkt. Sie wird auch inmitten des juristischen Alltagsgeschäfts gemacht. Auf die Klageschrift antwortet eine Gegenschrift. Die Entscheidungen von Ge-

5 Odo Marquard bemerkte einmal über die Philosophie, sie habe »Inkompetenzkompensationskompetenz«. Siehe Odo Marquard, *Abschied vom Prinzipiellen*, Stuttgart 1981, 23-38. Im Unterschied dazu kompensiert die Rechtstheorie nicht die Unzuständigkeit zur Problemlösung, sondern sie bewahrt diese gleichsam auf.

6 Siehe dazu näher Alexander Somek, Die Macht der juristischen Expertise. Rechtliches Wissen als Steuerungsmedium, in: K. Lerch (Hrsg.), *Die Sprache des Rechts, Bd. 3: Recht vermitteln*, Berlin/New York 2005, 399-438.

7 Siehe Jerry Frug, Argument as Character, in: *Stanford Law Review* 40 (1988), 869-927.

richten enthalten mitunter Sondervoten. In ihnen erklären Richter, weshalb sie anders entschieden hätten als der Senat, dem sie angehören. Die Erfahrung tritt natürlich auch dann auf, wenn man mit Beschwerden partout nicht durchdringt, obwohl man meinte, die Rechtsprechung eines Gerichts genau studiert und vorausberechnet zu haben. Die juristische Expertise muss stets mit Frustrationen rechnen. In der Tat ist sie ein zutiefst frustrierendes Geschäft. Denn entgegen ihrem eigenen Anspruch vermag sie das Feld nicht zu kontrollieren, das sie zu kontrollieren antritt. Das bewahrheitet sich nicht nur für das Verhältnis zwischen einer Advokatin und einem Gericht. Es bestätigt sich auch für das Verhältnis zwischen Präzedenzfall und Anschlussentscheidung. Der letztere soll unter der Kontrolle des ersteren stehen. Aber dem ist nicht so. Es verhält sich umgekehrt: »The earlier case means only what a judge in a later case says it means.«[8]

Die juristische Expertise wird unter gravierender Verunsicherung abgegeben. Ihre Zuständigkeitsbehauptung zur Verhaltenssteuerung ist begleitet von der Erfahrung von Inkompetenz. Diese Erfahrung ist konstitutiv für den Verdacht, dass juristisches Entscheiden *letztlich* von etwas anderem abhängig ist als vom kunstvoll vorgetragenen juristischen Argument. Die Expertise trägt ihren Zuständigkeitsmangel als Negation ihrer selbst in sich. Sie trägt ihn mit sich herum, wohin sie sich auch wendet.

Existieren kann die Expertise daher nicht anders als vermöge einer Verneinung dieser ihrer Verneinung. Sie muss sich für die Thematisierung ihrer eigenen Inkompetenz zur Verhaltenssteuerung unzuständig erklären. Die Begründung des Steuerungsanspruchs rechtlichen Wissens – warum also eine juristische Behauptung gilt und folglich beachtet werden soll – ist als eine *beliebig* zu beantwortende Grundlagenfrage auszugeben.[9] Unter dieser Bedingung ist juristische Expertise möglich. Solcherart kann die Expertise mit dem Makel leben, nicht kontrollieren zu können, was sie zu kontrollieren antritt. Fehlschläge lassen sich der Kollision unaufgedeckter »theoretischer« Prämissen zurechnen. Der Gebrauch des Adjektivs »theoretisch« signalisiert, dass man sich auf einem intellektuellen

8 Jerome Frank, *Law and the Modern Mind*, 2. Aufl. New York 1931, 149 (Fußnote).

9 Ich gehe davon aus, dass wenn die Gründe für gültiges rechtliches Wissen eingesehen werden, diese Gründe auch motivieren. Ich erwähne dies, weil das keine Selbstverständlichkeit ist.

Terrain befindet, auf dem sich nicht mehr ernsthaft streiten lässt. Das Reich des Zuständigkeitsmangels liegt außerhalb der Expertise selbst. Die Theorie steht für den Moment, an dem sich die Expertise ins Weltanschauliche oder Politische verflüchtigt.[10] Durch die Projektion der Inkompetenz zur Verhaltenssteuerung ins Reich der »grauen Theorie« (Goethe, immerhin) stellt die Verneinung die verunsicherte Kompetenz wieder her. Die Projektion ist die Grundlage der Frustrationsbewältigung. »Theoretisch« kann man immer Recht behalten. »Theoretisch« kann man auch dann noch Recht haben, wenn die Entscheidung gegenteilig ausgefallen ist. Aber eben nur »theoretisch«. Im Reich der Theorie existiert das Recht in der Modalität der Möglichkeit. Die Theorie bezieht sich aufs mögliche Recht.

Die solcherart konstituierte Anschlussfähigkeit der Rechtstheorie an die juristische Expertise manifestiert sich an der Art, wie sie an Universitäten institutionalisiert ist. Sie ist ein Grundlagenfach. Aber sie ist nicht nur das. Sie ist ein Grundlagenfach, dem die Abschaffung droht. Die Rechtstheorie erhält sich am Leben in der Sorge, dass es morgen schon vorbei sein könnte. Ob sie sich wirklich abschaffen ließe, ist zweifelhaft. Ohne sie verlöre die Disziplin den Richtungszeiger für ihre Verweise ins juristische Nichts. Das Unerledigte muss einen Ort haben, an dem es sich aufbewahren und spielerisch bewältigen lässt. Die Abschaffungsdrohung hat gleichsam transzendentalen Charakter. Sie ist dafür konstitutiv, dass die Rechtstheorie jenes öffentliche Gut sein kann, an dem alle juristischen Experten partizipieren, indem sie sich von ihm fernhalten.

Ich habe bereits erwähnt, dass der sozial gezogene Unterschied zwischen den juristischen Fächern (wie Rechnungslegungsrecht, Baurecht, Aktienrecht, Unterhaltsrecht, Steuerrecht, Insolvenz-

10 In diesem Zusammenhang überträgt sich der alltagssprachliche Gebrauch von »theoretisch« auf das Attribut »rechtstheoretisch«. Eine »rechtstheoretische« Stellungnahme hält sich in einer anderen sozialen Welt als der Welt derer auf, die den juristischen Sprachmarkt dominieren. »Theoretisch« kann man Gerichtsentscheidungen den Rang von Rechtsquellen absprechen. »Praktisch« ist das unmöglich. »Theoretisch« kann man begründen, dass Gerichtsentscheidungen keine einem Gesetz vergleichbare bindende Kraft haben dürfen. »Praktisch« wird eine solche Begründung keine Folgen haben. Sie wird praktisch keine Folgen haben, insofern sich Gerichte mit dieser Frage nicht einmal systematisch auseinandersetzen. »Theoretisch« kann man diese Frage daher beliebig beantworten. »Praktisch« muss man der Auffassung der entscheidenden Instanzen folgen.

recht) und der Rechtstheorie nichts über die sachliche Qualität der behandelten Probleme aussagt. Insbesondere sagt er nichts über die Relevanz zur sachlichen Problemlösung aus. Die Frage, ob eine Rechtsordnung gilt oder nicht und ob man ihr, insofern sie gilt, zu folgen hat, ist keine Kleinigkeit. Sie stellt sich mittlerweile schon fast täglich für die Vereinigten Staaten im Verhältnis zur Charta der Vereinten Nationen.[11] Rechtstheoretische Probleme sind echte juristische Probleme. Der Unterschied sagt vielmehr etwas darüber aus, wie das rechtliche Wissen in der Form der juristischen Expertise existiert. Es existiert in und aufgrund des Verzichts auf die Auseinandersetzung mit den Geltungsgründen rechtlichen Wissens. Damit soll nicht gesagt werden, dass die juristische Expertise darüber hinwegsieht, etwa die Gültigkeit eines Vertrages oder einer Kündigung zu beurteilen. Aber sie untersucht nicht, aus welchen Gründen sich die Standards zusammensetzen, aufgrund derer die Gültigkeit von rechtsförmig erzeugten Normen bestimmt wird. Zumal das Recht in einer Gesellschaft auch insofern existiert, als es in der Form der Expertise gewusst wird, existiert es vermöge der Abstraktion vom Grund seiner Existenz.

Aber das ist noch nicht die ganze Geschichte.

Vermachtung und Kommodifizierung

Juristische Experten müssen damit rechnen, dass der Inhalt ihrer Ratschläge oder Papiere ihren Dienstherrn oder Auftraggebern unangenehm sein könnte. Wenn man der juristischen Expertise sein Ein- und Auskommen verdankt, sollte man die Kommunikation von Unangenehmem an die Dienstherrn und Auftraggeber vermeiden. Advokaten stehen unter dem Druck, die Rechtsauffassung ihrer Klienten in ein juristisch vorzeigbares Format zu bringen. Es ziemt sich nicht, den Klienten zu verstehen zu geben, sie seien impertinent und unerträglich. Auch müssen die Advokaten darauf achten, in Anträgen nicht die Sichtweise eines Problems an ein Gericht heranzutragen, die von diesem als ungewöhnlich, verstiegen oder sogar unbotmäßig erlebt wird. Sie müssen die Sprache des Gerichts sprechen. Sie müssen dem Gericht zu verstehen geben, dass es,

11 Siehe dazu etwa Christine Gray, *International Law and the Use of Force*, 2. Auflage, Oxford 2004, 159-194.

wenn es Recht spricht, gut Recht spricht. Junge Richterinnen und Richter müssen es vermeiden, bei Berufungssenaten unangenehm aufzufallen. Die Angehörigen von Richtersenaten müssen ihren Kolleginnen verständlich bleiben. Juristische Experten haben generell im Auge zu behalten, dass mächtige Gegner meistens smarte juristische Beraterinnen und Berater haben. Auf deren Strategie sollten sie sich einstellen. Andernfalls ist man leicht der Blamierte. Auf Schritt und Tritt muss die juristische Expertin daher der Gefahr vorbeugen, einen Schriftsatz oder eine Eingabe zu produzieren, die von den relevanten Stellen oder Personen als »theoretisch« abgetan werden könnte.

Das Phänomen, dass sachliche Überlegungen wegen der Macht der lenkenden oder entscheidenden Stellen zur Irrelevanz verurteilt sein können, lässt sich als *Vermachtung* rechtlichen Wissens beschreiben.[12] Sie manifestiert sich an der Erfahrung, dass bei der Produktion von rechtlichem Wissen, um an juristischem Sprechen teilnehmen zu können, inhaltliche Konzessionen zu machen sind, für die kein *sachlicher* Grund bestehen muss. Aus den entsprechenden Tabus, in deren Bann das juristische Argumentieren steht, resultieren intellektuelle Deformationen. Sie prägen die Physiognomie der juristischen Analyse von der Beschwörung der »hM«,[13] der Klassifikation der Auffassungen von Außenseitern als »verfehlt« bis zum schier unvermeidlichen Gebrauch des Fettdrucks zur Hervorhebung des **Wesentlichen** in der Studien- und Praxisliteratur.

Die Abgabe von Expertisen kann die juristischen Experten nur ernähren, insofern sie das Idiom der lenkenden und entscheidenden Stellen beherrschen und deren Prämissen akzeptieren. Sonst ließe rechtliches Wissen sich nicht verkaufen. Das rechtliche Wissen – und mit ihm: das Recht – wird demgemäß produziert unter Bedingungen der *Kommodifizierung*.[14] Die Produktion genügt den Be-

12 Eine solche Beschreibung beruht auf der Theorie sozialer Steuerungsmedien. Siehe Alexander Somek/Nikolaus Forgó, *Nachpositivistisches Rechtsdenken. Inhalt und Form des positiven Rechts*, Wien 1996, 143-176.

13 Siehe die klassische Phänomenologie bei Uwe Wesel, *Aufklärungen über Recht. Zehn Beiträge zur Entmythologisierung*, Frankfurt/M. 1981, 14-40.

14 Zu »fictitious commodities« siehe bekanntlich Karl Polanyi, *The Great Transformation. The Political and Economic Origins of Our Time*, 3. Aufl. Boston 2001, 75. (Dt.: *The Great Transformation. Politische und ökonomische Ursprünge von Gesellschaften und Wirtschaftssystemen*, Frankfurt/M. 1973.)

dingungen der Abgabe von Dienstleistungen für Dienstherren und Auftraggeber. In der Form der juristischen Expertise ist das rechtliche Wissen eine fiktive Ware. Es wird wie eine Ware produziert, ohne eine Ware zu sein; eine juristische Behauptung ist wahr unabhängig davon, ob sie sich verkaufen lässt.

Somit wird deutlich, dass die angebliche Beliebigkeit, mit der sich rechtstheoretische Positionen beziehen lassen, ein Reflex von Ohnmacht ist. »Theoretisch« kann man einem Gericht vorführen, dass es verworren denkt oder einem Klasseninteresse dient. Im Reich des möglichen Rechts ist das möglich. In Wirklichkeit wird es nichts fruchten. Da das Gericht, weil es denkt, wie es denkt, seinen eigenen Auffassungen huldigt, wird das Verworrene zum Saatbeet des Rechts. Der Gedanke hat keine Macht.

Transzendenz von innen[15]

Vermachtung und Kommodifizierung sind für das rechtliche Wissen[16] nicht blamabel. Das kontroverse (bloß mögliche) Recht taugt nicht zur sozialen Integration. Das Recht realisiert sich in Gesellschaften nur, insofern es allgemein verbindlich gewusst wird.

Die Verbindlichkeit des Rechts ist der Reflex der Gültigkeit rechtlichen Wissens. Die Geltung einer Norm ist abhängig von der Geltung des Satzes, der die Geltung der Norm behauptet. Die Geltungsbedingungen solcher Sätze sind mitunter selbst rechtlich festgelegt. Das Institut der Rechtskraft ist ein sinnfälliges Symbol dafür.

15 Die Überschrift ist Habermas abgeborgt. Siehe Jürgen Habermas, *Texte und Kontexte*, Frankfurt/M. 1991, 127.

16 Das unreflektierte rechtliche Wissen, das in der Form juristischer Expertisen reproduziert wird, ist, weil es allgemeine Rechtfertigungen als beliebig abtun muss, anfällig dafür, in den Dienst beliebiger Zwecke gestellt zu werden. Sozial bedeutet dies, dass in der juristischen Expertise die als rechtswissenschaftlich ausgezeichneten Gründe ihre Kraft verlieren, die Funktion eines normativen Filters im Verhältnis zur Verfolgung wirtschaftlicher und politischer Interessen wahrzunehmen. Indem das rechtliche Wissen von Interessen dominiert wird, öffnet es sich für Rationalisierungen. Insofern in diesen partielle Interessen als allgemein und geschichtliche Konstrukte als naturgegeben ausgegeben werden, ist das rechtliche Wissen ideologieanfällig. Das herausgearbeitet zu haben, war das Verdienst der »critical legal studies«. Siehe dazu nur – gleichsam als »summa« – Duncan Kennedy, *A Critique of Adjudication. Fin de siècle*, Cambridge (Mass.) 1997, 41-42.

Das rechtliche Wissen begegnet sich in seinem Gegenstand selbst. In letzter Instanz sind es aber Konventionen oder theoretisch reflektierte Annahmen, aus denen die Geltung von Normen sich ableitet.[17] Als Recht wird in einer Gesellschaft das gewusst, was von der Geltungsbegründung rechtlichen Wissens als Recht zugelassen wird. Das Subjekt der Begründung ist so kostbar unbestimmt wie die sich selbst kritisierende Vernunft.

Die Begegnung mit dem, worauf es sich richtet, lässt sich auch für die *sozialen Bedingungen* beobachten, unter denen rechtliches Wissen kontinuierlich reproduziert wird. Die Geltung des Satzes, der die Geltung einer Norm behauptet, ist abhängig vom Abblenden der freien Geltungsreflexion. Sonst erstreckte die Geltung sich nicht auf die Sozialdimension. Die Geltungsbehauptung muss das andere ihrer Begründung in sich aufnehmen. Die Theorie liebt die Kontroverse. Alles Mögliche kann Recht sein. Über das wirkliche Recht kann das rechtliche Wissen daher nur dann etwas wissen, wenn die freie Geltungsreflexion entweder gänzlich unterbleibt oder wenigstens abgeschnitten wird. An ihre Stelle hat die Reproduktion in vermachteten und kommodifizierten Verwertungskontexten zu treten.[18]

Die Rechtstheorie sieht sich deshalb genötigt, die ihr von der Expertise zugeschobene Zuständigkeit für den Zuständigkeitsmangel zu affirmieren. Die Existenz von Rechtssystemen beruht darauf. Die Rechtstheorie – verstanden als die von Vermachtung und Kommodifizierung freie Reflexion der Geltungsgründe rechtlichen Wissens – setzt ihre Verneinung voraus. Gäbe es ihre Verneinung nicht, wäre nicht vorhanden, worauf die Theorie sich richtet, insofern sie über Recht spricht. Vermachtung und Kommodifizierung zählen zu den Existenzbedingungen des Rechts.[19] Seine soziale Existenz ist da-

17 Für eines der rätselhaftesten Geschöpfe der Rechtstheorie – die so genannte »Grundnorm« – siehe Kelsen (oben Anm. 2), 66-67. Für einen anspruchsvollen Versuch der Enträtselung siehe Stanley L. Paulson, Die unterschiedlichen Formulierungen der ›Grundnorm‹, in: A. Aarnio et al. (Hrsg.), *Rechtsnorm und Rechtswirklichkeit. Festschrift für Werner Krawietz zum 60. Geburtstag*, Berlin 1993, 53-74.

18 Systemtheoretiker würden freilich an dieser Stelle von der codespezifischen Autopoiesis von Fall zu Fall sprechen. Ich vermeide dies, weil ich den Purismus der funktionalen Differenzierung nicht überzeugend finde.

19 Mit anderen Worten: Das Recht existiert nur, insofern es sozial verbindlich gewusst wird. Dieses Wissen hat natürlich einen Inhalt. Dieser Inhalt hat eine Form. Sie lässt sich als Inbegriff der Bedingungen fassen, unter denen Zwang ausgeübt

durch bedingt, dass eine juristische Behauptung sozial *effektiv* kommuniziert und akzeptiert wird. Die Rechtstheorie ist daher dazu genötigt, das vermachtete und kommodifizierte Format zu bejahen, in dem sie selbst als negiert enthalten ist. Sie muss ihre eigene Verneinung bejahen, um möglich zu sein.

Theorie und Expertise konvergieren an diesem Punkt. Die Expertise weigert sich, ihr Scheitern an der Verhaltenssteuerung zu thematisieren. Das Resultat dieser Weigerung ist die Projektion ihres Steuerungsversagens auf die Rechtstheorie. »Theoretisch« kann man immer Recht behalten. Die Theorie wiederum muss, damit das Recht sein kann, sich selbst als unzuständig bestimmen, gültige juristische Behauptungen abzugeben.

An diesem dunklen Punkt allseitigen Nichtwissens kann das rechtliche Wissen allerdings nicht verweilen. Das Wissen hat den Widerspruch aufzulösen, das Nichtwissen dessen affirmieren zu müssen, was aufgrund seines Nichtwissens erst zu wissen ist. Diese Auflösung vermag zu gelingen, wenn die Rechtstheorie die *soziale Vermittlung* rechtlichen Wissens zu den Bedingungen zählt, unter denen eine juristische Behauptung[20] *gilt*. Zu den Existenzbedingungen von Rechtssystemen gehören die sozialen Umstände, unter denen eine solche Behauptung verifizierbar ist, wie etwa das Faktum, dass das Recht in autoritätsgespeisten und ökonomisch bedingten Diskursen gewusst wird.[21] Diese *Faktizität* rechtlichen Wissens ist dem Recht immanent.

Um ihren Widerspruch aufgelöst zu sehen, muss die Rechtstheorie sich dafür interessieren, was faktisch über den Erfolg der juristischen Expertise den Ausschlag gibt. Sie stößt dabei auf manches, das in dieser unerwähnt bleibt. Hinweise auf die Sozialisation und Karriereverläufe von Richtern, Hierarchien im akademischen Betrieb, das Verbergen von Unsicherheit in Schriftsätzen, die diplomati-

werden darf und verhindert werden muss. Dieser Rechtsbegriff mag bestimmter anmuten, als er ist. Er enthält zwei Variablen: erstens den Begriff des Zwangs, der sich eng oder weit fassen lässt, und zweitens einen Verweis auf die Umstände, unter denen der Zwang ausgeübt werden darf oder verhindert werden muss.

20 Ich spreche von »Behauptung«, möchte aber die illokutionäre Rolle des sprachlichen Aktes unbestimmt lassen. Ich will damit jegliche rechtlich relevanten Behauptungen erfassen, nicht bloß diejenigen, die sich als Beschreibungen in einem propositionalen Sinne verstehen.

21 Siehe bloß Stanley Fish, *Doing What Comes Naturally*, Oxford 1989.

schen Beziehungen zwischen Höchstgerichten oder die Höhe des Honorars finden sich nicht in der juristischen Expertise. Wir wären mehr als erstaunt, wenn ein Richter öffentlich bekannt gäbe, dass er so und nicht anders entscheide, weil er einem konservativen Milieu entstamme. Kein akademischer Gutachter wird schriftlich festhalten, dass eine Rechtsmeinung deswegen zutreffe, weil sein Auftraggeber mehr zu zahlen bereit war als die gegnerische Partei.

Eine soziologisch neugierige Theorie, die aufklärt, warum etwas sozial als Recht gilt, *interveniert* in den Kontext der juristischen Expertise.[22] Damit verändert sie ihn. Die Expertise sieht sich, um glaubwürdig zu sein, dazu herausgefordert, die Geltungsbedingungen rechtlichen Wissens zu bestimmen, um Mutmaßungen abwehren zu können, die ihre Autorität unterminieren. Sie hat die in ihr als unterdrückt präsente Frage thematisch zu machen, unter welchen Bedingungen eine juristische Behauptung wahr ist. Das ist die rechtstheoretische Frage.[23] Bei ihrer Beantwortung kann thematisch werden, ob die Sozialisation des Sprechenden oder die Höhe des Honorars zu diesen Bedingungen gehören oder nicht.

Der dunkle Punkt allseitigen Nichtwissens hat also keine Wirklichkeit. Das Recht existiert nicht, ohne durch rechtliches Wissen vermittelt zu sein, das seinen Geltungsgrund reflektiert. Die Existenz des Rechts muss durch relevantes Wissen vermittelt sein, weil andernfalls das Recht als ein soziales Phänomen – auf »ontischer« Ebene gleichsam – unbestimmt bliebe.[24] Eine Theorie des Rechts hat daher eine Theorie rechtlichen Wissens zu sein. Das Recht ist an und für sich theoretisch. Es ist objektiv etwas Geistiges.[25]

22 Siehe Peter Fuchs, *Intervention und Erfahrung*, Frankfurt/M. 1999, 109, wonach Intervention auf dem Gebrauch eines veränderten Beobachtungsschemas beruht.

23 Ähnlich Dennis Patterson, *Recht und Wahrheit*, Baden-Baden 1996, 9.

24 Die Variation auf Heidegger lässt sich weiterführen: Dem Recht ist ontisch eigen, ontologisch zu sein. Siehe Martin Heidegger, *Sein und Zeit*, 14. Aufl. 1977, 12-13.

25 Siehe G.W.F. Hegel, *Grundlinien der Philosophie des Rechts*, in: ders., *Werke*, hsrg. v. E. Moldenhauer/K. M. Michel, Frankfurt/M. 1969-71, Bd. 7, 46 (§ 4). Pinkard erläutert den Begriff des Geistes folgendermaßen: »Spirit – *Geist* – is a *self-conscious* form of life – that is, it is a form of life that has developed various social practices for reflecting on what it takes to be authoritative for itself in terms of whether these practices live up to their own claims and achieve the aims that they set for themselves.« Terry Pinkard, *Hegel's Phenomenology*, Cambridge 1994, 8-9.

Drei Elemente

Die Frage »Was macht eine juristische Behauptung wahr?« enthält ein unbestimmtes Subjekt, ein Objekt und ein Prädikat. Die Versuche, sie zu beantworten, lassen sich anhand ihrer grammatischen Elemente erläutern. Konzeptionen der Rechtstheorie unterscheiden sich danach, welches dieser Elemente sie für die Beantwortung der rechtstheoretischen Frage als zentral erachten. Allerdings ist das nicht der einzige relevante Unterschied. Konzeptionen dessen, was eine juristische Behauptung wahr macht, beziehen implizit dazu Stellung, inwieweit Vermachtung und Kommodifizierung zu den *notwendigen* Bedingungen rechtlichen Wissens gehören. Daher unterscheiden sich Konzeptionen der Rechtstheorie nach dem Grad der Affirmation des realen Verwertungskontexts rechtlichen Wissens.

Mit der Hervorhebung des grammatischen *Subjekts*, das über die Wahrheit den Ausschlag geben kann, gerät in den Blick, dass in juristischen Behauptungen auf etwas Bezug genommen wird. Trivialerweise beziehen sich solche Äußerungen – unter anderem – auf das Recht. Ihre Wahrheit kann man daher davon abhängig sehen, ob in ihnen zum Ausdruck kommt, was Recht ist. Die adäquate Erfassung des Referenzgegenstands entscheidet darüber. Aus dieser Sicht ist es für die Rechtstheorie essentiell, den Begriff und das Wesen des Rechts zu klären.[26] Die Positionen, die dabei bezogen werden, treten in dem Maß auseinander, in welchem der Verwertungskontext rechtlichen Wissens in den Rechtsbegriff Aufnahme findet. Allerdings wird dieser Kontext in gleichsam gegenständlicher Form repräsentiert. Das Recht wird als aus »Quellen« fließend gesehen, die für identifizierbar oder festlegbar gehalten werden. Der Rechtspositivismus lässt sich vermöge dieser Quellen das zuspielen, was die sozialen Autoritäten für verbindlich erachten. Was »der Machthaber« anordnet, ist Recht. Was »die Höchstgerichte« für Recht halten, ist Recht. Die Moral hat keine Macht. Sie *darf* keine Macht haben, weil es andernfalls kein Recht gäbe, sondern bloß Streit.

Solche Nüchternheit im Verhältnis zur Moral ändert nichts daran, dass der Rechtspositivismus eine Rechtstheorie ist. Es geht auch

26 Für einen jüngeren Beitrag zu diesem ehrwürdigen (und ein wenig verstaubten) Genre siehe Robert Alexy, *Begriff und Geltung des Rechts*, Würzburg 2002.

ihm um die Wahrheitsbedingungen für juristische Behauptungen.[27] Er zeichnet die Bedingungen aus, unter deren Voraussetzung sich Entscheidungen als *falsch* kritisieren lassen. Es sind dies die Bedingungen, unter denen die juristische Expertise ihre Zuständigkeit auch dann nicht einbüßt, wenn sie erfolglos bleibt. Als Reflex des Wahrheitsanspruchs fällt die Geltung des Rechts nicht mit der Faktizität des Rechtsvollzugs zusammen.

Wenn man die rechtstheoretische Frage unter dem Vorzeichen ihres Objektes betrachtet, tritt die Eigenschaft von juristischen Behauptungen hervor, *soziale Kommunikationen* zu sein. Die diesbezüglichen Antworten unterscheiden sich danach, wie die Anschlussfähigkeit des rechtlichen Wissens als Bedingung seiner Geltung konzipiert wird. Der Gegenstand des juristischen Sprechens spielt eine untergeordnete Rolle. Es geht um die pragmatische Eigenschaft von juristischen Behauptungen, für die Begründung von Ansprüchen relevant zu sein und im günstigsten Fall keinen Widerspruch auszulösen.

Das einfachste Erfolgsrezept für juristisches Sprechen besagt, dass Kommunikationen über Recht dann anschlussfähig sind, wenn sie auf bereits akzeptierte Kommunikationen über Recht rekurrieren. In diesem Sinne beschreibt die soziologische Systemtheorie das Recht als ein System von redundanten Kommunikationen.[28] Der Grund der systemischen Verbindung wird von ihr nicht weiter aufgeschlüsselt.[29] Das Rechtssystem beruht auf *fataler* Verknüpfung.[30] Manche nachpositivistische Rechtslehre[31] ist an diesem Punkt um

27 Selbst ein Positivismus, der die juristische Expertise auf die Vorsage von Gerichtsentscheidungen beschränkt, muss über eine Grundlage verfügen, die es gestattet, die Gerichtstätigkeit zu kritisieren, wenn sie nicht wie vorhergesehen ausfällt. Der Erfinder des »Prädiktivismus« war dessen gewahr. Siehe Oliver Wendell Holmes, The Path of the Law, wiederabgedruckt in: *Harvard Law Review* 110 (1997), 991-1009 (Erstveröffentlichung 1897).

28 Siehe etwa Niklas Luhmann, *Das Recht der Gesellschaft*, Frankfurt/M. 1993.

29 Für eine bestechende Kritik siehe Klaus Günther, *Der Sinn für Angemessenheit*, Frankfurt/M. 1988.

30 Siehe Alexander Somek, *Rechtssystem und Republik. Über die politische Funktion des systematischen Rechtsdenkens*, Wien/New York 1992, 455-458.

31 Das »nachpositivistische Rechtsdenken« ist eine Sammelbezeichnung für rechtstheoretische Strömungen, die sich von den Fesseln der Kontroverse zwischen Naturrecht und Positivismus befreit haben. Für eine Einführung siehe Nikolaus Forgó/Alexander Somek, Nachpositivistisches Rechtsdenken, in: S. Buckel/R. Chri-

mehr Präzision bemüht. Sie beschreibt in sprachspielpositivistischer Absicht die disziplinären Standards, die auf dem juristischen Sprachmarkt beachtet werden müssen, um dort wahrgenommen zu werden.[32] Andere Spielarten nachpositivistischen Theoretisierens achten darauf, dass es sich bei dem, was in Rechtssätzen geäußert wird, um Gründe handelt. Gründe sind der Sitz der Normativität des Rechts.[33] In der Form von Gründen lässt sich die Normativität des Rechts unabhängig von konkreten Verwertungskontexten rekonstruieren.[34]

Schließlich kann man der Bestimmung der *Wahrheitsbedingungen* für juristische Behauptungen Vorrang bei der Beantwortung der rechtstheoretischen Frage einräumen. In diesem Fall ist bei der Einschätzung der Rolle des Verwertungskontexts zu entscheiden, ob bloß die Autorität von Interpretengemeinschaften[35] oder eine davon unabhängige soziale oder moralische Realität ausschlaggebend ist. Die Wahrheitsbedingungen können sozial oder sachlich konditioniert sein. Juristische Behauptungen könnten nichts anderes als Beschwörungen des Rechtsgefühls einer Gemeinschaft oder aber Beschreibungen der Bedeutung von Normen sein. Darüber hinaus ist zu bestimmen, was der Geltungsanspruch von juristischen Behauptungen überhaupt ist. Man kann ihn dem Wahrheitsanspruch von Aussagen analog denken oder als einen Unterfall des Anspruchs auf moralische Richtigkeit begreifen. Wenn letzteres der Fall wäre, würde dies bedeuten, dass die Auffassung der vernünftig und gerecht Denkenden (»der Guten«) über die Wahrheit entscheidet?[36]

stensen/A. Fischer-Lescano (Hrsg.), *Neue Theorien des Rechts*, Stuttgart 2006, 264-289, hier: 271-275.

32 Siehe etwa Ralph Christensen/Hans Kudlich, *Theorie richterlichen Begründens*, Berlin 2000.

33 Siehe Joseph Raz, *Engaging Reason. On the Theory of Value and Action*, Oxford 1999, 46.

34 Siehe generell Joseph Raz, *Practical Reason and Norms*, 2. Aufl. Princeton 1990.

35 Siehe Stanley Fish, *Is There A Text In This Class? The Authority of Interpretative Communities*, Cambridge (Mass.) 1981.

36 Damit würde allerdings die Spannung von Faktizität und Geltung zusammenbrechen, die Habermas in den Mittelpunkt der Exposition seiner Rechtstheorie gestellt hat. Siehe Jürgen Habermas, *Faktizität und Geltung. Beiträge zur Diskurstheorie des Rechts und des demokratischen Rechtsstaats*, Frankfurt/M. 1992.

Der konstruktivistische Weg

Keine der skizzierten rechtstheoretischen Perspektiven ist unabhängig von den anderen. Was als Recht gilt, wird an Kommunikationen über Recht manifest, die unter bestimmten Bedingungen gelingen. Sie *dürfen* aber nur gelingen, wenn sie kommunizieren, was Recht ist. Eine einseitige Rechtstheorie wäre unvollständig. Gleichwohl machen sich Beiträge zur Rechtstheorie daran kenntlich, den Zirkel der rechtstheoretischen Frage an einem Punkt unterbrechen zu wollen. Sie wollen *begründen*.

Welcher Begründungsansatz ist zu bevorzugen? Nach dem Vorstehenden wäre es inkonsistent, nicht zu behaupten, dass die *kommunikative Betrachtung* der Konstitution rechtlichen Wissens am besten gerecht wird. Rechtstheorien, die unter dem Vorzeichen des Gegenstandsbezugs formuliert werden, neigen dazu, die Ausübung sozialer Macht auf ein Rechtsquellenproblem zu reduzieren. Sie verwenden die Unterscheidung zwischen Rechtsschöpfung und Rechtsanwendung. Sie tun dies mit dem Ziel, die machtgespeisten Quellen des Rechts zu identifizieren. Aus ihnen werde Recht geschöpft. Sei die Schöpfung vollbracht, folge die Anwendung. Diese Sichtweise liegt quer zur Subtilität, mit der Interpretenmacht, fachliche Reputation, berufsspezifische Rücksichten oder die Sorge um den langfristigen Erfolg auf dem Gutachtens- oder Beratungsmarkt den Inhalt rechtlichen Wissens beeinflussen. Wird das unter dem Einfluss solcher Faktoren gewonnene rechtliche Wissen, bloß weil es keinen Akt der Gesetzgebung darstellt, als »Rechtsanwendung« klassifiziert, dann wird es als harmloser ausgegeben, als es wirklich ist. Die Vermachtung und Kommodifizierung rechtlichen Wissens lässt sich nicht im Sinne einer »Rechtsquelle« beschreiben. Es handelt sich um systemische Prozesse, hinter denen soziale Stratifikationen stehen, die nicht in bloß einer Quelle ihren Ursprung haben.

Rechtstheorien, welche die *Wahrheitsbedingungen* von Rechtssätzen an die erste Stelle rücken, neigen dazu, den Umstand auszublenden, dass die Geltungsbedingungen rechtlichen Wissens gemessen an spezifischen sozialen Kontexten und Rollen variieren. Die Rollenbestimmtheit rechtlichen Wissens spiegelt sich in dem, was gültig als Recht gewusst werden *darf* (etwa von einem Verfassungsgericht im Verhältnis zur Gesetzgebung).[37] Auch halte ich es für überlegenswert, ob es so günstig ist, mit Blick auf die allgemeinen Wahrheitsbedingungen von Äußerungen ideale Kommunikationsbedingungen zu generalisieren, die der Idealisierung eines bestimmten kommunikativen Kontextes entspringen. Mitunter handelt es sich dabei um das akademische Milieu.[38] Die Problematik eines solchen Vorgehens zeigt sich nicht nur im Vergleich zur Praxis juristischen Argumentierens, in der Opportunitätserwägungen und die Anpassung an die Erwartungen von realen Entscheidungsträgern eine bedeutende Rolle spielen. So lässt sich beispielsweise argumentieren, dass auf der Ebene von Richtersenaten, damit rechtliches Wissen sein kann, dissensanfällige Grundfragen ausgeklammert werden *müssen*.[39] Eine Wahrheitsbedingung dieser Art ist nicht ohne Weiteres auf die akademische Ebene übertragbar.

Eine Rechtstheorie, die nicht darauf verzichtet, die kommunikativen Verwertungsbedingungen rechtlichen Wissens in den Blick zu nehmen, sieht sich dazu gehalten, das kommunikative Element der rechtstheoretischen Frage hervorzuheben. Sie findet ihren Anhaltspunkt darin, dass rechtliches Wissen in Kommunikationen generiert und reproduziert wird. Diese Kommunikationen arbeiten mit selbstgemachten Konstrukten, die oftmals eine lange und ehrwürdige Geschichte haben und eingebettet sind in Sprachen, aufgrund derer das rechtliche Wissen herstellt, wovon es sich abhängig macht. Juristische Sprachen haben ihre eigene Semantik und ihre eigene Ontologie.[40] Sie enthalten Erwartungen bezüglich der Existenz von Wahrheitsbedingungen für juristische Behauptungen. Der Begriff der »Ermächtigungsgrenze« insinuiert, dass es möglich ist, die Delegation von Rechtssetzungsbefugnissen nachzukontrollieren; dass es mithin einen Raum gibt, innerhalb dessen das ermächtigte Organ in Freiheit schalten und walten mag, solange es diesen Raum nicht ver-

37 Für eine klassische Stellungnahme siehe James Bradley Thayer, The Origin and Scope of the American Doctrine of Constitutional Law, in: *Harvard Law Review* 7 (1893), 129-156.

38 Siehe Robert Alexy, *Theorie der juristischen Argumentation. Die Theorie des rationalen Diskurses als Theorie der juristischen Begründung*, Frankfurt/M. 1978.

39 Siehe zu letzterem Cass Sunstein, *Legal Reasoning and Political Conflict*, New York/Oxford 1996.

40 Zur »fungierenden Ontologie« siehe Fuchs, *Intervention* (oben Anm. 22), 49-55, 78.

lässt; und dass ein normativer Standard sich heranziehen lässt, um das Organ, wenn nötig, in seine Schranken zu verweisen.

An der Semantik juristischen Sprechens manifestiert sich die vorhin entwickelte Existenzbedingung des Rechts, durch rechtliches Wissen vermittelt zu sein. Insofern nimmt das Recht einen kritischen Anspruch an seine eigene Existenz in sich auf. Gegenüber der Rechtspraxis eine kritische Einstellung einzunehmen, ist nicht die Sonderleistung der Rechtstheorie. Sie ist das Signum *wirklichen* rechtlichen Wissens.[41] Das Recht muss an sich selbst die Forderung richten, auf wahren juristischen Behauptungen zu basieren. Andernfalls bliebe sozial unbestimmt, was *Recht* ist (im Verhältnis zur Konvention, zur anmaßenden Geste der Mächtigen oder zum Ruf des Gewissens). Die Rechtstheorie ist die Wirklichkeit des Rechts.

Diese Beobachtung bewahrheitet sich nicht nur für die begrifflichen Konstrukte rechtlichen Wissens, sondern auch für allgemeine Behauptbarkeitsbedingungen. Die Faktizität juristischen Sprechens ist von Indizierungen des Geltungsgrundes rechtlichen Wissens durchsetzt.[42] »Gemäß § 100 des Zivilgesetzbuches ist der Schuldner schuldig, dem Gläubiger die Summe von X zu zahlen.« Eine solche juristische Behauptung behauptet indirekt Gesetzesbindung als Kriterium für die Wahrheit juristischer Behauptungen. Der Bezug auf den Geltungsgrund muss also nicht durch die Theorie in das Recht gleichsam hineingetragen werden. Die Theorie erweckt bloß die in ihm schlummernde Reflexivität.

Das real existierende rechtliche Wissen hegt an sich Erwartungen bezüglich der Einlösbarkeit seines Anspruchs auf Wissen. Sie sind mit Idealisierungen verbunden. Das Recht steht im Gesetz. Es gibt nur eine praktische Vernunft. Das Recht entspringt einem Konversationsprozess. Solche Idealisierungen sind zweischneidig. Sie sind ernst zu nehmen. Sie müssen die Untersuchung des Wahrheitsanspruchs rechtlichen Wissens anleiten, weil sie zur Wirklichkeit des

41 An diesem Punkt habe ich einzubekennen, dass ich insofern Brandom folge, als ich die Normativität des Rechts als etwas betrachte, das von der immanenten Normativität des Begründens von Behauptungen über Recht abgeleitet ist. Siehe Robert B. Brandom, *Articulating Reasons. An Introduction to Inferentialism*, Cambridge (Mass.) 2000, 79-96. (Dt.: *Begründen und Begreifen*, Frankfurt/M. 2001.)

42 Wie Habermas feststellt, ist die Spannung von Faktizität und Geltung selbst ein Moment gesellschaftlicher Faktizität. Siehe Habermas, *Faktizität und Geltung* (oben Anm. 36), 54.

Rechts gehören. Sie sind aber auch eine Quelle von Verstellung und Selbsttäuschung.

Wie von selbst bestimmt sich damit die Aufgabe der Theorie. Sie partizipiert an einer Wirklichkeit, in welcher das rechtliche Wissen sich dialektisch aufspannt von der disziplinären Imprägnierung eingeschliffener Analysetechniken bis zur diskursiven Zerfaserung des Normativen. Die Synthese, zu welcher das rechtliche Wissen sich einst fähig erachtete, nannte man »Rechtswissenschaft«. Als Projekt ist sie heute in die negative Dialektik von Theorie und Expertise zerfallen, welche sich notorisch misstrauisch wechselseitig der Sabotage bezichtigen. Die positive Beziehung zwischen ihnen ist in diesem Verhältnis unterdrückt. Indes aktualisiert die Theorie rechtliches Wissen, indem sie der Expertise dazu verhilft, den in ihr implizit erhobenen Geltungsanspruch zu verstehen und zu bestimmen. Auch vermag sie es, die Expertise vor der hyperbolischen Überschätzung ihrer Leistungsfähigkeit zu bewahren. In beider Hinsicht partizipiert die Rechtstheorie an der vornehmsten Aufgabe der Philosophie, wie man sie exemplarisch bei Kant und bei Wittgenstein ausgeführt findet: die der *Unsinnsvermeidung*. Die Fachsprachen, mit denen und von denen wir leben, konfrontieren uns wiederholt mit der einen oder anderen Verzückung des Gedankens. Im Verhältnis dazu hat die Theorie eine Ernüchterungsleistung zu erbringen.

Aufbau des Buches

In den nun folgenden Kapiteln wird die unsinnsvermeidende Aufgabe der Rechtstheorie an zentralen Themen exemplifiziert. Sie beschäftigen sich mit Idealisierungen der Leistungsfähigkeit der juristischen Expertise, die bei der Artikulation des Grundes rechtlichen Wissens geltend gemacht werden. Sie sind thematisch so gewählt, dass sie nicht Fragen betreffen, die auf den Ausnahmezustand des Rechtssystems zugeschnitten sind. Die Gerechtigkeitsfrage – *in der Form* der Frage nach dem ungerechten Gesetz – fällt in diese Kategorie.[43] Ihr wird hier nicht nachgegangen, weil sie die Relevanz der Rechtstheorie nur für einen speziellen Fall erheischt.

43 Siehe Gustav Radbruch, Gesetzliches Unrecht und übergesetzliches Recht (1946), wiederabgedruckt in: ders., *Rechtsphilosophie*, hrsg. v. R. Dreier/S. Paulson, 2. Aufl. Heidelberg 2003.

Die Idealisierung, von der dieses Buch seinen Ausgang nimmt, ist scheinbar bescheidener gewählt. Sie betrifft den Normalzustand rechtlichen Wissens in einer demokratischen Gesellschaft. Demnach ist die juristische Expertise deswegen in der Lage, zutreffende Behauptungen über das Recht zu machen, weil sie wiedergibt, was im Gesetz steht. Das Buch beginnt also mit der Idealisierung rechtlichen Wissens, die besagt, dass es dem Gesetz gehorcht. Thematisch ergibt sich daraus eine reizvolle Sequenz von Möglichkeiten, den Geltungsgrund rechtlichen Wissens zu artikulieren.

Bevor in das Problem der Gesetzesbindung eingetreten wird, wird im ersten Kapitel die in der Einleitung begonnene Bestimmung der juristischen Expertise fortgeführt. Es bereitet das intellektuelle Terrain für die anschließende theoretische Analyse.

Das zweite Kapitel widmet sich der behaupteten Bindung der Expertise ans Gesetz. Es demonstriert an einem Beispiel, in welchem sich eine gesamte Mentalität verkörpert hat, dass sich die traditionellen Vorstellungen von Gesetzesbindung nur um den Preis schwerwiegender Inkonsistenzen aufrechterhalten ließen. Das Kapitel endet an einem Punkt, an dem die Vermutung auszusprechen ist, dass das Rechtssystem, wie wir es aus rechtspositivistischer Sicht kannten, nicht mehr existiert. Der Grund für sein Verschwinden mag darin liegen, dass die Artikulation des Geltungsgrunds rechtlichen Wissens – des Wissens, was in diesem oder jenem Fall Recht ist – sich von der Gesetzesbindung auf die Abwägung von ökonomischen und moralischen Gründen verschoben hat.[44] Die Emphase wechselt von der Bindung an die systemimmanent abgeleitete Norm zur Aussicht, gelingendes rechtliches Wissen mache sich daran kenntlich, konfligierende Güter, Interessen oder Prinzipien bei der Entscheidung im Einzelfall ausgewogen abwägen zu können. Deswegen widmet sich das vierte Kapitel ausführlich jener Idealisierung rechtlichen Wissens, die diesem unterstellt, es sei zur ausgewogenen Abwägung fähig. Es wird sich zeigen, wie voraussetzungsvoll eine solche Unterstellung ist und dass die Analyse sich letztlich dazu genötigt sieht, das Abwägungsproblem in ein anderes zu transformieren, nämlich in das der Gleichbehandlung. Dessen Bedeutung wird ansatzweise in den Kapiteln vier und fünf expliziert. Das

44 Für eine frühe Beobachtung aus soziologischer Sicht siehe Karl-Heinz Ladeur, *Abwägung – ein neues Paradigma des Verwaltungsrechts. Von der Einheit der Rechtsordnung zum Rechtspluralismus*, Wien/New York 1984.

dem Antidiskriminierungsrecht gewidmete Schlusskapitel demonstriert endlich, wie in der Rechtstheorie der Übergang vom Geltungsgrund des Wissens zum Gegenstand des Wissens gemacht werden kann. Das sollte nicht überraschen. Immerhin stellt das rechtliche Wissen her, wovon es sich abhängig macht. Sein Gegenstand spricht dieselbe Sprache wie es selbst. Das dritte Kapitel, das in ein konstruktivistisches Modell von Rechtsanwendung einführt, bietet dazu einige allgemeine Hinweise.

Die nachfolgenden Analysen nehmen sich die Sprachen vor, in denen der Geltungsgrund rechtlichen Wissens expliziert wird. Sie versuchen, die grundbegrifflichen Unterscheidungen zu isolieren, die eine solche Sprache prägen. Ihre Bedeutung lässt sich aufklären unter Rekurs auf die politische Philosophie einerseits und mit Blick auf die Konsequenzen andererseits, die solche Unterscheidungen für die Begründung von Rechten haben.[45] Im Rahmen einer solchen Klärung deckt die Theorie die kritischen Gesichtspunkte auf, die im Verhältnis zur praktischen Rechtsanwendung in der betreffenden Sprache selbst liegen. Der konstruktivistische Ansatz verfährt von innen nach außen und fragt, ob diese Gesichtspunkte auch intellektuell zu halten vermögen, was sie versprechen.

Die Bedeutung der Sachdimension

Auf dem normativ aufgeladenen Feld rechtlichen Wissens muss sich jede Rechtstheorie die Frage gefallen lassen, ob sie meint, gegenüber der Expertise eine lenkende Funktion einnehmen zu können. Zur Erörterung dieser Frage schlage ich einen Umweg ein. Er führt zum Ausgangspunkt der Überlegungen über das spannungsreiche Verhältnis von juristischer Expertise und Rechtstheorie zurück. Im dialektischen Kontinuum rechtlichen Wissens lassen sie sich als extreme Ausprägungen von dessen Sozialdimension und Sachdimension

45 Ein Musterbeispiel für konstruktivistisches Vorgehen in diesem Sinne bieten meines Erachtens die Arbeiten von Wesley Newcomb Hohfeld und des von ihm inspirierten Robert Hale. Siehe dazu Barbara Fried, *The Progressive Assault on Laissez Faire. Robert Hale and the First Law and Economics Movement*, Cambridge (Mass.) 1998.

begreifen.[46] Die Sozialdimension enthält die Sachdimension als ihr Gegenteil – und umgekehrt.

Die *Sozialdimension* betrifft die Frage, ob eine Behauptung die Relevanzschwelle juristischer Kommunikationen erreicht und als kontrovers oder unkontrovers wahrgenommen wird. Vereinfacht gesagt geht es in dieser Dimension um Relevanz oder Irrelevanz und daran anschließend um Konsens oder Dissens. Dass Laien ihre Rechtsansicht äußern, ist irrelevant, sobald die Experten sprechen. Es ist irrelevant, auch wenn, was sie sagen, inhaltlich zutrifft.

Die *Sachdimension* umfasst die für die Begründung einer juristischen Behauptung wesentlichen Gesichtspunkte unabhängig von ihrer konkreten Konsensfähigkeit. Es geht um wahr oder falsch jenseits jener Konventionen, die in einem bestimmten Verwertungskontext rechtlichen Wissens institutionalisiert sein mögen.

Aus der Gegenüberstellung von Sozialdimension und Sachdimension folgt nicht, dass Wahrheitsbedingungen allein von der Sachdimension bestimmt sein müssen. Denn es kann, wie der Rechtspositivismus oder bestimmte Ausprägungen einer nachpositivistischen Theorie behaupten,[47] sachlich angemessen sein, bei der Bestimmung der Wahrheit einer juristischen Behauptung weitestgehend auf die Sozialdimension abzustellen. Gleichwohl hat die Sachdimension Vorrang. Sie gibt an, unter welchen Bedingungen Umstände der Sozialdimension für die Wahrheit einer Behauptung relevant sein dürfen oder sein müssen.

Dieser Vorrang der Sachdimension versteht sich nicht von selbst. Man mag zunächst geneigt sein, ihn zu verwerfen. Die Sachdimension zeichnet Gründe aus, aufgrund derer eine Aussage gilt unabhängig von der Sozialverträglichkeit oder Konsensfähigkeit dieser Gründe. Aus der Sicht der Sozialdimension wäre ein rechtliches Wissen, das ausschließlich aus der Perspektive der Sachdimension formuliert würde, das Recht der Geisterfahrer und Querulanten. Der Anspruch auf Wahrheit verkehrte sich ins Beliebige. Das rechtliche Wissen ist, zumal es im Ausgang von Interessensgegensätzen formuliert wird, extrem dissensanfällig. Das Recht erzeugt Konflik-

46 Zur Unterscheidung zwischen der Sach-, Sozial- und Zeitdimension des Sinns von Erwartungen siehe Niklas Luhmann, *Rechtssoziologie*, 2. Aufl. Opladen 1983, 94.

47 Zum nachpositivistischen Rechtsdenken als einer Radikalisierung des rechtspositivistischen Ansatzes siehe Forgó/Somek (oben Anm. 31), 263.

te.[48] Sachkonflikte tragen in sich die Konflikte über die Gültigkeit von juristischen Behauptungen. Die Sachdimension muss sich selbst zähmen, um sozial verträglich zu sein. Sie muss die Sozialdimension in sich aufnehmen.

In seiner späten Rechtstheorie hat Luhmann das damit aufgeworfene Problem unter dem Vorzeichen der Zeitdimension behandelt.[49] Ein Rechtssatz symbolisiere eine ungewisse Zukunft. Er bringe eine Erwartung zum Ausdruck, von der man annehmen dürfe, im Falle ihrer Enttäuschung »sozialen Rückhalt« zu finden.[50] In der Zeitdimension werde das Erwarten (etwa nicht beraubt, nicht bestohlen oder nicht betrogen zu werden) stabilisiert. Aber der Erfolg der Stabilisierung – und damit das langfristige Vertrauen in die Leistungsfähigkeit des Rechtssystems – sei abhängig von der Sozialdimension. Für diese gelte, dass der Konsens über das Recht durch die Absorption von Dissens reproduziert werden müsse. An den normativen Erwartungen, die das Recht ausmachen, dürfe eben gerade im Enttäuschungsfall festgehalten werden. Die Bewältigung dieser schwierigen Aufgabe werde durch das Rechtssystem geregelt. Irgendwann falle eine Entscheidung. Aber warum sollte die Letztentscheidung akzeptiert werden?

Die »Ausbalancierung« der Spannung zwischen Zeit- und Sozialdimension fällt nach Luhmann der Sachdimension zu.[51] Sie bestimmt darüber, ob an einer Erwartung trotz Dissens derart festgehalten werden dürfe, als bestehe Konsens über sie. Diese Beobachtung Luhmanns ist, so scharfsinnig sie auch ist, an einem Punkt fragwürdig. Nach Luhmann ist eine »sachliche Definition« des Rechts nicht möglich. Die Sachdimension des Rechts erschöpfe sich lediglich in der Ausgleichsfunktion zwischen in die Zukunft projizierten Erwartungen und ihrer Konsensfähigkeit im Entscheidungszeitpunkt. Juristisches Entscheiden findet seinen untergründigsten Bezugspunkt damit im Konfliktmanagement. Das ist so unrichtig nicht.[52] Gleichwohl wird die Überwindung von Dissens im

48 Siehe Niklas Luhmann, Konflikt und Recht, in: ders., *Ausdifferenzierung des Rechts. Beiträge zur Rechtssoziologie und Rechtstheorie*, Frankfurt/M. 1981, 92-112, hier: 104-105.

49 Siehe Luhmann, *Recht der Gesellschaft* (oben Anm. 28), 130-131, 140, 142.

50 Siehe ebd., 132.

51 Siehe ebd., 131, 140, 142.

52 Gerichte sind, wie die lange Geschichte im Verhältnis von Bundesverfassungsge-

rechtlichen Wissen in Aussicht gestellt durch die Begründung von *Autorität* – mag es sich dabei um die Autorität eines Austinschen Machthabers oder eines Dworkinschen Prinzipienarguments handeln. Die Entscheidung soll getroffen werden ohne Rücksicht darauf, was die Parteien ausgehandelt haben oder hätten aushandeln können.

In der Sozialdimension lässt sich eine solche Zumutung von einseitiger Festlegung nur durchhalten, indem man ihr ein episodisches Format verleiht. Was entschieden worden ist, das gilt. Aber was die Entscheidung für künftige Fälle bedeutet, muss als offene Frage behandelt werden dürfen. Es ist keinem äußerlichen Zufall geschuldet, dass das Recht eine Geschichte hat. Begründungen eines Rechtsanspruchs berichten nicht über das Recht. Sie schreiben seine Geschichte.

Das Luhmannsche Diagnose muss also korrigiert werden. Es ist die *Zeitdimension*, die letztlich die Spannung zwischen Sach- und Sozialdimension ausgleicht. Sachliche Begründungen sind nur dann sozial akzeptabel, wenn ihre Bedeutung für die Zukunft offenbleibt. Ein zukunftsoffenes rechtliches Wissen, das die Relevanz vergangener Entscheidungen im nächsten Entscheidungszeitpunkt herstellt, kann sich den Geltungsanpruch rechtlichen Wissens nur über die Abwägung im Einzelfall oder über die Gleichheit vergegenwärtigen. Mehr steht nicht mehr zu Gebote.

Wenn von dieser Einsicht eine »dirigierende« Wirkung auf die Expertise ausgeht, dann ist das gewiss nicht unerfreulich für die Rechtstheorie; aber es ist nicht nötig, um ihr intellektuelles Ansehen zu verschaffen.[53]

richt und Europäischem Gerichtshof belegt, im Verhältnis zueinander konfliktscheu. Die sachlichen Gründe werden verwischt angesichts der Konsensnöte des Systems (zumindest wenn die Konsensnöte groß werden).

53 In diesem Sinne auch Christian Hiebaum, *Die Politik des Rechts. Eine Analyse juristischer Rationalität*, Berlin 2004, 360-361.

Erstes Kapitel
Juristische Expertise

Arbeit am Begriff des Rechts

In einer Welt, in der das Recht als kompliziert, unüberschaubar und unverständlich erlebt wird, wird das Recht von juristischen Experten gewusst. Das ist unumgänglich. Das ist auch trivial. Das ist so trivial, dass man sich fragen mag, ob es der ausdrücklichen Feststellung lohnt. Das Recht ist kompliziert. Es ist unübersichtlich. Es ist unverständlich. Es muss daher von Experten gewusst werden. Andernfalls würde es nicht gewusst.

Der Umstand, dass Recht dieser Art im Medium der juristischen Expertise gewusst wird, müsste nicht erwähnt werden, wenn die Form der juristischen Expertise von akzidentieller Bedeutung für den Gegenstand wäre, auf den sie sich richtet. Zunächst mag es auch so aussehen, als ob sie eine solche akzidentielle Bedeutung hätte. Von juristischen Experten gewusst zu werden, berührt das Wesen des Rechts nicht. Das Recht ist eine mit staatlichem Zwang bewehrte Ordnung menschlichen Zusammenlebens. Es ist, was es ist, unabhängig davon, ob es von Laien oder Experten gewusst wird.

Aber das stimmt nicht. Weil das real existierende rechtliche Wissen[1] in *sozial* verbindlicher Form nur von juristischen Experten vermittelt wird, wüssten wir über das Recht *nichts*, wenn die juristische Expertise entfiele. Es gäbe vermutlich bloß noch Kompliziertheit, Unüberschaubarkeit und Unverständlichkeit. Unter Laien resultierte daraus, um mit George Bush I. zu sprechen, das »Law of the Jungle«. Es gäbe kein Recht. Es gäbe nur das prätendierte Recht des Stärkeren.

1 Der Ausdruck »rechtliches Wissen« ist zwar adjektivisch, dahinter verbirgt sich allerdings ein Bekenntnis zur Doppeldeutigkeit des Genitivs. Rechtliches Wissen ist das Wissen *des* Rechts im Sinne des genetivus objectivus. Rechtliches Wissen gibt es unseren Gesellschaften demnach ebenso wie astronomisches, biochemisches oder historisches Wissen. Es ist Wissen, das von etwas handelt. Beim rechtlichen Wissen tritt indes der genetivus subjectivus als ihm immanente Komponente hinzu. Das Universum ist nicht das Subjekt astronomischen Wissens. So verhält es sich indes letztlich für das Recht. Das Rechtssystem weiß rechtlich verbindlich, was das Recht ist. Das Recht setzt sich selbst als Subjekt seines Wissens.

In einer solchen hypothetischen Situation der Abwesenheit der juristischen Expertise ist indes ihre Anwesenheit im Normalfall immer schon mitgedacht. So wie der Begriff des Naturzustands seine Bedeutung aufgrund des in ihm fehlenden Staats gewinnt, setzt die juristische Expertise sich das Dickicht des Rechts als das ohne sie drohende Nicht-Recht entgegen.[2] Es gehört mithin zum Begriff eines solchen Rechts, dass es von juristischen Experten gewusst wird. Es handelt sich um *unseren* Begriff des Rechts. Aber es geht um mehr als einen bloßen Begriff. Wir leben mit diesem Begriff. Wir leben damit, dass die juristische Expertise das Dickicht überwindet, indem sie es durch seine Entgegensetzung reproduziert.

Im Folgenden werde ich versuchen, diesen Begriff in Ansätzen aufzuklären. Dabei möchte ich nicht aus den Augen verlieren, dass die juristische Expertise mit der Kompliziertheit, Unüberschaubarkeit und Unverständlichkeit des Rechts auf eine noch näher aufzuklärende Art zusammenhängt. Aus diesem Grund werde ich sie verschiedentlich von dem unterscheiden, was ich als ihr Vorgängermodell betrachte, nämlich die Rechtswissenschaft. Meine Ausführungen bieten keine Geschichte vom Aufstieg und Niedergang der Rechtswissenschaft.[3] Mir kommt es bloß darauf an, die juristische Expertise als historische Gestalt rechtlichen Wissens von der Rechtswissenschaft zu unterscheiden und an geeigneter Stelle von ihr begrifflich abzugrenzen.

Von der Rechtslage zur Rechtsfrage

Zur Erhellung des zunächst trivial anmutenden Umstands, dass das komplizierte, unüberschaubare und unverständliche Recht von juristischen Experten gewusst wird, ist es heuristisch fruchtbar, sich an Stehrs soziologische Deutung dessen zu halten, was wir als »Wissen« bezeichnen. In ihr wird eine sozial generalisierte Erwartung zum Ausdruck gebracht, mit der wir dem »Wissen« begegnen. Wissen ist

2 Siehe zu solchen elementaren systemischen Sachverhalten etwa Fritz B. Simon, Unterschiede, die Unterschiede machen. *Klinische Epistemologie: Grundlagen einer systemischen Therapie und Psychosomatik*, Frankfurt/M. 1993, 37-39.

3 Ich habe mir gestattet, eine Geschichte dieser Art bei anderer Gelegenheit zu erzählen. Siehe Alexander Somek, *Rechtssystem und Republik. Über die politische Funktion des systematischen Rechtsdenkens*, Wien/New York 1992.

demnach *Fähigkeit zum Handeln.*[4] Wer sich juristisch beraten lässt oder juristische Expertise kauft, dem eröffnen sich Handlungsmöglichkeiten, die er oder sie sonst nicht hätte. Diese Beobachtung gilt für die Politik ebenso wie für das Wirtschaftsleben. Die Durchführung von Gesetzgebungsvorhaben oder die Privatisierung von Staatsunternehmen wäre ohne die Unterstützung juristischer Experten undenkbar. Sie wissen, wie man die erwünschten rechtlichen Wirkungen erzeugen kann. Die juristische Expertise hilft dabei, unter vorgegebenen legalen Bedingungen bestimmte Gestaltungsmöglichkeiten auszuschöpfen und insofern Rechtslagen zu schaffen.

Indes kann die juristische Expertise noch ein wenig mehr. Sie kann dies, weil sie die Qualität hat, nicht nur das Handlungsvermögen der Klienten zu steigern; sie ist vielmehr selbst ein Handlungsvermögen in Bezug auf die Einschätzung von Rechtslagen. Sie verhilft in dieser Funktion dazu, als Recht *herzustellen*, was man als Recht ausgeben möchte, selbst wenn es zunächst so aussehen mag, als ob das geltende Recht dem entgegenstünde.[5] Sie ist, so verstanden, in jeglicher Hinsicht mit der Fähigkeit zu Recht schaffendem Handeln verknüpft.[6] Das gilt vorzugsweise für die Funktion, welche die juristische Expertise in wirtschaftlichen Kontexten wahrnimmt. Die Kreativität, mit welcher juristische Experten – im Bereich des Steuerrechts zumal – auf überraschende Weise Sachverhalte von der Anwendung bestimmter Normen ausnehmen und Konstruktionen finden, um bestimmte Konsequenzen zu erreichen oder zu vermeiden, ist nicht nur ein Markenzeichen guter juristischer Beratung; sie wirft auch jene juristischen Dauerprobleme auf, die Leo Katz so treffend mit dem aus »evasion« und »avoidance« zusammengezogenen Kunstausdruck »avoision« bezeichnet.[7] Die kunstgerechte juristi-

4 Siehe Nico Stehr, *Die Zerbrechlichkeit moderner Gesellschaften. Die Stagnation der Macht und die Chance des Individuums*, Weilerswist 2000, 81-83.

5 An dieser Stelle bewährt sich die Einsicht Luhmanns, dass rechtliches Wissen im Vorgriff auf mögliche Konflikte gebildet wird und auf die Auswahl jener Erwartungen abzielt, die sich im Konfliktfall kontrafaktisch durchhalten lassen. Siehe Niklas Luhmann, *Soziale Systeme. Grundriss einer allgemeinen Theorie*, Frankfurt/M. 1984, 510.

6 Ich vermeide es an dieser Stelle bewusst, den Begriff der »Rechtsschöpfung« zu verwenden, weil er im Kontext der Gerichtsbarkeit als Gegenbegriff zur Rechtsanwendung verwendet wird.

7 Siehe Leo Katz, *Ill-Gotten Gains. Evasion, Blackmail, Fraud, and Kindred Puzzles of the Law*, Chicago/London 1996, 52.

sche Konstruktion von Sachverhalten bewegt sich auf der kaum zu bestimmenden Linie, welche die Gesetzesumgehung und die Gesetzesbeugung von der Rechtsbefolgung trennt. Die Diagnose von der juristischen Expertise als Handlungsmacht, die dazu verhilft, »überraschende« Arrangements und Verhaltensweisen als Recht zu kommunizieren, bewährt sich aber auch noch, wenn es darum geht, entgegenstehende Normen aus dem Weg zu räumen. Wem das heimische Gesellschaftsrecht zu streng ist, der riskiere die Registrierung seiner Gesellschaft in England, um daran anschließend zu Hause, wo er eigentlich Geschäfte machen will, eine Niederlassung unter Zurückdrängung gesetzlicher Kapitalgrenzen zu gründen.[8] Mit der Unterstützung eines klugen juristischen Experten ist es nicht undenkbar, solche Manöver vom EuGH als Ausübung einer rechtlich geschützten Freiheit bestätigt zu bekommen.[9]

Das Beispiel gibt zu erkennen, dass juristische Experten beeinflussbar machen, was ohne sie unbeeinflussbar bliebe. Sie machen dies, indem aufgrund ihrer Intervention abschätzbar oder steuerbar wird, was von entscheidenden Instanzen als positives Recht gewusst wird. Einerseits stellen sie für ihre Klienten Rechtslagen so dar, dass sich ihre Handlungsmöglichkeiten erweitern. Andererseits ist die Wissensform »juristische Expertise« *selbst* als Handlungsmöglichkeit konstituiert. Im Medium der juristischen Expertise verflüssigen sich *Rechtslagen* in mehr oder weniger leicht argumentierbare Rechts*fragen*.[10] Als juristischer Experte kann man – unter eingeschränkten Bedingungen – argumentativ herstellen, was Klienten brauchen.

Ich vermute, die juristische Expertise hat nicht zufällig jene konstruktive Qualität, die ich ihr unterstelle. Sie muss sich – wenigstens im Verhältnis zu ihrem Vorgängermodell, der Rechtswissenschaft – als Herstellung ausnehmen, weil sie in ihrem Vollzug mitkommuni-

8 Gegen den Einwand, hierbei handle es sich um eine Umgehung gesellschaftsrechtlicher Vorschriften, siehe bekanntlich EuGH, Rs. C-212/97, Centros Ltd v. Erhvervs- og Selskabsstyrelsen, 9.3.1999, Rz. 25.

9 Siehe Centros. Der Experte muss nur mit dem existierenden Fallrecht vertraut sein. Für eine kurze Analyse dieses in der Literatur eingehend diskutierten Falls siehe Wulf-Henning Roth, Comment, in: *Common Market Law Review* 37 (2000), 147-155.

10 Siehe Duncan Kennedy, Freedom and Constraint in Adjudication: A Critical Phenomenology, in: *Journal of Legal Education* 36 (1986), 518-561, hier: 538.

ziert, dass unbestimmt ist, was positives Recht ist. Sie nimmt Gestalt an vor dem Hintergrund der durch sie appräsentierten[11] Komplexität des Rechts.

Formalität und Zirkularität

Weshalb vermag die juristische Expertise in ihrer Eigenschaft als Wissen – und damit: als Handlungsmöglichkeit – die Handlungsmöglichkeiten ihrer Klienten zu steigern? Ich möchte dafür zwei Gründe anführen. Sie sind bereits bekannt. Möglicherweise geht es schon wieder um Triviales. Aber das ist nebensächlich. Selbst wenn die Gründe trivial sind, dürfen sie nicht unter den Tisch fallen. Der eine Grund besteht in der *Formalität*, der andere in der *Zirkularität* rechtlichen Wissens. Die Formalität erbt die juristische Expertise von ihrem Vorgängermodell, der Rechtswissenschaft. Die Zirkularität markiert ihre Differenz zu dieser.

Die *Formalität* der juristischen Expertise bedeutet, dass durch sie das Recht so konstruiert wird, dass es eine bestimmte Form – ein *Wesen* – annimmt. Das solcherart bei der Klassifikation der Rechtsmaterialien konstruierte Recht wird als ein System von Handlungsmöglichkeiten verstanden, das freien Entscheidungen[12] beschränkten Raum gewährt. Das Recht ist nicht ein System von Regeln, aus denen sich Pflichten ergeben. Es ist ein System von Rechten, die man entweder hat oder nicht, die man begründen, erwerben, modifizieren, aufheben oder auch verlieren und verwirken kann.[13] Diese Betrachtungsweise ist der modernen Rechtswissenschaft derart selbstverständlich geworden, dass ihr die von ihr erbrachte *konstruktive* Leistung im Verhältnis zum Rechtsmaterial nicht vor Augen steht. Die juristische Beobachtung der sozialen Welt besteht indes, wie Jhering in seiner so genannten »begriffsjuristischen Phase«

11 Siehe dazu generell im Anschluss an Husserl bei Gerhard Gamm, *Flucht aus der Kategorie. Die Positivierung des Unbestimmten als Ausgang der Moderne*, Frankfurt/M. 1994, 104.

12 Es geht dabei letztlich um die Freiheit, Ja oder Nein zu sagen. Siehe Niklas Luhmann, Konflikt und Recht, in: ders., *Ausdifferenzierung des Rechts. Beiträge zur Rechtssoziologie und Rechtstheorie*, Frankfurt/M. 1981, 92, 112, hier: 105.

13 Siehe dazu schon Carl Friedrich von Savigny, *System des heutigen Römischen Rechts*, Bd. 1, Berlin 1840, 375-377.

durchaus richtig erkannte,[14] darin, das Schicksal »juristischer Körper« zu betrachten. Das bedeutet, Rechtsansprüche zu isolieren und darauf zu achten, unter welchen Umständen sie begründet oder modifiziert werden oder untergehen. Die Pointe der Isolation von Rechtsansprüchen besteht selbst wiederum in nichts anderem als darin, Handlungsmöglichkeiten zu identifizieren. Denn darüber, ob ein Rechtsanspruch durchgesetzt werden soll, entscheidet die betroffene Person selbst. Das Recht wird solcherart als ein System disponibler Handlungsmöglichkeiten konstruiert.[15]

Die juristische Expertise ist von *Zirkularität* geprägt, weil sie darauf abzielt festzustellen, was eine entscheidende Instanz als richtige Einsicht in das auffassen *müsste*,[16] was vom Recht gestattet oder gefordert wird. Die juristische Expertise existiert *nicht* losgelöst von einer Beziehung auf Entscheidungsträger. Sie spricht nicht direkt zu den Klienten. Die Fragen der Klienten werden so beantwortet, als handelte es sich um zirkuläre Fragen[17] (*A*: »Darf ich eine Gesellschaft in England registrieren lassen und dann zu Hause eine Niederlassung gründen, auch wenn ich in England überhaupt keine Geschäfte machen werde?« *B*: »Ja, nach meiner Ansicht müsste der EuGH das so sehen.«). Diese Zirkularität gilt aber auch für die entscheidenden Instanzen selbst, *zumindest* insofern sie beanspruchen, eine bestehende Judikatur fortzusetzen. Ihr Verhalten bestätigt die Paradoxie jedes Entscheidens.[18] Sie wollen so verfahren, als ob nichts zu entscheiden sei, weil es bei richtiger Beobachtung des bisherigen Entscheidungsverhaltens nichts mehr zu entscheiden gibt.

14 Siehe Rudolph von Jhering, *Geist des römischen Rechts auf den verschiedensten Stufen seiner Entwicklung*, Bd. 2/2, Leipzig 1858. Dazu mit ausführlichen Nachweisen Somek, *Rechtssystem und Republik* (oben Anm. 3), 128-148.

15 Siehe dazu Alexander Somek, Legal Formality and Freedom of Choice. A Moral Perspective on Jhering's Constructivism, in: *Ratio Juris* 15 (2002), 52-62.

16 Auf die unaufgelöste Ambivalenz des Konjunktivs, auf kognitiv oder normativ erwartbares Entscheidungsverhalten abzustellen, werde ich noch zurückkommen.

17 Siehe Fritz B. Simon/Christel Rech-Simon, *Zirkuläres Fragen. Systemische Therapie in Fallbeispielen: Ein Lernbuch*, 2. Aufl. Heidelberg 1999, 21; Karl Tomm, *Die Fragen des Beobachters. Schritte zu einer Kybernetik zweiter Ordnung in der systemischen Therapie*, 2. Aufl. Heidelberg 1996, 181-183.

18 Siehe dazu Niklas Luhmann, *Das Recht der Gesellschaft*, Frankfurt/M. 1993, 308.

Die juristische Expertise ist eine Dienstleistung. Sie hat einen (teilweise durch Tarifgesetze mitbestimmten) *Marktwert.* Rechtsanwälte verstehen sich demgemäß als Kaufleute. Sie bieten Klienten (zu erstaunlich hohen Preisen) ein Produkt an.[19] Das Produkt lässt sich arbeitsteilig produzieren. Das dafür erforderliche Wissen ist an keine bestimmte Rolle im Rechtssystem gebunden. So nehmen Rechtsanwälte, wenn eine Angelegenheit juristisch verzwickt ist oder eines sorgfältig ausgearbeiteten Schriftsatzes bedarf, mitunter die Dienstleistungen von aktiven oder pensionierten Richtern in Anspruch. Diese haben nichts dagegen, durch das Verfassen von Schriftsätzen[20] ihr Gehalt oder ihre Rente aufzubessern. Rechtsanwälte kaufen aber auch Expertisen bei anderen Rechtsanwälten ein, die auf gewisse Sachgebiete spezialisiert sind. Noch wird diese Praxis vor den Mandanten verborgen, damit bei diesen nicht der Eindruck entsteht, ihre Vertreter seien nicht kompetent. Aber sie dürfte angesichts der Kompliziertheit, Unübersichtlichkeit und Undurchschaubarkeit des Rechts unvermeidlich sein.[21] Die hauptamtlich tätigen Professoren des Rechts sind nichts anderes als juristische Experten unter anderen. Man mutmaßt bloß, dass sie mehr Zeit zum Nachdenken haben als die anderen, weil sie sich dem Sog der juristischen Erledigungen entziehen können.[22] Professoren des Rechts werden in ihrer

19 Nicht nur Anwälte sind juristische Experten. Die Richter gehören ebenfalls dazu. Der Staat wird es vermeiden können, von Justizskandalen erschüttert zu werden, wenn er clevere juristische Experten zu seinen Richtern zählt. Auch ihre Tätigkeit ist erfolgsorientiert. Richter bei Unterinstanzen verfolgen bei ihrer Arbeit durchaus den Zweck, bei den Berufungsgerichten nicht negativ aufzufallen. Alles andere wäre ihrer Karriere abträglich.

20 Der Begriff des »Schriftsatzes« wird hier in einem weiten Verständnis verwendet. Er bezeichnet jegliche relevante schriftliche Eingabe oder Entscheidung, die eine juristische Begründung enthält. Insbesondere zählen Klagen, Berufungen und Urteile zu dem, was hier unter »Schriftsatz« verstanden wird.

21 Unlängst hat eine Gemeinschaft junger Rechtsanwälte eine Aussendung an andere Anwaltskanzleien verschickt, in der damit geworben wird, dass sie – bei Wahrung strengster Diskretion – Verfassungsgerichtshofsbeschwerden aller Art verfasse. Der Kontakt mit Mandanten wird gar nicht mehr gesucht. Man will einen Gutachtensmarkt bedienen.

22 Zur Eigenschaft wissenschaftlichen Wissens, unter Entlastung von Handlungsdruck gewonnen worden zu sein, siehe Stehr, *Zerbrechlichkeit* (oben Anm. 4), 104.

Experteneigenschaft von Journalisten zu auftretenden Problemen befragt. Außerdem ist es eine wesentliche Quelle des Aus- und Einkommens von Professoren des Rechts, ihre Expertise in der Form von so genannten »Rechtsgutachten« an private und öffentliche Klienten zu verkaufen. Staatliche Bürokratien, die in Zukunft aufgrund von Einsparungsmaßnahmen über immer weniger eigenes, juristisch geschultes Personal verfügen werden, stellen sich momentan darauf um, die erforderliche Expertise von Universitäten zuzukaufen. Die Bearbeitung von Rechtsfragen geschieht nicht mehr ausschließlich in dafür eingerichteten Abteilungen, sondern wird an unterschiedlich spezialisierte Experten vergeben. Der öffentliche Auftraggeber achtet bloß noch auf die Kohärenz des Gesamtergebnisses.

Weil man juristische Expertise gut verkaufen kann, brennen die Studierenden an Universitäten darauf, sich zu juristischen Experten ausbilden zu lassen. Sie wollen Training in der Verfertigung von Schriftsätzen. Sie memorieren Daten und deren Verknüpfungsweisen (so genannte »Schemata«), um ihr Wissen schnell und kunstgerecht produzieren zu können. Bei Bewerbungsgesprächen für Auslandsstipendien geben sie an, sich für Gesellschaftsrecht, Steuerrecht, Europäisches Wettbewerbsrecht oder internationale Schiedsgerichtsbarkeit zu interessieren – gerade so, als könnte man sich als junger Erwachsener für solche Themen interessieren. Aber auf diese Inhalte kommt es nicht an. Es kommt darauf an, dass die Beschäftigung mit solchen Inhalten *sozial* die Eigenschaft signalisiert, ein juristischer Experte zu sein. Diese Signalwirkung ist unabhängig von dem Beruf, den man in dieser seiner Eigenschaft ausübt. Die juristische Expertise ist eine Dienstleistung, die sich gegenüber dem Ethos eines Berufs verselbständigt hat. Man kann sie kaufen und verkaufen, arbeitsteilig produzieren und, was ihre Hervorbringung betrifft, auch elektrifizieren.[23]

23 Siehe Nikolaus Forgó/Alexander Somek, Die Elektrifizierung der Rechtswissenschaft. Ein Schriftsatz, in: S. Haring/K. Scherke (Hrsg.), *Analyse und Kritik der Modernisierung um 1900 und 2000*, Wien 2000, 355-370.

Ohne die Dienstleistung der juristischen Expertise in Anspruch zu nehmen, wüssten die Laien nichts über das Recht. Vermöge der Dienstleistungen von juristischen Experten wissen sie, was Recht sein könnte vor dem Hintergrund der durch die Expertise gleichwohl mitrepräsentierten Kompliziertheit, Unüberschaubarkeit und Unverständlichkeit des Rechts. Ich komme nun darauf zurück, wie die Form rechtlichen Wissens mit dem Begriff des Rechts, der durch diese Form zum Ausdruck kommt, zusammenhängt. Dieser Zusammenhang ist derart stark, dass die Substanz des Rechts – etwa im Sinne einer *Ordnung* menschlichen *Zusammenlebens*, die mit Zwang durchgesetzt wird – durch die Form usurpiert wird. Insofern es sich um *unseren* Begriff des Rechts handelt, leben wir mit der Präponderanz nicht des Objekts,[24] sondern der Form.[25] Denn unter dem Vorzeichen der juristischen Expertise ist das Recht nichts anderes als die mehr oder weniger argumentierbare Erwartung an das Verhalten anderer. Unbestimmt bleibt, ob eine solche Erwartung kognitiver oder normativer Art ist.[26] Da aus der Sicht derer, an die eine argumentierbare Erwartung gerichtet ist, sich diese als eine Zumutung ausnehmen *muss*, weil gegen sie jederzeit Gegenargumente vorgetragen werden könnten, lässt sich sagen, dass unter dem Vorzeichen der juristischen Expertise das Recht ein System wechselseitiger Verhaltenszumutungen ist. Das Recht ist, genauer gesagt, ein System zwangsbewehrter wechselseitiger Verhaltenszumutungen, die jemanden treffen können oder auch nicht.

Dieser Begriff des Rechts verzichtet auf die Identifikation eines verbindlichen Standards, vermöge dessen die Zumutung in die Rechtspflicht umschlägt. Die Funktion, einen solchen Umschlag zu bewirken, erfüllte für die *Rechtswissenschaft* einst der Rechtsbegriff. An dem Mangel dieser Funktion lässt sich verdeutlichen, inwiefern die juristische Expertise sich von ihrem Vorgängermodell, der Rechtswissenschaft, unterscheidet.

24 Siehe Theodor W. Adorno, *Negative Dialektik*, Frankfurt/M. 1966, 184-185.

25 Siehe dazu die klugen Beobachtungen bei Pierre Schlag, Rules and Standards, in: *UCLA Law Review* 33 (1985), 379-430.

26 Zur Unterscheidung des kognitiven und des normativen Erwartungsstils siehe Luhmann, *Recht der Gesellschaft* (oben Anm. 18), 131-134.

Eine rechtswissenschaftliche Äußerung stellt fest, was rechtlich geboten, verboten oder erlaubt ist. Darüber hinaus indiziert sie, dass eine solche Feststellung in verbindlichen Überzeugungen darüber begründet ist, was als Recht zu betrachten *ist*. Sie beansprucht, den Zirkel der Zirkularität zu durchbrechen,[27] der für die juristische Expertise charakteristisch ist. Rechtswissenschaftliche Äußerungen werden aufgrund einer Methode getroffen, die mit einem verbindlichen Begriff des Rechts kohärent ist.

In Anlehnung an eine klug gewählte Unterscheidung von Margalit[28] lässt sich sagen, dass rechtswissenschaftliche Stellungnahmen ihrem Anspruch nach *kontext-sensitiv*, nicht aber *kontext-relativ* sind. Als das verbindliche Verfahren zu wissen, was das positive Recht ist, stellt die *juristische Methode* ihrem Anspruch nach ein nicht kontext-relatives Bindeglied zwischen dem Rechtsbegriff und kontext-sensitiven Aussagen über geltendes Recht dar. Die Präsenz dieses Anspruchs bietet einen *praktischen* Vorteil, welcher der kundenfreundlichen juristischen Expertise abgeht. Die über die Anwendung »der« Methode mitlaufende Bezugnahme auf das, was Recht ist, gestattet es, bei der Begründung von Rechtsansprüchen das Problem der *normativen Relevanz von Entscheidungsgesichtspunkten* präsent zu halten. In Verwertungskontexten, in denen an sich alles Mögliche relevant sein kann, verspricht die rechtswissenschaftliche Methode die Generierung von Normativität kraft der Elimination von methodisch als irrelevant durchschauten Entscheidungsgesichtspunkten.[29] Jhering hatte Recht. Die Rechtswissen-

27 Zu beachten ist, dass therapeutische Interventionen etwas Ähnliches zu leisten beanspruchen.

28 Siehe Avishai Margalit, *The Decent Society*, Cambridge (Mass.) 1996. (Dt.: *Politik der Würde*, Berlin 1997.)

29 Die Einsicht, dass Normativität vorzugsweise über »exclusionary reasons« vermittelt ist, verdanken wir in neuerer Zeit Joseph Raz. Siehe Joseph Raz, *Practical Reason and Norms*, 2nd ed. Princeton 1990. Für eine positivistisch geschulte Rechtswissenschaft vermittelte sich diese Relevanz in der Form der Frage nach den »Rechtsquellen« und damit letztlich über das Geltungsproblem. Auf diese Weise konnten Argumente mit Typen von Geltungsbehauptungen in Beziehung gesetzt und zum Diskurs zugelassen oder aus diesem eliminiert werden. Das betraf insbesondere den Streit über die Rolle der »Moral« in der juristischen Argumentation.

schaft vereinfacht das Recht.[30] Das gilt vor allem auch im Verhältnis zu der von den entscheidenden Stellen verursachten Anarchie der anknüpfungsfähigen Gesichtspunkte. *Mit* juristischer Methode kann man etwa einem Verfassungsgericht zu verstehen geben, dass seine Rechtsprechung zum Gleichheitsrecht eine unzulässige Anmaßung politischer Autorität darstellt.[31] *Ohne* juristische Methode kann man dies nicht. Als juristischer Experte muss man sich auf das Sprachspiel eines Gerichts einlassen und Vorentscheidungen studieren. Damit wird Komplexität im Hinblick auf einen synchronen Rechtszustand – die »Rechtslage« – nicht reduziert, sondern konserviert und präsent gehalten. Denn im Unterschied zur Rechtswissenschaft verzichtet die juristische Expertise darauf, ein komplexes Gewebe potentiell relevanter Entscheidungsgesichtspunkte mit einem als verbindlich betrachteten Rechtsbegriff zu konfrontieren und solcherart Komplexität zu reduzieren.

Die juristische Expertise ist, so gesehen, vom Ansatz her *kontextrelativ*. Aus der Sicht des rechtstheoretischen Beobachters *unterscheidet sie sich* dadurch von der Rechtswissenschaft. Sie betrachtet als Recht, was in einem bestimmten Verwertungskontext rechtlichen Wissens als »Recht« kommuniziert wird. In diesem zeigt sich, was im Rahmen der Erbringung einer Dienstleistung juristisch argumentierbar ist. Für die juristische Expertise befinden sich die Elemente der juristischen Methode – Auslegungsregeln, Prüfungsstandards etc. – in einem lose gekoppelten Zustand und nicht in einem konsistenten und präskriptiven Zusammenhang mit dem Begriff des Rechts. Die juristische Expertise verwendet Methode als formbares Medium[32] und rekurriert auf sie nicht als Norm, die unabhängig von den zirkulären und rekursiven Verknüpfungen von Argumenten in einem Verwertungskontext rechtlichen Wissens gelten könnte.

Dementsprechend unterscheidet sich das, was als Recht gewusst wird, auch *strukturell* grundlegend danach, ob es wissenschaftlich oder in der Form der Expertise aufgefasst wird. Durch die juristische Expertise wird *zirkulär* die Unbestimmtheit von Rechtslagen repro-

30 Siehe Jhering, *Geist des römischen Rechts* (oben Anm. 14), 360.

31 Siehe Robert Walter/Heinz Mayer, *Grundriss des österreichischen Bundesverfassungsrechts*, 8. Aufl. Wien 1996, 491, RZ 1348-1349.

32 Siehe generell Niklas Luhmann, *Die Gesellschaft der Gesellschaft*, Frankfurt/M. 1997, 196-200.

duziert, weil es um die Selektion von Anknüpfungspunkten für argumentierbare Rechtsfragen geht. Diese Unbestimmtheit ist eine ihrer Begleiterscheinungen. Sie ist eine für den juristischen Sprachmarkt nicht ungünstige Nebenfolge. Im Prozess der Reduktion von Komplexität reproduziert sie die sachliche Komplexität ihres Gegenstands. Ein M&A Anwalt aus New York hat dies mir gegenüber als ökonomisch wünschenswert verteidigt. Es schaffe Wohlstand und Arbeitsplätze für Juristen.

Temporalisierung

Komplexität bedeutet,[33] dass die von juristischen Experten herangezogenen Konstrukte (Normen, Prinzipien, Geltungskriterien) in großer Anzahl vorkommen und in mannigfaltige Beziehungen zueinander gebracht werden können. Die Beziehungen können also unterschiedlich ausfallen.

Die mit Methode verfahrende Rechtswissenschaft tritt mit dem Anspruch auf, Komplexität in der *Sachdimension* des Sinns zu reduzieren. Sie will feststellen, welche unter den denkbaren Geltungsmöglichkeiten wirklich gilt. Zur Erreichung dieses Ziels sind einige Argumente und mögliche Entscheidungsgesichtspunkte als methodisch irrelevant oder verfehlt auszuscheiden. Die über die Beziehung auf den verbindlichen Rechtsbegriff vermittelte normative Bewertung von Gründen reduziert Komplexität. Im Vergleich dazu vermag die juristische Expertise Komplexität nur zu temporalisieren.[34] Die juristische Expertise kommuniziert mit, dass es für die einleuchtende Verknüpfung von Elementen auf die Operation *im Einzelfall* ankommt. Folglich wird der Argumentationsaufwand, der erforderlich ist, um ein bestimmtes Ergebnis argumentieren zu können, zum entscheidenden Gesichtspunkt, unter dem die Komplexität ein Problem darstellt.[35]

Aus zwei mit ihrer Operationsweise in Zusammenhang stehenden Gründen ist die Temporalisierung die der juristischen Expertise

33 Ich orientiere mich im Folgenden an Dirk Baecker, *Organisation als System*, Frankfurt/M. 1999, 28-29.
34 Siehe dazu allgemein Luhmann, *Soziale Systeme* (oben Anm. 5), 77.
35 Siehe Kennedy, Freedom and Constraint (oben Anm. 10), 530.

eigentümliche Form der Komplexitätsreduktion.[36] Der eine verweist auf die pragmatische Enthaltsamkeit der juristischen Expertise,[37] der andere auf die zirkuläre Konstitution von Argumentationsfeldern.

Pragmatische Enthaltsamkeit

Gerichtsentscheidungen lassen sich nicht vorhersagen. Das gilt selbst dann, wenn man unterstellt, dass entscheidende Instanzen nichts anderes tun wollen, als den einmal etablierten Entscheidungsregeln zu folgen. Man muss nicht Kripkes Rekonstruktion des Wittgensteinschen Regelparadoxons für bare Münze nehmen, um zu wissen, dass sich die Bedeutung einer Regel nicht induktiv festlegen lässt: »Die Beziehung zwischen Meinen und Intendieren einerseits und künftigen Handlungen andererseits ist nicht *deskriptiv*, sondern *normativ*.«[38] Juristische Experten kommen also nicht darum herum, den entscheidenden Stellen zu verstehen zu geben, wie sie entscheiden *sollen*, selbst wenn sie nur zu wissen vorgeben, dass sie wissen, wie die entscheidenden Stellen ihre bisherige Entscheidungspraxis deuten und aufgrund einer solchen Deutung fortsetzen werden. Sie müssen dies vorgeben, weil der juristischen Expertise die Normativität als Mittel der Komplexitätsreduktion nicht zur Verfügung steht.[39] Ein unter der Hand erhobener normativer Geltungsanspruch muss konstativ kaschiert werden. Am besten fährt

36 Daraus ergibt sich eine interessante Asymmetrie im Verhältnis zwischen Zeit- und Sachdimension, die letztlich darüber den Ausschlag gibt, weshalb von Praktikern auch noch die sich selbst als »praxisnah« verstehende Rechtsdogmatik als »theoretisch« erlebt wird.

37 Siehe näher im nächsten Kapitel.

38 Siehe Saul A. Kripke, *Wittgenstein über Regeln und Privatsprache. Eine elementare Darstellung*, Frankfurt/M. 1987, 53.

39 Das entstehende Normativitätsdefizit wird durch die steigende Relevanz mehrerer Ebenen der Regulierung (völkerrechtliches Vertragsrecht, supranationales Recht, nationales Verfassungsrecht und einfache Gesetze) verstärkt, weil durch das Nebeneinander mehrerer Normhierarchien die Koordination nur heterarchisch funktionieren kann. Für einen Versuch, diese Situation auf den Begriff zu bringen, siehe Neil Walker, Flexibility within a Metaconstitutional Frame: Reflections on the Future of Legal Authority in Europe, in: G. de Búrca/J. Scott (Hrsg.), *Constitutional Change in the EU. From Uniformity to Flexibility?*, Oxford 2000, 9-30.

man mit einer juristischen Expertise daher dann, wenn man pragmatische Enthaltsamkeit walten lässt und die Aufklärung darüber unterlässt, ob eine Rechtsbehauptung in Relation zur entscheidenden Stelle prädiktiv oder normativ gemeint ist. Man muss bloß seine Zuversicht zum Ausdruck bringen, dass die Stelle wie vorgeschlagen entscheiden wird, weil sie die Rechtslage sicher genau so auffassen werde wie man selbst. Da die eigenen Selektionen rekursiv auf die Selektionen des Gerichts bezogen sind, partizipieren sie unter dem Deckmantel der pragmatischen Enthaltsamkeit an dem *Intuitionismus*, der dem rechtlichen Wissen von Gerichten eigentümlich ist.[40] Sie werden aufgrund eines Gefühls und damit sozusagen »auf gut Glück« vollzogen, in der Hoffnung, dass sie sich als anschlussfähig erweisen werden. Da die juristische Expertise an einem Mangel an Normativität leidet, lässt sich aus der Pattsituation wechselseitig zirkulären normativen Erwartens letztlich nur *mit der Zeit* ausbrechen. Es gibt keine richtige Entscheidung. Es gibt nur die Entscheidung im Einzelfall.

Argumentationsfelder

Die Komplexität des Rechts wird von der juristischen Expertise aber auch deswegen nicht in der Sachdimension reduziert, weil die *Struktur*, die dem Recht durch juristische Expertise verliehen wird, eine andere ist als die Struktur, wie sie sich in der Perspektive der Rechtswissenschaft darstellt. Aus der Sicht der Rechtswissenschaft besteht das Recht im wesentlichen aus unterschiedlichen Schichten von miteinander verknüpften Regeln und Prinzipien. Für die Problemlösung wird das Recht so strukturiert, dass es aus normativen Konstrukten besteht und die Erkenntnis ihrer Bedeutung und (allenfalls) ihres Gewichts als wesentlich erachtet wird.

Im Spiegel der juristischen Expertise wird dem Recht eine andere Struktur verliehen. Insofern wird etwas anderes als »Recht« gewusst als in der Rechtswissenschaft. Das Recht gibt sich in der Form

40 Siehe dazu näher Alexander Somek, Intuitives Verfassungsrecht. Eine Exegese zur Ordnungssystemjudikatur des österreichischen Verfassungsgerichtshofs, in: B. Feldner/N. Forgó (Hrsg.), *Norm und Entscheidung. Prolegomena zu einer Theorie des Falls*, Wien/New York 2000, 253-279.

von Konfigurationen eines argumentierbaren »Feldes«[41] zu erkennen.

Der Begriff des Feldes bezeichnet die Asymmetrie im Verhältnis von sachlicher und temporalisierter Komplexität. In einem Feld stehen denkbare Argumentationsziele im Verhältnis zu dem Widerstand, der in einem Verwertungskontext durch Einwände und Gegenargumente zu erwarten ist. Daraus ergibt sich die für die juristische Expertise eigentümliche Form der »Bindung«.[42] Im Vergleich zur Struktur des Rechts, wie sie sich aus der Sicht der Rechtswissenschaft darstellt, fungieren Regeln und Prinzipien nur als die Bezugsgrößen von Argumenten wie etwa Wortbedeutungsbehauptungen oder Abwägungen. Das Recht wird im Hinblick auf denkbare Argumentationsziele konstruiert und ist durch unterschiedliche Feldgestaltungen mediatisiert. In einem von ihm selbst nicht als solches erkannten Hauptwerk hat Kennedy eine Typologie solcher Felder entwickelt.[43] Ein »impacted field« lässt klare Regeln erkennen. Der »case of first impression« konfrontiert den Experten mit der Schwierigkeit oder Chance, dass der vorliegende Sachverhalt zunächst unter keine etablierte Regel subsumiert werden kann. Das »contradictory field« ist von einander widersprechenden Präzedenzfällen geprägt. Die Liste der Feldkonfigurationen ließe sich verlängern. Wesentlich ist, wie Kennedy festhält, dass es die Feldkonfiguration an sich nicht gibt. Sie ist zirkulär konstituiert.[44] Wenn ich mit der Erwartung an ein Problem herangehe, dass ein Argumentationsziel sich nicht erreichen lässt, erhöht sich das Risiko, dass sich das Recht als kompakt gegen mich geordnet darstellt. Generell kommt die Zirkularität des juristischen Feldes darin zum Ausdruck, dass Argumentationen in Gegenüberstellung zu bestmöglichen Gegenargumenten entworfen werden, deren Auftreten dem Argumentierenden wahrscheinlich erscheint. Vom Gegenargument, mit dessen

41 Siehe Duncan Kennedy, *A Critique of Adjudication: fin de siècle*, Cambridge (Mass.) 1998, 140; siehe auch ders., Freedom and Constraint (oben Anm. 10).

42 Siehe Kennedy, Freedom and Constraint (oben Anm. 10), 526. Wie Kennedy (ebd., 530) festhält: »The constraint imposed by the law is that it defines the distance that I will have to work through in legal argument if I decide to come out the way I initially thought I wanted to. ›The law‹ constrains in that it is an element of the situation as I initially experience it. It is the ›field‹ of my action.«

43 Siehe Kennedy, Freedom and Constraint (oben Anm. 10), 538-540; ders., *Critique of Adjudication* (oben Anm. 41), 168-169.

44 Siehe Kennedy, Freedom and Constraint (oben Anm. 10), 539.

Auftreten man rechnen zu müssen glaubt, muss die Expertise sich die Relevanzen vorgeben lassen. Die Struktur, die das Recht im Licht von Feldkonfigurationen annimmt, ist deswegen durchgängig temporalisiert. Sie hängt nicht bloß vom Eingangszeitpunkt ab. Die Struktur hat selbst eine temporale Struktur. Als System zwangsbewehrter wechselseitiger Verhaltenszumutungen, die jemanden treffen können oder nicht, stellt sich das Recht so dar, wie es aussieht, *bevor* man ihm mit den Mitteln der juristischen Argumentation ein anderes Aussehen verliehen oder sein Aussehen bestätigt hat.

In den Verwertungskontexten der juristischen Expertise kann so gut wie alles relevant werden, was durch die entscheidenden Instanzen auch nur andeutungsweise in diese hineingelegt worden ist. Es muss sich bloß mit der Sprache der juristischen Methode auffassen lassen. Die Verwertungskontexte sind normativ schwach konturiert. Erkennbar wird das daran, dass das juristische Begründen reich an Zweckmäßigkeitserwägungen und Abwägungen ist. Normative Relevanzen werden nicht reduziert (und damit verstärkt), sondern sogleich konfirmiert, wenn sie sich zur Manipulation von Feldkonfigurationen heranziehen lassen. In den Verwertungskontexten implodieren die Relevanzen. Deswegen muss jeder Schriftsatz *erneut* die Reduktion der Komplexität des Feldes vollziehen, ohne dass diese am Ende geleistet sein könnte. Das ist nicht zuletzt deswegen unmöglich, weil es den entscheidenden Stellen durchaus gefällt, durch die Distinktion von Fällen das saumlose und unüberschaubare Gewebe von Vorentscheidungen um eine Nuance anzureichern.

Von der Sachdimension zur Sozialdimension

Ich habe eingangs erwähnt, dass die Rechtswissenschaft das Vorgängermodell der juristischen Expertise ist. Ohne den Gebrauch methodischer Konstrukte hätte die juristische Expertise kein Medium, ihre Kompetenz zu signalisieren. Andererseits vergegenwärtigt sich die juristische Expertise über die Erinnerung an die Wissenschaft ihren irreduziblen Mangel an Normativität. Nur die Wissenschaft könnte (und dürfte) ihn beseitigen.

Für die juristische Expertise sind wissenschaftliche Argumente nicht zu beobachten. Theorie ist für sie kein Thema. Nicht unbeobachtbar ist indes eine ihrer sozialen Folgen. Die Reputation der

Wissenschafter mag man zur Kenntnis nehmen. Aus diesem Grund können juristische Argumente in einer post-rechtswissenschaftlichen Welt in der Sozialdimension des Sinns ihr Gewicht erhalten.[45]

Wenn man der klugen Diagnose von Dezalay und Garth[46] folgt, dann zeigt sich diese Qualität der juristischen Expertise, die Reduktion temporalisierter sachlicher Komplexität in die Sozialdimension zu verlegen, in Kontexten, in denen das rechtliche Wissen gerade *nicht* die Funktion erfüllt, die Ausübung staatlichen Zwangs zu autorisieren. Bei der internationalen Handelsschiedsgerichtsbarkeit hängt die Nachfrage nach der Expertise von Schiedsrichtern von der sozialen Bedeutung der Produktionsstätte ab. Während im kontinentaleuropäischen Kontext die ordentliche Professur über das soziale Kapital des Experten auf dem juristischen Sprachmarkt den Ausschlag gibt, ist es im anglo-amerikanischen Kontext wohl der Aufwand, mit dem Schriftsätze produziert und Verhandlungen durchgeführt werden. Aus rechtswissenschaftlicher Sicht handelt es sich dabei um Äußerlichkeiten. Dennoch wird daran deutlich, dass es sich bei juristischer Expertise um rechtliches Wissen handelt, das sich in der *Sozialdimension* des Sinns (und nicht in der Sachdimension) reflektiert. Auf einer virtuellen ordinalen Skala gilt die juristische Expertise gerade so viel wie der sie abgebende juristische Experte.

Drei Filter

Vor diesem Hintergrund ist es nicht weiter verwunderlich, dass im Universitätsbetrieb der Gegenwart ein Typus von Professor zusehends zum Normalfall wird, der als »Unternehmer-Professor« bezeichnet wird. Üblicherweise meint man damit jene Gestalt von

45 Normativität lässt sich nur herstellen, indem man sie reduziert. Nicht alles darf als Kandidat der Verbindlichkeit erscheinen. Durch Reduktion die Normativität zu verstärken, war das Erfolgsgeheimnis der Rechtswissenschaft. Doch die Wissenschaft, die solche Reduktionen durchführt, ist für die juristische Expertise unbeobachtbar. Nicht unbeobachtbar ist indes ihre Folge: die Reputation von »Spitzenjuristen«. Die Reduktion von Komplexität lässt sich von der Sach- auf die Sozialdimension des Sinns umstellen.

46 Siehe Yves Dezalay/Bryant G. Garth, *Dealing in Virtue. International Commercial Arbitration and the Construction of a Transnational Legal Order*, Chicago 1996.

Universitätslehrerin, die neben wissenschaftlichem Ingenium vor allem auch Managementqualitäten haben sollte. Die letzteren bewähren sich beim »fund raising« für die Forschung aus Drittmitteln und bei der Zusammenstellung von Teams junger Wissenschaftsidealisten. Sie werden von Unternehmer-Professoren ebenso geringfügig beschäftigt wie entlohnt, leisten aber dennoch bei der Durchführung von Forschungsprojekten die Knochenarbeit. Die Projekte sind zusehends international »vernetzt«. Unternehmer-Professoren und ihre Teams sind die »Knoten« in autopoietischen multinationalen Wissenschaftssystemen. Deren jeweiliger Kurs und Output ist von niemandem zu kontrollieren oder zu planen.[47]

An der juridischen Fakultät begegnet man den Unternehmer-Professoren in anderer Gestalt. Bei ihnen handelt es sich um geschulte und nach höchsten universitären Standards (»Habilitation«) zertifizierte juristische Experten. Sie verwenden die Universität als sozialversicherungsrechtlich günstigen Stützpunkt, um das eigene Wissen – je nach Ertragslage – auf dem Markt der verfahrensförmigen Rechtsfindung, dem Markt der politischen Planung oder dem Markt privater Bildungseinrichtungen optimal zu verwerten. An der Universität wird gelehrt, weil dies um der Anstellung willen unvermeidbar ist. Aber das ist das Pflichtprogramm. Die Kür findet andernorts statt. Geleistet wird sie zumeist bei lokalen Klienten. Internationalität ist der Ausnahmefall. Die Forschung dient vorzugsweise der Produktion didaktischer Materialien, mit denen sich an der Massenuniversität so manch ansehnliche Rente beziehen lässt.

Was ein juristischer Unternehmer-Professor über didaktische Hilfsmittel hinausgehend an Texten produziert, ist notwendigerweise praxisrelevant. Der lehrende Experte lässt sich die Fragestellungen, denen er seinen wissenschaftlichen Ehrgeiz angedeihen lässt, von der Praxis vorgeben.

Es könnte nicht besser sein. Man muss nur Nebenfolgen in Kauf nehmen. Seitdem der Unternehmer-Professor zum Standardmodell geworden ist, ist es an den Juristischen Fakultäten intellektuell noch langweiliger geworden, als es ohnedies schon die längste Zeit gewesen ist. Die Gründe, weshalb die Langeweile zunimmt, sind unschwer einzusehen.

47 Die Wissenschaftsforschung hat dafür Euphemismen entwickelt wie die »Transdisziplinarität« oder den »modus 2« der Wissensproduktion. Siehe einführend Helga Novotny, *Es ist so. Es könnte auch anders sein*, Frankfurt/M. 1999.

Zunächst ist für die Perspektive dessen, was Unternehmer-Professoren als praxisrelevant empfinden, ein *gesellschaftlicher Filter* entscheidend. Die Befassung mit Rechtsproblemen oder die Abhaltung so genannter Seminare außerhalb der Universität ist nur insofern von Interesse, als dies den Geldbeutel zum Klingen bringt.

Deswegen gehen viele potentielle Klienten und korporative Akteure leer aus. Nach einem Unternehmer-Professor, der Experte für Notstandshilfe- oder Sozialhilferecht ist, wird man etwa bei weitem länger suchen müssen als nach einem Experten für Europäisches Wettbewerbsrecht oder für andere einschlägige Rechtsgebiete, auf denen sich die Virtuosen der juristischen Expertise tummeln.

Das Vorhandensein des gesellschaftlichen Filters führt dazu, dass die Frage nach dem systematischen Zusammenhang oder der Gerechtigkeit von vorhandenen sozialen Arrangements kaum noch gestellt werden kann. Denn niemand weiß, wie es denen geht, die so gut wie nichts haben und deren Leben erbärmlich ist. Sie fragen keine juristische Expertise nach.

Der gesellschaftliche Filter wird durch einen *bürokratischen Filter* ergänzt. Denn das Wissen, das private und öffentliche Klienten nachfragen, hat schriftsatzförmige Qualität. Von Interesse sind langwierige, archivarisch erschöpfende und exegetisch genaue Berichte über die Rechtslage. Ihnen geht ironischer Weise die vermeintliche Majestät des Normativen wegen der intellektuell subalternen Haltung ab, die gegenüber einem zumeist läppischen Material eingenommen wird. Der fragmentierte Charakter eines auf konkrete Erledigungen abzielenden, im Kanzleistil verfassten juristischen Wissens lässt den unvoreingenommenen Beobachter ratlos zurück. Es fehlt das große Bild.

Zudem wird in bürokratischen Kontexten aus der juristischen Expertise auch all das herausgefiltert, was Auftraggeber nicht gerne hören, weil die entscheidenden oder lenkenden Stellen mit Unmut reagierten, wenn sie es zu hören bekämen. Keine Rede ist also von der Sprachgewalt entscheidender Instanzen, der einschüchternden Wirkung von Befragungen oder der biographischen Tiefendimension rechtlicher Regelungen. Tabubrüche hinsichtlich der Unzumutbarkeit der Geltungsanmaßung von Rechtsregeln, die im Schutzmantel von Rechtsformen als geltendes Recht auftreten, werden vermieden. Alles was zu gelten beansprucht, wird so behandelt, als gebührte ihm die Ehrfurcht, die dem Normativen zusteht. Aufgrund des bürokratischen Filters entfällt also alles, was die Rechtswissenschaft nicht bloß praxisrelevant, sondern lebensnah machen würde.

Die Abwesenheit eines größeren oder distanzierten Bildes deutet schließlich auf das Vorhandensein eines *intellektuellen Filters* hin. In die Expertise wird nichts aufgenommen, das sich nicht an Klienten abgeben ließe.

Intellektuelle Anstrengungen, die unter Bedingungen der wissenschaftlichen Behandlung eines Gegenstands eigentlich Teil der Disziplin sind, weil sie für diese allgemein relevant sind, werden, wie etwa die so genannte »Rechtstheorie«, an Fächer delegiert, die man »auch« und »ohnedies« an der Fakultät hat. Diese Neben- und Freifächer entlasten von kognitiven Anstrengungen, als welche sich die juristischen Hauptfächer ihrem Wesen nach begreifen ließen. Da diese sich der Anstrengung des Begriffs verweigern, degenerieren sie zu Schwundstufen der Rechtswissenschaft, die sich an der schematisch immergleichen Administration eines stetig anwachsenden Rechtsstoffs kenntlich machen. Das Aufregendste, was im intellektuellen Raum der Hauptfächer geschieht, ist die Registrierung neuer Fallentscheidungen (man lasse sich auf der Zunge zergehen, dass Entscheidungen des Europäischen Gerichtshofs, wie jene über den rechtlich relevanten Sitz einer Gesellschaft,[48] das Äquivalent dessen sind, was in der Biologie der Entschlüsselung des Genoms gleichkommt).

Schluss

Man mag annehmen, dass die Geltungsbestimmung in der Sozialdimension letztlich von der Sachdimension abhängen müsse. Es gälte demnach derjenige juristische Experte am meisten, der in der Regel die besten juristischen Argumente für sich und deswegen »Einfluss« erworben hat.[49] Das von juristischen Experten abgegebene Gutachten wäre demnach als ein Kommunikationsmedium zu betrachten, das signalisiert, dass der Gutachter über die entsprechen-

48 Siehe oben Anm. 8.

49 Siehe zu einer solchen Modellierung des Einflusses Jürgen Habermas, *Faktizität und Geltung. Studien zur Diskurstheorie des Rechts und des demokratischen Rechtsstaats*, Frankfurt/M. 1992, 438-439.

de wissenschaftliche Deckung verfügt, die er auf Verlangen vorweisen kann.[50]

Es ist nicht zu bestreiten, dass juristische Experten mit diesem Anspruch auftreten müssen, um auf dem Markt einen guten Preis für ihre Produkte erzielen zu können. Allerdings wird eine solche Sichtweise den Produktionsbedingungen der juristischen Expertise nicht gerecht. Der systemische Kontext, in dem juristische Expertise hergestellt wird, sperrt sich dem Zugriff auf die Sachdimension. Denn wer sich auf diese Dimension einlässt, der landet bei der Rechtstheorie; und wer dort angekommen ist, produziert keine juristische Expertise mehr.

50 Für eine Rekonstruktion des juristischen Gutachtens als symbolisch generalisiertes Medium der Kommunikation, siehe Alexander Somek/Nikolaus Forgó, *Nachpositivistisches Rechtsdenken. Inhalt und Form des positiven Rechts*, Wien 1996.

Zweites Kapitel
Gesetzesbindung

Die Standardrezension

Schriften zur juristischen Methode machen sich würdig, mit dem Prädikat »gelungen« bedacht zu werden, wenn sie sich in einer Welt bewegen, welche die Lehre des Rechts für die Welt des Juristen als solchen hält. Aus der Sicht der Akademie ist dies eine Welt von Schriftsätzen. Dokumente dieser Art werden überwiegend mit dem Bestreben verfasst, Behauptungen über das Bestehen oder Nichtbestehen von Rechtsansprüchen zu machen. Wie dabei vorzugehen ist, lehren die dogmatischen Fächer. Allerdings sind diese nicht gänzlich unangebunden. Der juristischen Methodenlehre fällt nämlich die Aufgabe zu, die Bedingungen zu bestimmen, unter welchen man dogmatischen Schlussfolgerungen nicht von vornherein mit Misstrauen begegnen muss.

Als juristische Disziplin unterliegt freilich auch die juristische Methodik einer für die Rechtswissenschaft allgemein geltenden pragmatischen Beschränkung. Eine reflexive Vertiefung des juristischen Räsonnements darf sie sich nur gestatten, insofern sie dabei mit der Welt, in der Schriftsätze verfasst werden, verträglich bleibt. Die Methodik hat Bücher zu produzieren, die man dem Praktiker in die Hand geben kann.

Looschelders und Roth haben ein gelungenes Buch vorgelegt.[1] Die Zielsetzung ist unmissverständlich. Sie wollen klären, auf welcher Grundlage richterliche und verwaltungsbehördliche Entscheidungen ergehen dürfen (1-2, 118). In Abgrenzung von der objektiv-teleologischen Methode (38-40) und einem sichtlich als frivol erachteten hermeneutischen Intuitionismus (71-85) geben die Autoren eine starke Präferenz für die subjektiv-historische Interpretationsmethode zu erkennen. Nur diese ermögliche ein Maximum an Gesetzesbindung (46-66). Neben der vorrangig zur Anwendung kommenden (»textinternen«) grammatikalischen und systemati-

1 Siehe Dirk Looschelders/Wolfgang Roth, *Juristische Methodik im Prozess der Rechtsanwendung. Zugleich ein Beitrag zu den verfassungsrechtlichen Grundlagen von Gesetzesauslegung und Rechtsfortbildung*, Berlin 1996. Die Seitenangaben im Text beziehen sich auf dieses Werk.

schen Interpretation (130-159) solle diese (»textexterne«) Methode immer dann zum Zuge kommen, wenn der Wortlaut der Norm mehrere Bedeutungsvarianten zulasse. Das gelte auch dann, wenn sich mittels teleologischer Interpretation bloß die »mutmaßliche Wertentscheidung des Gesetzgebers« ermitteln lasse (123-124 – zum Vorrang der »tatsächlichen« Wertentscheidung siehe ebd., 231). Darüber hinaus ermächtige der Rückgriff auf die Wertentscheidung des Gesetzgebers sogar dazu, den Wortlaut oder die gewählte Regelungstechnik (»Regelungsentscheidung«, 120-121) der Norm zu korrigieren (244-258).

Unter diesem Vorzeichen bietet das Buch eine kritische Darstellung des bekannten Repertoires der juristischen Methodik. Insofern will es in der Tat dem Praktiker in die Hand gegeben sein (118, 126). Neben einer Rekonstruktion der logischen Struktur der Subsumtion (86-92) und der Analyse von Interpretationsmethoden (130-192) findet man demgemäß auch eine eingehende Erörterung des Problems der richterlichen Rechtsfortbildung (220-320). Die leicht lesbaren Ausführungen werden durchgängig anhand von Beispielen aus der Judikatur veranschaulicht.

Gelungene juristische Methode als moralisches Problem

Die juristische Methodenlehre versteht sich als eine dem entscheidenden Juristen für die rechtsstaatlich korrekte Erfüllung seiner Aufgabe nützliche Disziplin (126). Im Versuch, dem eigenen Selbstverständnis gerecht zu werden, repräsentiert das Buch, wenn auch auf seine Art, zweifelsfrei den im deutschsprachigen Raum etablierten »state of the art«. Sollte es uns beunruhigen, dass dieser »state of the art«, wie gezeigt werden wird, sich nur um den Preis der Blindheit für die ihm immanente Irrationalität konservieren lässt?

Ich will das Problem, das meines Erachtens durch eine Methodik aufgeworfen wird, die durchwegs und mit Recht als »gelungen« zu erachten ist, präzise bezeichnet wissen. Zunächst ist klarzustellen, worum es nicht geht. Hier ist nicht die Frage zu behandeln, ob ein Werk, in dem sich die im deutschen Sprachraum vorherrschende juristische Methodenreflexion in exemplarischer Weise verkörpert hat, etwa deswegen für die Praxis nicht relevant sein dürfte, weil das, was in ihm für theoretische Einsicht ausgegeben wird, sich vernünftigerweise nicht ernst nehmen lässt. Eine kritische Pose dieser Art einnehmen zu wollen, wäre *hoffnungslos* veraltet. Die Zeiten, als die Rechtswissenschaft noch bereit schien, die Philosophie zu konsultieren, um sich von dieser nicht nur nachträglich mit den Weihen höherer Einsicht ausstatten, sondern in der Sache auch korrigieren zu lassen, gehören, wenn es sie überhaupt jemals gegeben hat, längst der Vergangenheit an.[2] Der Jurist braucht keine Philosophie mehr.

Das Problem der juristischen Methode hat unterdessen auch eine andere Gestalt angenommen. Zu beurteilen ist, ob sich aus der Sicht jeder beliebigen Person normative Gründe – also Handlungsgründe – dafür finden lassen, an der gelungenen juristischen Methodik selbst dann festzuhalten, wenn blinzelnd einzubekennen wäre, bei ihr handle es sich ohnedies nur um ein terminologisch aufgeplustertes Juristenlatein. Ist es also für den Rechtsstaat unerheblich oder sogar wünschenswert, wenn die Juristen für die interne Irrationalität der gelungenen Methodik blind sind?[3] Die interne Irrationalität wäre diesfalls gerechtfertigt, weil sie in einem rationalen externen Zusammenhang mit guten sozialen Folgen stünde, die sich mit gelungener juristischer Methodenlehre erzielen ließen.

Interessanterweise hält die gelungene juristische Methodenlehre auf diese Frage immer schon eine positive Antwort bereit. Darauf ist noch zurückzukommen. Zunächst wird es aber nicht gänzlich unangezeigt erscheinen, den Gehalt der These, wonach die gelungene juristische Methodik gemessen an der von ihr ausdrücklich verfolg-

2 Das Risiko, bei der juristischen Selbstreflexion könne herauskommen, dass es mit der Rationalität der juristischen Entscheidungsfindung im Grunde genommen nichts sei, nimmt im deutschen Sprachraum mittlerweile keine juristische Methodenreflexion mehr auf sich, nicht einmal die post-strukturalistisch reformierte Strukturierende Rechtslehre. Siehe dazu vorzugsweise Ralph Christensen, *Was heißt Gesetzesbindung? Eine rechtslinguistische Untersuchung*, Berlin 1989. Auszunehmen davon ist freilich die juristische Rhetorik, aber die kann sich ex definitione nicht als wissenschaftliche Anleitung zur Rechtspraxis verstehen. Für die U.S.A. siehe freilich Pierre Schlag, *Laying Down the Law. Mysticism, Fetishism, and the American Legal Mind*, New York/London 1996.

3 Im Irrationalismusvorwurf steckt immer Polemik. Siehe Herbert Schnädelbach, Über Irrationalität und Irrationalismus, in: ders., *Vernunft und Geschichte. Vorträge und Abhandlungen*, Frankfurt/M. 1987, 64-73. Um präziser zu sein, meine ich, dass die gelungene juristische Methodik nur möglich ist aufgrund ihrer mangelnden Einsicht darin, dass sie nur vermöge ihres intellektuellen Scheiterns möglich ist.

ten Ambition irrational ist, am Beispiel des Werkes der Autoren zu erläutern. Dies wird in den drei folgenden Abschnitten versucht.

Methodische Welterzeugung

Das Buch von Looschelders und Roth bietet alles, was Juristen intellektuell auf sich nehmen müssen, wenn sie die Aussage verstehen wollen, ihre Aufgabe bestehe darin, bei der Rechtsanwendung im wesentlichen nachzuvollziehen, was bereits vorliege. Insofern erfährt man nichts Neues. Die juristische Methode sei der Optimierung der richtigen Gesetzesanwendung gewidmet (5). Dafür müsse der Anwender zunächst ans Gesetz gebunden werden. Gebunden könne man nur an etwas sein, das im Moment der Anwendung nicht erst erzeugt werde, sondern bereits vorliege (131, 145). Der Rechtsanwender habe sich daher vorzugsweise an den vorgegebenen Inhalt des Gesetzestextes zu halten (22). Dafür gebe es demokratietheoretische Gründe (50-53). Der Normtext des Gesetzes »enthalte« die demokratisch legitimierte Anordnung. Was gleichwohl »in« diesem Text vermöge grammatischer und systematischer Auslegung sich nicht finde, müsse bei der Auslegung unter Rekurs auf textexterne Quellen ergänzt werden, aus denen der Wille des Gesetzgebers zu erschließen sei (69). Selbst wenn der aus dem Normtext oder externen Quellen gewonnene Norminhalt unter Rückgriff auf die gesetzliche Wertentscheidung korrigiert werden müsse (227, 258), sei zwischen der auslegenden Feststellung dieses Inhalts einerseits und dessen Korrektur andererseits zu unterscheiden (125, 147).

In dem Werk manifestiert sich also durchgängig der Glaube an die Existenz eines der Interpretation in der Gestalt von gesetzlichen Anordnungen vorgegebenen Gegenstands der juristischen Erkenntnis. Weshalb sich dieser Glaube nicht aufrechterhalten lässt, ist nicht mehr näher auszuführen.[4] Von Interesse ist vielmehr, was seine redundante Vermittlung vollzieht. Sie konserviert das juristische Verfahren, einen wesentlichen Ausschnitt der sozialen Welt beobachtbar zu stellen. Insofern manifestiert sich an ihr so etwas wie die soziale Ontologie der methodisch umsichtigen Rechtsanwendung. Diese durch das gelungene methodische Rechtsdenken erzeugte

4 Siehe Ralph Christensen, *Was heißt Gesetzesbindung? Eine rechtslinguistische Untersuchung*, Berlin 1989.

Welt ist zweifelsfrei *real.* Allerdings ist über sie festzustellen, dass die Wesenheiten, von denen sie bevölkert ist, von Unbestimmtheit geplagt werden. Die Welt, die in der Welt der gelungenen Methodik die Welt des Juristen ist, ist eine Welt, in der das Recht als unbestimmt bestimmt wird; nicht bloß als unbestimmt »vor« der klärenden Tat der methodischen Rechtsfindung, sondern – gleichsam als Nebenfolge – als unbestimmt durch die Bedingungen der Möglichkeit einer solchen klärenden Tat.

Der Blick auf die methodischen Tugenden gelungener Methodik zeigt, weshalb an dieser möglicherweise paradox anmutenden Diagnose kein Weg vorbeiführt.

Die Bedingungen der Möglichkeit von gelingender juristischer Methodenlehre

Was ist nach Ansicht der Autoren sowohl durch die Auslegung des Gesetzestextes als auch durch die Korrektur missglückter gesetzlicher Formulierungen aufzudecken? Die Antwort mutet unmissverständlich an: der authentische Wille des Gesetzgebers (252). Unverständlich wird diese Antwort allerdings im Zuge des auf die Länge eines Buches ausgestreckten Versuchs, präzise anzugeben, was es bedeutet, einen solchen Willen zu identifizieren. Für das Verständnis gelungener juristischer Methodenlehre ist es nicht unerheblich, diesen Versuch auf theoretischer Ebene zu beobachten.

Im folgenden die wichtigsten Stationen aus der Geschichte des versickernden Sinns.

Idealisierung des Politischen

Das demokratisch legitimierte Gesetz ist (zunächst und vor allem auf S. 83) unantastbar. Sein Entstehungsort sei die demokratisch legitimierte Körperschaft (50). Durch sie handle niemand Geringerer als das souveräne Volk (53).

Der bei der Gesetzgebung durchlaufene Prozess folge einem elementaren rationalen Muster (119-120). Nachdem der Gesetzgeber einen bestimmten Interessenkonflikt für regelungsbedürftig erkannt habe, treffe er zunächst eine »Wertentscheidung«. In dieser werde einem der widerstreitenden Interessen in bestimmter Weise

Vorrang vor den anderen eingeräumt. Durch die daran anschließende »Regelungsentscheidung« werde die Wertentscheidung regelungstechnisch (etwa durch die Formulierung eines generellen Verbotes) umgesetzt und in die Form eines Gesetzes gegossen. Die Auslegung habe sich als Umkehr dieses Prozesses zu verstehen und folglich stufenweise über die (»textinterne«) Ausdeutung der Normformulierung zur (»textexternen«) Ermittlung der historischen Regelungs- und Wertentscheidung vorzudringen (123-124).

Sollte dieses Bild vom (gedanklich reversiblen) Prozess der Gesetzgebung konstativ gemeint sein, wäre seine Hinfälligkeit offensichtlich. Was aber wäre dagegen einzuwenden, wenn es bloß darzustellen versuchte, wie sich der anständige Rechtsanwender die Gesetzgebung idealerweise vorzustellen *habe*?

Die gelungene juristische Methodenlehre ist klug genug, sich der Stellungnahme zu enthalten und das selbstreflexive Unterscheiden zwischen konstativen und präskriptiven Sprechakten aufzuschieben. Das Publikum mag rätseln, während die Methodik nach einem Prinzip verfährt, das die Sprachverwendung reguliert:

(P) *Das Prinzip pragmatischer Enthaltsamkeit:* Wenn eine Aussage voraussichtlich deshalb nicht abgelehnt wird, weil unklar ist, ob sie deskriptiv oder präskriptiv gemeint ist, dann sollte man sich einer aufklärenden Stellungnahme enthalten.

Wie wir noch sehen werden, lässt sich dieses Prinzip nicht streng durchhalten. An irgendeinem Punkt muss Farbe bekannt werden. Allerdings verfügt die gelungene juristische Methodenlehre über ein weiteres Prinzip, das es ihr gestattet, die diesfalls aufscheinenden Spuren von Bestimmtheit zu verwischen.

Noch mehr Idealismus

Das demokratisch legitimierte Gesetz ist in der Gedankenwelt der juristischen Hermeneutik wohl deshalb schwer unterzubringen, weil sie sich seit dem Absolutismus daran gewöhnt hat, von »dem Gesetzgeber« zu sprechen.[5] Als Produkt körperschaftlicher Willens-

5 Siehe nur Regina Ogorek, Hermeneutisches Urgestein oder: Thibauts Ahnungen von moderner Methodenlehre, in: *Rechtshistorisches Journal* 6 (1987), 46-51.

bildung hat das demokratisch legitimierte Gesetz aber mehr als einen mit Intentionalität ausgestatteten Urheber. Wie kann man da von einem intentional seinen Willen mit dem Text des Gesetzes verknüpfenden (131, 145) Gesetzgeber sprechen?

Das ist nicht schwer. Man behilft sich mit einer *Fiktion*. Sie ermöglicht, das, was nicht sein kann, wenigstens sein-sollen (und noch ein bisschen mehr) zu lassen:

> Daß es sich dabei [bei dem Willen des Gesetzgebers, A.S.] um einen fingierten Willen handelt, rechtfertigt es keineswegs, ihn als irrelevant oder als nicht existent anzusehen. Denn es handelt sich um eine *demokratietheoretisch gebotene* Fiktion, und was *das Recht* fingiert oder anerkennt, ist für die Rechtsordnung nicht minder existent als reale Gegenstände innerhalb der sinnlich wahrnehmbaren Welt. (47, Hervorhebung A.S.)

Es sei oberstes demokratietheoretisches (oder rechtliches?) Gebot, dass der Wille »des« Gesetzgebers existiere. Diese Maxime ist, wie die Vertreter objektiver Auslegungslehren wussten, mit dem Prinzip körperschaftlicher Repräsentation durchwegs vereinbar. Was das durch die Körperschaft repräsentierte Volk will, ist dem Gesetz zu entnehmen. Bei der Feststellung des körperschaftlichen Willens hat man sich daher an den Text des Gesetzes zu halten – *und an nichts außerdem*. Sich am Willen des historischen Gesetzgebers zu orientieren, bedeutet, das Gesetz zu beachten. Denn in diesem – *und nicht anderswo* – äußert die kraft des Mehrheitsprinzips *als Körperschaft* agierende Versammlung von Repräsentanten ihren gemeinsamen Willen. Also gilt:

(K) Der Wille des historischen Gesetzgebers äußert sich im Gesetzestext.

Es versteht sich von selbst, dass die Autoren die mit dem Prinzip körperschaftlicher Repräsentation verbundene Zurechnungsregel in Anspruch nehmen, um überhaupt das Dogma bemühen zu können, wonach durch den Wortlaut des Gesetzes jeglicher Auslegung die Grenze bezeichnet werde (66).[6] Aufgrund dieser Zurechnungsregel spricht der Normtext aus, was die Körperschaft will. Diese Regel

6 Als Bindungsmedium erfreut sich die Wortlautgrenze nicht mehr besonderer Beliebtheit. Für eine subtile Verteidigung semantisch vermittelter Bindung siehe Matthias Klatt, *Theorie der Wortlautgrenze. Semantische Normativität in der juristischen Argumentation*, Baden-Baden 2004; für eine nicht minder subtile Kritik an

enthält eine Idealisierung. Die Körperschaft existiert vermöge der normativ relevanten Unterstellung, dass sie einen Willen äußern könne, der im Normtext (und nicht anderswo) zum Ausdruck komme. Andernfalls wäre der Normtext in der Tat bloß ein Indiz für einen hinter dieser *primären* Willensäußerung liegenden *weiteren* Willen (22, 67).

Dennoch gehen die Autoren davon aus, dass sich im Rahmen des durch den Wortlaut gezogenen Rahmens – also *im* historischen Willen des Gesetzgebers – ein solcher *weiterer* historischer Wille entdecken lasse. Er müsse sogar für die Aufklärung des semantisch Unklaren herangezogen werden, weil andernfalls der »subjektiven Willkür« des Rechtsanwenders beim Agieren im »Begriffshof« Tür und Tor geöffnet werde (28). Es gelte demnach auch:

(K1) Neben dem Willen, der sich aufgrund des Prinzips körperschaftlicher Repräsentation im Gesetzestext äußert, gibt es einen weiteren Willen des historischen Gesetzgebers.

Aber was *soll* dieser – nunmehr »textextern« aufzufindende – weitere Wille *sein*?

Es kann sich nicht um den Willen handeln, von dem gemäß dem Prinzip der körperschaftlichen Repräsentation auszugehen ist. Dieser wird im Gesetzestext erschöpfend zum Ausdruck gebracht. Die Existenz des weiteren Willens muss, da er sein soll, fingiert werden. Dadurch wird das Prinzip pragmatischer Enthaltsamkeit (P) für einen Moment außer Kraft gesetzt. Die gelungene Methodik nötigt sich dazu, den normativen, sein-sollenden Charakter des weiteren Willens auszusprechen. Im Gegenzug kann sie sich – entgegen anders lautenden Beteuerungen (58-61) – aber nicht dazu entschließen, eine klare Aussage darüber zu treffen, ob bei der Ermittlung dieses Willens auf ein bereits vorliegendes Faktum oder die Angemessenheit der normativen Idealisierung dieses Faktums zu achten ist. Die Relevanz des Unterschieds liegt auf der Hand. Wäre der weitere Wille ein Faktum, dann müsste er vom körperschaftlichen Willen, der auf einer normativen Idealisierung beruht, verschieden sein und sich empirisch beschreiben lassen; wäre er umgekehrt ein *idea-*

dieser Verteidigung siehe Ralph Christensen, Wortlautgrenze: spekulativ oder pragmatisch, erscheint in: *Archiv für Rechts- und Sozialphilosophie* (2006).

lisiertes Faktum, dann wären die sozialen Tatsachen so darzustellen, als ob sie einem normativ relevanten Deutungsschema genügten. Es gälte diesfalls, dass eine Äußerung *A* als Ausdruck des Willens *W* erachtet werden *soll*, wenn sie dem Kriterium *K* genügt. Eine Idealisierung liegt immer dann vor, wenn durch ein Deutungsschema ein Konstrukt geschaffen wird, dessen normative Relevanz ohne das Eingreifen dieses Deutungsschemas nicht in den sozialen Fakten (die in Protokollen, Berichten erwähnt werden) steckt. Urteile ergehen »im Namen des Volkes«, weil ein rechtliches Deutungsschema sie zu einer Willensäußerung des Volkes stempelt. Andernfalls wäre Urteilen nicht ins Gesicht geschrieben, dass sich in ihnen die Stimme des Volkes äußert.

Die gelungene Methodenlehre vermeidet es, diese Problematik direkt anzugehen. Sie unterstellt vielmehr, dass der weitere Wille, obwohl er auf etwas anderem als dem idealisierenden Prinzip körperschaftlicher Repräsentation beruhen *muss*, von dem Willen, wie er in der primären gesetzlichen Willensäußerung zum Ausdruck kommt, *nicht* verschieden ist. Nun entspringt die Zurechnung der primären gesetzlichen Willensäußerung an die gesetzgebende Körperschaft zweifelsfrei einer normativen Idealisierung. Der Normtext *soll* als Wille der Körperschaft gelten. Durch diese Idealisierung wird der körperschaftliche Wille überhaupt erst erzeugt.[7] Von diesem Konstrukt müsste der weitere Wille *verschieden* sein, um für die Auslegung von irgendwelcher Relevanz sein zu können. Indes wird nun dieser weitere Wille von den Autoren mit dem körperschaftlichen Willen *identifiziert*. Demgemäß lässt sich der als verschieden *und* identisch gesetzte weitere Wille sowohl als Idealisierung eines Faktums als auch als ein Faktum darstellen. Dieses Ergebnis verdankt sich der Anwendung eines weiteren Prinzips, durch welches das Prinzip pragmatischer Enthaltsamkeit (P) ergänzt wird. Dieses weitere Prinzip ermöglicht es, die einmal auf pragmatischer Ebene eingebüßte Unentschiedenheit auf semantischer Ebene wiederherzustellen.

(S) *Das Prinzip semantischer Umkehrung:* Einmal bezogene Positionen sind im Sinne ihres Gegenteils zu interpretieren.

7 Damit ist die alte Kelsensche Einsicht verbunden, dass die Person nichts anderes als ein »Zurechnungspunkt« ist. Siehe Hans Kelsen, *Reine Rechtslehre. Einleitung in die rechtswissenschaftliche Problematik*, Leipzig/Wien 1934, 57.

Der Kreis der gelungenen juristischen Methodenlehre ist geschlossen, wenn man die semantische Unbestimmtheit, die durch die Anwendung von *S* entsteht, durch die Anwendung von *P* beseitigt. Die nachstehende Analyse wird den Nachweis dafür antreten.

Mehr Realismus

Es gilt, den feststellbaren oder wenigstens mutmaßlichen weiteren Willen des Gesetzgebers zu identifizieren (K1). Man wird annehmen, dass spätestens bei der Darstellung der subjektiv-historischen (»genetischen«) Auslegungsmethode deutlich werden sollte, was es mit dieser demokratisch anständigen »Fiktion« auf sich hat. Man erhält *eine* Auskunft, die gegen blanken Realismus spricht. Nach dem »natürlichen Willen« (46) von Personen sei nicht zu fragen. Wonach dann? Man erhält die *andere* Auskunft, die lautet: zu suchen ist nach dem Willen von natürlichen Personen. Es scheint, als werde der Idealisierung damit ebenfalls eine Abfuhr erteilt. Tatsächlich erhält man am Ende von den Autoren den Einschluss des ausgeschlossenen Dritten.[8]

Es versteht sich von selbst, dass die Idealisierung des weiteren Willens (K1), die mit dessen *Identifikation* mit dem Willen der gesetzgebenden Körperschaft (K) vollzogen worden ist, bei der Erörterung der subjektiv-historischen Interpretation stufenweise zurückgenommen werden muss. Sonst bliebe es bei dem Hinweis auf den Wortlaut. Aber ein greifbares Ergebnis will sich nicht einstellen. Zunächst ist davon die Rede, dass man Grund zur Vermutung habe, dass die aus den Materialien des Gesetzgebungsprozesses als für den Inhalt des Gesetzes »maßgeblich« zu erschließenden Erwägungen auch für »die schließliche Plenarabstimmung über das Gesetz bestimmend waren« (157). Aufgrund des Prinzips pragmatischer Enthaltsamkeit (P) bleibt unbestimmt, ob dieser Grund kausaler Art ist oder eine normative Erwartung zum Ausdruck bringt. Sollen die Materialien maßgeblich sein, ohne Rücksicht darauf, ob in ihnen die Ursache des Gesetzes steckt, oder nur unter der Bedingung, dass in ihnen der kausale Nexus enthüllt wird? Sollte der zu belehrende Rechtsanwender nachfragen, an welche Teilmenge der Materialien – etwa an die Regierungsvorlage oder an den Ausschuss-

8 Siehe Randulph Glanville, Distinguierte und exakte Lügen, in: ders., *Objekte*, Berlin 1988, 175-194, hier: 182.

bericht – er sich halten solle, dann erhält er Auskünfte von folgender Qualität:

> Von Bedeutung ist in diesem Zusammenhang auch die Rolle der Exekutive im Gesetzgebungsverfahren. Da sie aufgrund ihrer personellen und sachlichen Ausstattung dem Parlament in vielerlei Hinsicht überlegen ist, hat sich die Entscheidungsfindung in großen Teilen vom Parlament auf die Exekutive verlagert, wodurch die Regierung über die von ihr eingebrachten Gesetzesentwürfe in weitem Umfang die Entscheidungen des Parlaments vorwegnimmt; schon deshalb wäre es wirklichkeitsfremd, die parlamentarische Gesetzgebung von der Entstehungsgeschichte des Gesetzesentwurfes abtrennen zu wollen (158-159).

Obwohl dieses Argument an einer Inkonsistenz leidet, weil es unumwunden von der Exekutive zur parlamentarischen Gesetzgebung fortschreitet, meinen die Verfasser den Schluss ziehen zu dürfen, dass die Begründung eines Regierungsentwurfes für die Plenarentscheidung »zumindest maßgeblich mitbestimmend war« – jedenfalls mindestens so maßgeblich wie Ausschussberichte (159).

Der zu orientierende, aber immer noch orientierungslose Rechtsanwender wird nunmehr die Frage stellen, welches Dokument bei der Auslegung die entscheidende Rolle spielen solle. In diesem Dokument hätte sich der Wille von natürlichen Personen verewigt, um im entscheidenden Moment des Gesetzesbeschlusses die Transsubstantiation in den weiteren Willen des demokratischen Gesetzgebers (K1) vollzogen zu haben. Dem Rechtsanwender wird von der gelungenen Methodenlehre mitgeteilt, dass dies von einer jedenfalls »gebotenen Gesamtwürdigung« (159) abhänge, also davon, ob

- die Beteiligten oder Organe, von denen einschlägige Äußerungen vorliegen, dem »schließlichen Gesetzgebungsakt« irgendwie besonders »nahe« standen (ebd.),
- über den Inhalt des Gesetzes eine einheitliche oder zumindest deutlich überwiegende Auffassung vorgeherrscht habe, »so dass auch einzelne Äußerungen als repräsentativ für die herrschend gewordene Auffassung verstanden werden können« (ebd.),
- das Gesetz sehr umstritten gewesen und daher möglicherweise als bloßer Formelkompromiss zu betrachten sei (ebd.).

Äußerungen dieser Art treten mit einem ausgeprägten Realitätssinn auf und verletzen damit das Prinzip pragmatischer Enthaltsamkeit (P). Aufgrund des Prinzips der semantischen Umkehrung (S) dürfen sie sich ihren Realitätssinn allerdings nur gestatten, wenn sie darauf achten, die als konstatierbar gesetzten Fakten gleichzeitig zu idealisieren. Es ist geboten, so zu tun, als ob eine kausale Beziehung vorhanden wäre. Andernfalls sähe die gelungene Methodenlehre sich dazu genötigt, auch ein weiteres Subjekt der Gesetzgebung zu unterstellen, um den weiteren Willen des historischen Gesetzgebers bestimmen zu können. Sie liefe diesfalls freilich Gefahr, sich zu Feststellungen der folgenden Art hinreißen zu lassen, die jeweils auf ihre, wenn auch mitunter verschroben anmutende Art, dieses Subjekt direkt oder indirekt benennen:[9]

- *Das unbekannte Subjekt:* Aufgrund des zyklischen Charakters der Aggregation individueller Präferenzen bei kollektiven Entscheidungen ist nicht auszuschließen, dass die körperschaftliche Willensbildung mit keiner der Präferenzen der an ihr teilnehmenden individuellen Personen übereinstimmt.[10]
- *Das schlaue Subjekt:* Das Abstimmungsergebnis hängt davon ab, wie gut der Leiter der Sitzung es verstanden hat, die Tagesordnung zu manipulieren.[11]
- *Das parasitäre Subjekt:* Der Zweck des Gesetzes besteht darin, den Preis des Gutes X zu erhöhen, um der sozialen Gruppe Y eine Rente zukommen zu lassen.[12]

Mit solchen Äußerungen kann der Jurist als solcher im deutschen Sprachraum nichts anfangen. Könnte er mit ihnen etwas anfangen, würde bereits auf der Ebene des körperschaftlichen Subjekts die Idealisierung des Gesetzgebers zum zur Wertentscheidung fähigen Gesamtsubjekt ersatzlos entfallen. Nicht nur *P*, sondern auch *S* wäre

9 Siehe zum folgenden nur Daniel A. Farber/Philip P. Frickey, *Law and Public Choice. A Critical Introduction*, Chicago/London 1991, 38-42, 64-68.

10 Siehe die mittlerweile »klassischen« Überlegungen bei Kenneth Arrow, *Social Choice and Individual Values*, New Haven ²1963.

11 Siehe William H. Riker, *Liberalism Against Populism. A Confrontation Between the Theory of Democracy and the Theory of Social Choice*, San Francisco 1982, 169-195.

12 Siehe Richard Epstein, *Takings. Private Property and the Power of Eminent Domain*, Cambridge (Mass.)/London 1985, 203-204.

außer Kraft gesetzt. Demgegenüber tritt der gelungene methodische Realismus im deutschen Kulturkreis immer schon normativ wohlgeraten auf und verbietet es sich, als entspringe dies moralischer Selbstbestimmung, das Prinzip körperschaftlicher Repräsentation über Bord zu werfen. Es *darf* sich hinter dem weiteren Willen des Gesetzgebers (K1) kein weiteres Subjekt dieses Willens finden lassen. Das weitere Wollen trägt schopenhauerische Züge. Es ist subjektlos. Anständige Gelehrsamkeit nötigt zur krampfhaften Konstruktion. Bei Identität des Subjekts von *K* und *K1*, das sich folglich ontologisch darin erschöpft, die gesetzgebende Körperschaft zu sein, soll es *sowohl* die primäre Willensäußerung *als auch* den weiteren Willen geben. Die Nicht-Identität des weiteren Willens (K1) ist daher im Verhältnis zum körperschaftlichen Willen abzuspalten, indem man *K1* das Subjekt vorenthält. Es kommt daher nicht von ungefähr, wenn man in der Welt der gelungenen Methodenlehre den Beschluss der gesetzgebenden Körperschaft immer begleitet sieht von den Erwägungen der Legisten und Berichterstatter in Ausschüssen. Bei letzteren handelt es sich um jene Untoten der Gesetzesbindung, die zugleich der Gesetzgeber sind und nicht sind, weil sie aus der Sicht der gelungenen Methodenlehre der Gesetzgeber sein sollen und nicht sein dürfen. Über den Einfluss dieser Untoten auf die undurchsichtige körperschaftliche Willensbildung dürfen freilich aus Prinzip (und zwar aufgrund von *S*) keine Regeln formuliert werden, weil durch jede Regel die Unabhängigkeit der Körperschaft in Frage gestellt würde.

Ernüchterung

Das Nicht-Identische – der weitere Wille – ist also abzuspalten, damit sich die Identitätsfiktion im Verhältnis vom Subjekt der primären Willensäußerung und dem weiteren Willen aufrechterhalten lässt. Diese Abspaltung erfordert noch mehr Mut zum Realismus. Der Ort, an dem das Abzuspaltende verweilt, kann nicht der logische Ort sein, an dem die Gesetzgebung dem erhebenden Muster von »Wertentscheidung – Regelungsentscheidung – Normsetzung« folgt; gerade deshalb können die Materialien auch unzuverlässig sein (aber in Hinblick auf was?).

Die zum Erlass einer Norm führenden Entwicklungstendenzen seien oft nicht eindeutig. Das sei vor allem dann zu beobachten, wenn »der Normgeber« (wer?) in einem gänzlich veränderten Umfeld agieren müsse (194). Auch habe man sich der »Gefahr« bewusst zu sein, dass die Gesetzesmaterialien unvollständig sein oder sogar »in der Darstellung der für den Gesetzesbeschluss bestimmenden Erwägungen verzerrend wirken können« (ebd.). Das gelte insbesondere – und hier wird der BGH bemüht – bei Gesetzen, die nicht das Ergebnis einer »ruhigen Rechtsentwicklung« seien und daher nicht »auf umfassenden Vorarbeiten und reiflicher Erörterung aller einschlägigen Gesichtspunkte beruhen« (ebd.). Man gewinnt den Eindruck, als wollten die Autoren zu verstehen geben, dass diesfalls der weitere Wille überhaupt entfalle.

Der schonungslose Realismus (also der Verzicht auf *P*) fördert Erwartungen an den weiteren Willen (K1) zutage, vermöge derer er stärker idealisiert erscheint als die primäre gesetzliche Willensäußerung (K). Wenn sich denn ein weiterer Wille (K1) überhaupt finden lasse, dann dürfe er nicht unvernünftig, keine bloße politische Machenschaft, kein, wie die Autoren von Carl Schmitt wissen, »dilatorischer Formelkompromiß« (157) sein. Die Materialien *dürfen* also nur dann relevant sein, wenn sie nicht zu viel von der *Realität* des demokratischen Gesetzgebungsprozesses preisgeben.

Durch diese semantische Kehre vom ernüchternden Faktum zur idealisierenden Unterstellung einer rationalen Gesetzgebung (S) wird die gelungene Methode freilich nur deswegen nicht aus der Bahn geworfen, weil sie weiterhin darauf verzichtet offenzulegen, ob die Rede vom weiteren Willen (K1) konstativ oder normativ gemeint ist (P). Gibt es ihn oder soll die Methode davon ausgehen, dass es ihn gibt? Wir wissen es nicht. Erst beim Problem der Gesetzeskorrektur legt sie die Karten auf den Tisch. Es soll beides gemeint sein.

Kreativität und Wahn

Das Nicht-Identische ist aber auch aufzubewahren, damit es den weiteren Willen des Gesetzgebers (K1) überhaupt geben *kann*. Es soll etwas geben können – es soll sein und *folglich* als Faktum existieren –, das derart beschaffen ist, dass es mit der primären gesetzlichen Willensäußerung zwar nicht zusammenfällt, aber dennoch auch nicht von dieser im Sinne eines bloßen Faktums (wie es ein konfuser Ausschussbericht darstellt) verschieden ist. Von Interesse muss daher sein, ob dieses Faktum bloß für die gelungene juristische Methodenlehre in einem idealisierten Format aufzutreten *hat* oder *von sich aus* in diesem Format auftritt. Wäre letzteres der Fall, dann würde das Prinzip der semantischen Umkehrung (S) den Punkt erreichen, an dem es sich selbst aufhebt. Der Bezugsgegenstand wäre wie es selbst. Über *S* ließe sich behaupten, es bringe eine Synthese von Faktum und Idealisierung zum Ausdruck, die der sozialen Realität entspricht.[13] Die Autoren wollen genau diesem Umschlagspunkt auf die Spur kommen.

Die ernüchternde Einsicht, wonach der weitere Wille des Gesetzgebers (K1) durch die Dokumente, an denen er sich manifestieren sollte, auch verdeckt werden könne (wenn sie nicht überhaupt belegen, dass er sich nicht finden lassen werde), lässt sich nach Ansicht der Autoren auch auf die Formulierung des Gesetzes selbst übertragen. Die Interpretation könne mitunter aufdecken, dass der durch Auslegung ermittelte Inhalt des Gesetzes, würde er der Rechtsanwendung zugrunde gelegt, die Verwirklichung der Absicht des Gesetzgebers vereitle. Das sei insbesondere dann festzustellen, wenn sich die tatsächlichen Verhältnisse seit dem Inkrafttreten des Gesetzes verändert hätten oder der Gesetzgeber von Beginn an in einem Irrtum über sie befangen gewesen sei (226-227, 233). Obgleich die Auslegung nur den Inhalt des Gesetzes zu ermitteln habe, könne und dürfe in einer solchen Konstellation die primäre gesetzliche Willensäußerung bei der Rechtsanwendung nicht das letzte Wort behalten. Vielmehr könne und dürfe auch ein in seinem Wortlaut korrigiertes Gesetz der Rechtsanwendung zugrunde gelegt werden (70, 147, 256).

Solcherart wird mit der Bindung an das durch die Wortlautgrenze definierte Gesetz gebrochen (66-67, 227). Damit entfällt *K*. Der körperschaftliche Wille wird von der persistenten Unbestimmtheit des Subjekts, das ihm und dem weiteren Willen gemeinsam sein soll, überwölbt und aus dem ontologischen Universum der gelungenen juristischen Methodenlehre eskamotiert. Entgegen der anders lautenden Beteuerung (oben S. 59) wird die primäre gesetzliche Willensäußerung nun zum Indiz des weiteren Willens. Deswegen wird das idealisierende Moment aber keineswegs fallen gelassen. Es

13 Siehe zum »transzendentalen Ideal« bei Immanuel Kant, *Kritik der reinen Vernunft*, B 596, zitiert nach: ders., *Werkausgabe*, hrsg. v. W. Weischedel, Frankfurt/M. 1968, Bd. 4, 512-513.

wird nur gleichsam eine Ebene tiefer angesetzt. Es *gebe* also so etwas wie ein *weiteres Gesetz*, an das sich der Rechtsanwender binden könne, auch wenn er *contra legem* judiziere – ein auffälliges Oxymoron, das aus dieser Lockerung von *P* kraft der Anwendung von *S* hervorgeht. Aber lässt sich dieses weitere Gesetz nun mit Blick auf den Punkt, an dem *S* in seinem Bezugsgegenstand aufgehen würde, als soziales Faktum beschreiben, das seine eigene normative Idealisierung enthält (als ein soziales Faktum also, das sich immer schon selbst normativ idealisiert hat)? Lässt sich die durch *S* veranstaltete Oszillation durch die Bezugnahme auf ein sich selbst idealisierendes Faktum auflösen?

Die Autoren versuchen dies und gelangen dabei zum bereits erwähnten (S. 62) Einschluss des ausgeschlossenen Dritten. Aber bei letzterem handelt es sich nur um einen geschmackvollen Ausdruck für Wahnsinn.

Das gesuchte weitere Gesetz, das mithin auch den wahren Willen der gesetzgebenden Körperschaft enthielte und sich nicht bloß der Anwendung von *K* verdankte, sei die »Wertentscheidung« des Gesetzgebers. Ihr gegenüber nehme sich die Wahl einer bestimmten Regelungsform (die »Regelungsentscheidung«) wie technisches Beiwerk aus (228).

> Entscheidend ist nun die Erkenntnis, dass dem Gesetzgeber bei der Umsetzung seiner Wertentscheidung Irrtümer und Fehler unterlaufen können, die angesichts der förmlichen Ausgestaltung des Gesetzgebungsverfahrens zwar nicht zur Nichtigkeit des Gesetzes, wohl aber zu einer korrekturbedürftigen *Abweichung* desselben von der Wertscheidung führen können (225).
>
> Wesensmäßige Aufgabe des Gesetzgebers ist also das Treffen von Wertentscheidungen, während deren Konkretisierung in Regelungsentscheidungen sowie die anschließende Umsetzung in Gesetze demgegenüber eine Aufgabe eher technischer Natur darstellt, der nur untergeordnete Bedeutung zukommt (228).

Zur Einsicht in die Wertentscheidung gelange man durch Interpretation. Der teleologischen Interpretation sei es sogar vergönnt, zur »mutmaßlichen Wertentscheidung« vorzudringen. Letztere aufzufinden schließe freilich – man ist geneigt zu sagen: »wesensmäßig« – ein schöpferisches Element ein (164 unter Hinweis auf BVerfGE 34, 269, 287). Sobald die teleologische Interpretation nicht mehr im Dienst der Auslegung stehe und sich bei der Gesetzeskorrektur von der Fessel des Wortlauts befreit sehe, könne die durch sie entdeckte (tatsächliche oder mutmaßliche) Wertentscheidung zum Maßstab der Korrektur werden:

Die Vornahme einer Gesetzeskorrektur ist [...] nur dann gerechtfertigt, wenn der Gesetzgeber dieselbe gutheißen oder billigen würde, wenn also sein tatsächlicher oder mutmaßlicher Wille auf die fragliche Korrektur gerichtet ist (227).

Wegen der Präponderanz der »Wertentscheidung« findet sich die primäre gesetzliche Willensäußerung nunmehr einem weiteren Willen (K1) untergeordnet. Unter Rekurs auf diesen lasse sich nicht nur ein auf Tatsachen bezogener Irrtum bei der Regelungsentscheidung beseitigen (231-233, 236-239), sondern in »dynamischer« Fortentwicklung auch der Gehalt der historischen Wertentscheidung korrigieren, wenn Änderungen in den tatsächlichen oder rechtlichen Verhältnissen zum Entfall der ursprünglichen ratio legis führten (233-236). Eine Grenze finde diese Korrektur der historischen Wertentscheidung oder der regulatorischen Mittel ihrer Realisierung nur dann, wenn eine verfassungswidrige Wertentscheidung vorliege, die nach Art. 100 Abs. 1 GG zur Vorlage an das Bundesverfassungsgericht führen müsse (248). Jedenfalls sei damit klargestellt, dass die Gesetzesbindung kein »sklavisches« und primitives Kleben am Wortlaut fordere (70, 253), sondern auf einer anderen Grundlage beruhe:

Art. 20 Abs. 3 GG bindet Exekutive und Judikative nicht an den Wortlaut der Gesetze, sondern an die vom Gesetzgeber mit denselben verfolgten Zwecke (251).

Es ist bereits festgestellt worden, dass damit die normative Idealisierung der primären gesetzlichen Willensäußerung (K) entfällt. Es verbleibt der nunmehr identifizierte weitere Wille (K1). Er wird gleichwohl idealisierend als Wille *der* gesetzgebenden Körperschaft verstanden. Denn bei diesem Willen darf es sich nicht um ein *bloßes* Faktum handeln, weil andernfalls mit der ernüchternden Frage zu rechnen gewesen wäre, wer denn das *reale* Subjekt dieses Willens sei (S. 61-64). Die Stelle des Gesetzestextes wird nunmehr von der Wertentscheidung eingenommen. Während also nach *K* der Gesetzestext zum Ausdruck des Willens der gesetzgebenden Körperschaft idealisiert wird, gilt für den nunmehr präzisierten weiteren Willen:

(K2) Die Wertentscheidung ist als der wahre Wille der gesetzgebenden Körperschaft zu betrachten.

Nach *K2* wird also die Wertentscheidung als idealisierter Ausdruck des Willens der gesetzgebenden Körperschaft verstanden. Nach Auffassung der Autoren wird die normativ relevante Idealisierung sichtlich durch den Verfassungsgesetzgeber selbst vollzogen. Die Frage ist bloß: Ist das möglich? Kann eine Körperschaft, die Anordnungen treffen will, ihren Willen als Wertentscheidung begreifen?

Eine solche Selbstdeutung kann deswegen *vernünftigerweise*[14] nicht der Fall sein, weil der Rekurs auf eine Wertentscheidung zwar auf einer von wem auch immer vorzunehmenden Idealisierung beruht, diese Idealisierung sich aber *nicht als Idealisierung eines Faktums* darstellen lässt. Vielmehr handelt es sich um eine in sich leerlaufende Idealisierung eines Unbestimmten. Denn die »Wertentscheidung« im Sinne von *K2* ist nichts, was sich als Manifestation eines Willens oder einer Anordnung deuten ließe. Sie ist das Konstrukt der gelungenen Methodenlehre. Es ist, als sagte die gesetzgebende Körperschaft, der ja die Kompetenz zur Setzung des Interpretationsmaßstabs zukommen soll (48-49), zum Rechtsanwender:

(W) *Die Wertentscheidung spricht:* »Ich bin ein Subjekt, das Zwecke verfolgt. Aber meine ›wesensmäßige‹ Aufgabe besteht darin, mich zwischen konfligierenden Zielen zu entscheiden, ohne auf knappe Ressourcen der Zielerreichung zu achten. Indem ich mich also gegenüber der Wahl der Mittel gleichgültig verhalte, bin ich ein Subjekt, das Zwecke verfolgt, indem es diese nicht verfolgt. Ich will etwas unter der Bedingung, dass dieses nichts Bestimmtes ist.«

Ein Wille (W), der Ziele ohne die Mittel will, sie zu realisieren, kommt nicht einmal in den formidabel ausgedünnten Modellen der neo-klassischen Ökonomie vor. Denn dort werden Präferenzen immerhin mittels Indifferenzkurven den alternativen Möglichkeiten zugeordnet, sie zu befriedigen. Die Punkte auf einer (im geglückten Fall) konvexen Linie, die durch eine solche Indifferenzkurve be-

14 Ich rekurriere auf diesen Topos gelungener juristischer Methodenlehre, weil die Konstruktion des Gesetzgebers als wertentscheidendes Subjekt in dieser selbst der Bedingung zu genügen hätte, dass ein vernünftiges Subjekt herauszukommen hat.

schrieben wird, repräsentieren nichts anderes als die Mittel der Wunscherfüllung. Ihre relative Stärke lässt sich nur durch die Alternativität der Mittelwahl ausdrücken, selbst wenn in diesen Modellen die Präferenzen als Daten genommen werden, durch welche die Deduktion der rationalen Entscheidung begrenzt wird. Demgegenüber ist eine »Wertentscheidung« (W), die losgelöst von der Mittelwahl existiert, ein Konstrukt. Sie ist das Unbestimmte des Willens, zu dem die Suche nach dem weiteren Willen des Gesetzgebers hinführt. Auf dem Grund, wo man den faktischen Willen vermuten sollte, findet man nichts Faktisches, sondern ein idealisiertes Konstrukt, einen Ab-Grund, in welchen das Ideal des vernünftigen Gesetzgebers gestürzt wird.[15]

Damit ist freilich nur die Frage erledigt, ob die Wertentscheidung

15 Die Unbestimmtheit des Willens des Gesetzgebers wird auch dadurch produziert, dass mit der Entkoppelung der »Wertentscheidung« von der Mittelwahl (auf der Indifferenzkurve) die Möglichkeit steigt, dem Willen des Gesetzgebers mehrere Optima zuzuordnen (siehe Jon Elster, *Solomonic Judgments. Studies in the Limitations of Rationality*, Cambridge 1989, 8). Außerdem ist höchst unklar, wie sich »Kohärenz« (171, 174) in das System der Wertungen bringen lassen soll. Siehe generell zu den durch die Verwendung des Wertbegriffs aufgeworfenen Unklarheiten bei Gerhard Luf, Zur Problematik des Wertbegriffs in der Rechtsphilosophie, in: *Jus Humanitatis* (= FS Verdross zum 90. Geb.), hrsg. v. H. Miehsler et al., Berlin 1980, 127-146. Wenn der Gesetzgeber der Familie im Mietrecht durch die Einräumung eines Eintrittsrechts in den Mietvertrag für Angehörige der verstorbenen Person sichtlich einen hohen Wert einräumt, dann ist derselbe Wert im Ausländerrecht offenbar von geringerer Bedeutung, wenn der Familienzusammenführung bei der Gestaltung eines Quotensystems kein Vorrang gegeben wird. Ob dies kohärent ist oder nicht, lässt sich nicht beurteilen, weil Wertrelationen mit unterschiedlichen Variablen auf dem Spiel stehen (Familie/Nicht-Familie im Verhältnis zum Wohnrecht einerseits, Familie/Nicht-Familie im Verhältnis zur Bevorzugung von Staatsbürgern andererseits). Durch die Abstraktion von der Komplexität der Relationen lassen sich Wertentscheidungen freilich so weit vereinfachen, dass die »Gesetzeskorrektur« möglich wird. Man denke nur an folgende Möglichkeit: Wenn ansässige Ausländer im Verhältnis zu Inländern schon nicht einmal ein Recht auf Familienzusammenführung haben, wäre es dann nicht konsequent, das Mietrecht (durch teleologische Reduktion) dahingehend zu korrigieren, dass man für Ausländer das Eintrittsrecht für Familienangehörige ausschließt, sobald sie mit Inländern um Wohnungen konkurrieren? Als Signifikant gestattet es die »Wertentscheidung«, eine Unterscheidung hervorzuheben und andere Unterscheidungsmöglichkeiten zu neutralisieren. Auf diese Weise fällt es verhältnismäßig leicht, das zunächst konstruierte Unbestimmte in Bestimmtes zu transformieren.

als Inbegriff des idealisierten weiteren Willens des Gesetzgebers (K1 & K2) ein Faktum sein könne. Sie könnte dies nur dann sein, wenn die gesetzgebende Körperschaft sich notorisch in einem psychopathologischen Zustand befindet, in welchem sie etwas unter der Bedingung will, dass sie nichts Bestimmtes will. Ein solches pathologisches Wollen ließe sich zur Wertentscheidung idealisieren. Aber in Gesetzesbeschlüssen findet man – Polemiken einmal beiseite – diesen Typus des Wollens nicht vor. Wenn er nicht vorhanden ist, dann bleibt er auch der Idealisierung entzogen. Die Idealisierung von nichts ergibt noch immer nichts: $1 \times 0 = 0$.

Aber deswegen ist noch nicht ausgeschlossen, dass *irgendetwas* – und zwar: *vernünftigerweise* – als ein soziales Faktum gedeutet werden *sollte,* das sich als ein Wollen von Zielen ansprechen ließe, um daran anschließend dessen Idealisierung zur »Wertentscheidung« zu vollziehen. Sollte man also vernünftigerweise den Gesetzgeber zum Psychopathen stempeln? Warum sollte es denn nicht, damit Gesetzesbindung möglich sein kann, geboten sein, die Ontologie der gelungenen juristischen Methodenlehre als System konstitutiver Regeln zu betrachten, das aus moralisch akzeptablen Gründen etwas hervorbringt, das ohne deren idealisierende Funktion nicht als soziale Tatsache existierte? Das pathologische Wollen wäre, so gesehen, ein Gebot des Rechts.

Diese Überlegung lässt sich nicht ohne weiteres abtun. Denn immerhin lässt sich die dem Prinzip körperschaftlicher Repräsentation folgende Idealisierung des Gesetzestextes zur Willensäußerung des historischen Gesetzgebers (oben, S. 59) aus der Applikation konstitutiver Regeln verstehen. Abstimmungen, die aufgrund der Mehrheitsregel stattfinden, werden als Produkte der körperschaftlichen Willensbildung gedeutet und somit in ein normativ idealisiertes Konstrukt verwandelt.[16] Das Recht ist voll von solchen Konstrukten. So wird bei Vorliegen spezifischer Äußerungsbedingungen aus einem Versprechen ein bindendes Rechtsgeschäft oder unter bestimmten Umständen aus einer schädigenden Handlung ein »Verbrechen«. Die Erzeugung solcher Entitäten ist keine harmlose Sache. Die Konsequenz, dass derjenige, der bei einer Abstimmung unterliegt, an den Willen der Körperschaft gebunden ist, bedarf daher auch einer zureichenden Begründung, die sich auf die Wahrung ei-

16 Siehe dazu Hermann Cohen, *Ethik des reinen Willens*, 3. Aufl. Berlin 1921, 244.

ner elementaren Gleichheitsbedingung bei der Festlegung der Handlungsfähigkeit eines Kollektivs stützt.[17] Ebenso werden bestimmte Versprechen als rechtlich bindend erachtet, weil sie Vertrauen schaffen, aus dessen Enttäuschung gravierende Nachteile erwachsen.[18] Die Schaffung idealisierter Konstrukte ist also eine Angelegenheit, für die moralische Gründe oder wenigstens Zweckmäßigkeitserwägungen durchaus nicht irrelevant sind. Für die Begründung, warum solche Konstrukte allgemein wünschenswert sind, ist aber auch von Interesse, ob es eine plausible *Beschreibung* der sozialen Fakten geben kann, vermöge derer der Tatbestand der konstitutiven Regeln als erfüllt anzusehen ist. Natürlich bleibt unsicher, ob diese Bedingung jemals erfüllt sein kann, weil sich bei der Befolgung von Regeln das Bestimmte stets vor dem Hintergrund von etwas Unbestimmtem einstellt.[19] Während Regeln stets bestimmt sind (»Wenn *X*, dann *Y*«), steht deren Anwendung unter der Bedingung unbestimmter Bestimmtheit.[20] Aber das muss uns hier nicht beschäftigen. Denn es liegt auf der Hand, dass die *»Wertentscheidung« als Tatbestand der »wahrhaften« Gesetzesbindung sich nicht in die Form einer Regel bringen lässt.* Sie ist *von vornherein* als das Unbestimmte des Willens konzipiert, auf das die gelungene methodische Suche nach dem letzten Maßstab der Bindung vordringt. Unter welcher Bedingung eine sprachliche Äußerung als Wertentscheidung zu betrachten ist, wird nicht nur durch Unbestimmtheit des Regelfolgens *vermittelt*; die Regel ist vielmehr selbst unbestimmt (und damit keine Regel). Deswegen wird man nur einigermaßen

17 Siehe dazu Alexander Somek, *Rationalität und Diskriminierung. Zur Bindung der Gesetzgebung an das Gleichheitsrecht*, Wien/New York 2001, 372-373.

18 Siehe nur Judith Jarvis Thomson, *The Realm of Rights*, Cambridge (Mass.)/London 1990, 316-321.

19 Siehe Jacques Derrida, *Limited Inc*, Evanston 1989. (Dt.: *Limited Inc*, Wien 2001.)

20 Siehe Gerhard Gamm, *Flucht aus der Kategorie. Die Positivierung des Unbestimmten als Ausgang der Moderne*, Frankfurt/M. 1994, 144: »Das Unbestimmte an der Regel […] erlaubt es nicht, dass sie von dem eindeutig unterschieden werden könnte, was durch sie geregelt wird. Weder dort, wo sie an einer Lebenspraxis erkannt werden soll, noch dort, wo sie in Form von Anweisungen auf diese einwirken soll, kommt es zu einer sinnvollen und ›sauberen‹ Unterscheidung. Sie ist vielmehr Teil einer Lebenspraxis und kann nur in deren Kontext verständlich interpretiert werden. Die Regel funktioniert ab einem bestimmten Komplexitätsgrad sowieso nur dann, wenn sie (bzw. die auf sie bezogene Lebenspraxis) ihre eigene Suspendierung vorsieht.«

verlegen nach den Gründen suchen, welche die Konstruktion der »Wertentscheidung« rechtfertigen könnten. Sie als Entität zur Erfüllung der Gesetzesbindung zu postulieren, basierte freilich auf einer *petitio principii*; sie dennoch zu fingieren, könnte daher bloß auf der Überlegung beruhen, dass es gute soziale Folgen hat, wenn die gelungene juristische Methodenlehre die »Wertentscheidung« bemüht, um ein System von Hintertüren intakt zu halten, mit dem sich jene unbestimmten Handlungsanweisungen produzieren lassen, aufgrund derer sie mit jeder etablierten Praxis verträglich ist. Es ist nicht auszuschließen, dass es dafür gute Gründe gibt.

Das System von Hintertüren

Mit der Wertentscheidung als Deckungsreserve hat das Prinzip der semantischen Umkehrung (S) freie Bahn. Alles, was methodisch der Fall ist, kann auch gleichzeitig nicht der Fall sein. Ein paar Beispiele mögen genügen.

Der durch Auslegung zu ermittelnde Wille des historischen Gesetzgebers sei für die Anwendung maßgeblich. Aber das dürfe nicht zur »Versteinerung« dieses Willens führen. Dieser sei vielmehr »dynamisch« zu verstehen, weil er von sich aus auf eine »zeitgemäße« Auslegung gerichtet sei. Denn »jeder Gesetzgeber« sei sich bewusst, dass seine Gesetze einen Alterungsprozess durchmachten und in der Anwendung an geänderte Verhältnisse anzupassen seien (63-63). Der Wille will etwas und will dies nicht.

Das Prinzip *S* tut seine guten Dienste auch im engeren Zirkel der Hermeneutik. Ein richterliches Vorverständnis des Ergebnisses dürfe nicht einfach Einfluss auf das Ergebnis der Entscheidung erlangen. Die Beachtung methodischer Regeln schiebe hier einen Riegel vor (77). Gleichwohl sei gegen eine Ergebniskontrolle durch das »Judiz« solange nichts einzuwenden, als sie dazu motiviere, die methodisch durchgeführte Rechtsfindung zu überdenken und anders zu konzipieren (78-79) – gerade so, als ob eine »Zurichtung« methodischer Regulative nicht ebenso stattfinden könne wie die Zurichtung gesetzlicher Prämissen durch das vorverstandene Ergebnis.[21]

21 Siehe bekanntlich Josef Esser, *Vorverständnis und Methodenwahl in der Rechtsfindung. Rationalitätsgarantien der richterlichen Entscheidungspraxis*, Frankfurt/M. 1970.

Die Auslegung durchlaufe, zumal sich deren Anknüpfungspunkte sukzessive erweiterten, die Stufenfolge von grammatischer, systematischer, historischer, genetischer und teleologischer Interpretation (127, 167, 193). Das impliziere aber keine »Rangfolge« der Interpretationsmethoden. Zum Zuge habe vielmehr jene zu kommen, die zum Ziel der Bestimmtheit des Norminhalts führe (194). Da aber alle Interpretationsmethoden fehleranfällig seien, müsse man selbst das bestimmte Ergebnis durch die Anwendung anderer Methoden kontrollieren (196). Die Autoren berufen sich auf Enneccerus und Nipperdey und zitieren:

> Die wahre Kunst der Auslegung beruht auf einer richtigen Abwägung *aller* Auslegungsgesichtspunkte (196, Fn 16).

Die gelungene juristische Methode formuliert, um den Problemen der Praxis genügen zu können, ein komplexes Gefüge von Regeln und Ausnahmen. Sie passt aber gerade deswegen auf »die« Praxis, weil das solcherart geschaffene System von Hintertüren die flexible Problemlösung erlaubt. Ihr direktives Potential leitet sich aus diesem vorauseilenden Opportunismus ab.[22]

Das blind Seiende

Man fragt sich natürlich: Wie ist das möglich? Weshalb bleibt die gelungene juristische Methodenlehre für den Umstand blind, dass ihr Scheitern die Voraussetzung ihres durchschlagenden Erfolges ist?

Ein Versuch, diese Frage zu beantworten, mag folgendermaßen lauten: Die gelungene juristische Methodenlehre darf nicht sein, was sie zu sein vorgibt, nämlich die wissenschaftstheoretisch oder philosophisch aufgeklärte Variante der Jurisprudenz; sie muss im Gegenteil der allgemeinste Ausdruck für den disziplinären Unwillen der Jurisprudenz sein, sich in ihrem Geschäft durch die Vernunft beeinträchtigen zu lassen. Das Verfassen von gelungener juristischer

22 Es ist zu vermuten, dass hier ein reichlich perverser Multiplikator eingreift. Durch gelungene juristische Methodenlehre wird immer mehr gelungene Rechtswissenschaft möglich. Da diese aber nur von Wert sein kann, wenn sie ein knappes Gut bleibt, ist die Produktion von noch mehr gelungener juristischer Methodenlehre notwendig, um die Spreu vom Weizen zu trennen.

Methodenlehre genügt einem disziplinären Abschirmungsbedürfnis. Das wird nicht zuletzt daran deutlich, dass die juristische Methodenlehre meint, den Hinweis auf das Bewusstsein, mit dem Schriftsätze verfasst werden, als philosophisches Argument ins Spiel bringen zu können. Außerdem verfährt sie an entscheidenden Stellen nicht theoretisch, sondern dogmatisch.

Die Inkompetenz der Philosophen

Die juristische Methodenlehre möchte den Eindruck erwecken, für die wissenschaftstheoretische Fundierung der Rechtswissenschaft wenigstens sensibel zu sein. Deswegen legt sie sich etwa Fragen vor, welche die Struktur des juristischen Arguments betreffen. Da die Rechtswissenschaft nicht abgeneigt ist, sich die Begründung von Entscheidungen nach dem Schema eines praktischen Syllogismus vorzustellen, kommt auch die gelungene juristische Methodenlehre nicht umhin festzustellen, dass die juristische Entscheidungsbegründung einen »deduktiven« Verlauf nehme (109-122).

Aber das schmeckt natürlich nach Inflexibilität und lebensferner Härte. So unsympathisch will die Jurisprudenz nicht sein. Die gelungene juristische Methodik fühlt sich daher bemüßigt, an die Feststellung der deduktiven Natur der juristischen Begründung die Beobachtung anzuschließen, dass

> die deduktiven Schlüsse im Rahmen der Rechtsanwendung nicht jene logische Stringenz aufweisen, die ihnen etwa im Bereich der Mathematik zukommen, weil erstens schon die ihnen zugrunde zu legenden Prämissen regelmäßig nicht ohne den Einfluss wertender Momente ermittelt werden können, häufig aber nicht zu beweisen, sondern nur plausibel zu machen sind, und weil zweitens auch die *Ableitungen* aus diesen Prämissen ihrerseits nicht ohne Wertungen auskommen und deshalb nicht logisch zwingend sein können. (119).

Die juristische Entscheidungsbegründung sei also nicht ausschließlich (möglicherweise sogar nur zur Hälfte?) deduktiv. Diese Schlussfolgerung vermag allerdings nur zu ziehen, wer kein klares Verständnis von Deduktion hat. Die erste im Zitat auftauchende Beobachtung betrifft die Prämissenfindung und lässt daher die Qualität der deduktiven Schlussfolgerung unberührt. Die zweite Beobachtung zielt auf den Transfer der Prämisse des Obersatzes in den Schlusssatz ab. Wird dieser Transfer durch die Interferenz von »Wertungen« gestört, liegt überhaupt keine Deduktion mehr vor.

Ein solcher Mangel an Klarheit der Gedankenführung ist gelungene juristische Methodenlehre. Im Reich der semantischen Umkehrung (S) muss das Inkommensurable kommensurabel gemacht werden. Deswegen hat die Entscheidungsbegründung – wohl auch hier: »wesensmäßig« – zugleich deduktiv und nicht deduktiv zu sein. Die Derogation des Satzes vom Widerspruch erzeugt Unbestimmtheit. Und diese ist eine Voraussetzung dafür, dass die juristische Entscheidungsbegründung sich jene Selbstdarstellung zurechtlegen kann, die sie gerade benötigt. Denn:

> Deduktion und Induktion sind im Prozess der Rechtsanwendung gleichermaßen unentbehrlich [...] (114).

Sollte die Philosophie sich hier einmischen wollen, wird sie unter Hinweis auf etablierte Verständnisse mundtot gemacht. Juristen hören sich gerne sagen, dass sie (unter anderem) auch induktiv verfahren. Diese Rede ist eine Behauptbarkeitsbedingung dafür, dass die allgemeinen Grundsätze, die sie zuweilen anwenden, als – wenn auch nicht mit letzter Sicherheit – aus dem Rechtsmaterial gewonnen gelten können. Sollte nun ein Philosoph wie Popper auf die Idee verfallen, die Gültigkeit der Induktion als Schlussverfahren deswegen in Frage zu stellen, weil sie auf einer »optischen Täuschung« des Denkens beruhe, dann hat er mit folgender Belehrung zu rechnen:

> Die Berechtigung dieser These erscheint jedoch schon für die empirischen Wissenschaften zweifelhaft; für den Bereich der Rechtswissenschaft ist sie jedenfalls abzulehnen (114).

Dieser Konstativ wird in der Fußnote 17 auf folgenden Sockel gestellt:

> In diesem Sinne auch *Bydlinski*, Methodenlehre, S. 64 f. (114).

Abgesehen davon, dass die These, wonach keine Induktion stattfinde, durch die empirische Wissenschaftspraxis nicht im Geringsten beeinträchtigt werden *kann*, weil diese These zu erklären versucht, was in der empirischen Wissenschaft entgegen vorherrschenden Selbstdeutungen *wirklich* geschieht, beruht ihre Ablehnung für die Rechtswissenschaft auf der nicht unattraktiven Ausweitung des

Prinzips pragmatischer Enthaltsamkeit zum Grundsatz des Da-nicht-sein-kann-was-nicht-sein-darf:[23]

Zu beachten ist nämlich, dass das juristische Denken stets von den vorhandenen Rechtsnormen ausgehen *muss* … (ebd., Hervorhebung A.S.).

Die Frage, was die Rechtswissenschaft tun sollte, bleibt durch Poppers Einwand freilich unberührt. Problematisch erscheint vielmehr, ob die Jurisprudenz tun kann, was sie zu tun vorgibt, wenn sie vermeint, methodischen Geboten zu folgen. Indes scheint aus der Perspektive gelungener juristischer Methodik das, was sie zu tun vorgibt, so »praktikabel« zu sein, dass sich die Frage erübrigen dürfte, ob die Jurisprudenz einer Selbsttäuschung erliegt:

Zu beachten ist nämlich, dass das juristische Denken stets von den vorhandenen Rechtsnormen ausgehen muss; lässt sich diesen nicht unmittelbar entnehmen, in welcher Weise der vorliegende Interessenkonflikt aufzulösen ist, so wird die Gesetzesbindung des Rechtsanwenders am besten dadurch gewahrt, dass er aus den vorhandenen besonderen Sätzen induktiv einen allgemeinen Satz entwickelt, aus dem dann die Grundsätze für die Behandlung des konkreten Falles abgeleitet werden können. Ein solches Vorgehen ist auch durchaus praktikabel, denn die Rechtsordnung stellt ein – wenn auch nicht geschlossenes – System dar […]. (114).

Der philosophische Gedanke wird nicht zur Kenntnis genommen. Statt dessen wird mit bezaubernder Leichtigkeit das Dogma bemüht, wonach das Recht »ein System« sei. Aber auch an dieser Stelle interveniert sogleich das Prinzip der semantischen Umkehrung (S): Das Recht sei zwar ein System, aber deswegen kein geschlossenes System. Da Systeme ohne Grenzen aber keine Systeme

23 An anderer Stelle werden die Autoren unfreiwillig geständig, auch wenn sie den Sinn der dort gemachten Aussage selbst missverstehen. Sie halten zunächst fest (117): »Von den in den empirischen Wissenschaften aufgestellten Theorien unterscheiden sich juristische Theorien freilich dadurch, daß sie vor allem normativ falsifizierbar sind.« Dieser Satz ist eine getreue Wiedergabe des Da-nicht-sein-kann-was-nicht-sein-darf-Grundsatzes. In der Welt des Rechts darf nicht sein, was gleichwohl der Fall ist, ohne dass das Recht die Macht hätte, einen Sachverhalt zu ändern. Gleichwohl verstehen die Autoren ihre eigene Beobachtung nicht, weil sie die »normative« Falsifikation als empirische Falsifikation auffassen (ebd.): »Juristische Theorien haben sich in erster Linie am geltenden Recht zu bewähren; sie sind dementsprechend jedenfalls de lege lata insoweit als ›falsch‹ zu erachten, wie ihre Aussagen mit diesem nicht zu vereinbaren sind.«

sind, verfügt diese Einsicht über denselben Inhalt und dieselbe pragmatische Kraft wie die Erkenntnis, wonach die juristische Entscheidungsbegründung »deduktiv«, wenn auch nicht »streng deduktiv«, verfahre.

Die gelungene juristische Methodenlehre muss sich der Reflexion verweigern. Diese Keuschheit ist eine elementare Bedingung für die freie Entfaltung des Prinzips der semantischen Umkehrung (S).[24] Und diesem verdankt man die unausgesetzte Produktion von Oxymoronen wie »offenes System«, »induktiv-deduktiv« oder »dynamisch verstandener Wille des historischen Gesetzgebers«.[25]

Es steht zu befürchten, dass damit die Frage »Wie ist das möglich?« noch nicht zureichend beantwortet ist. Denn je mehr man von den Funktionsbedingungen der gelungenen juristischen Methodenlehre zu Gesicht bekommt, um so unerfindlicher wird, weshalb den zu belehrenden Anwendern deren oxymorone Geistesverfassung nicht auffällt. Wie ist das möglich?

Die Antwort ist, auch dies steht zu befürchten, überraschend einfach. Die gelungene juristische Methodenlehre ist von ihrem Studienobjekt nicht verschieden. Sie lässt sich nicht auf Theorie ein, sondern vermeidet diese unter Hinweis auf disziplinär bewährte Überzeugungen.[26] Autoritas non veritas.

Dogmatik statt Vernunft

Die bedeutendste Leistung des Werkes von Looschelders und Roth besteht wohl darin, explizit gemacht zu haben, was in anderen Methodenlehren latent gehalten wird. Die Autoren beschränken sich ausdrücklich darauf, dogmatisch nachzuvollziehen, was von den

24 Zur Invisibilisierung der Paradoxie der Systemreflexion siehe Analoges bei Niklas Luhmann, *Die Wissenschaft der Gesellschaft*, Frankfurt/M. 1990, 537.

25 Auch für die institutionelle Rolle des Gesetzgebers lässt sich ein Oxymoron erfinden. Dem Gesetzgeber wird die Aufgabe zugewiesen, die Gerechtigkeit zu konkretisieren (35). Gleichzeitig wird die Mehrdeutigkeit und Pluralität von Gerechtigkeitsvorstellungen zur Kenntnis gebracht. Man rätselt, was der Gesetzgeber eigentlich konkretisieren könne, wenn er »die« Gerechtigkeit konkretisiert. Zum Glück wird diese Funktionszuweisung später (256) zurückgenommen. Die Verwirklichung der Gerechtigkeit sei nicht alleine Sache des Gesetzgebers. Der Rechtsanwender komme ebenfalls zum Zuge.

26 Siehe zum Beispiel die Weigerung, sich mit dem Problem des »Verstehens« auseinanderzusetzen ebd., 137-138, unter Berufung auf die Autorität Bydlinskis.

maßgeblichen Autoritäten bereits vorgedacht worden ist. Es geht daher nicht um Vernunft; es geht um Anschlussfähigkeit.[27]

Gleich eingangs (2) wird dargelegt, was die Autoren nicht vorlegen wollen: eine allgemeine Methodenlehre, die sich auf jede beliebige Rechtsordnung anwenden ließe. Diese Ambition sei deswegen nicht zu verfolgen, weil die Generalität der auf dieser Ebene erzielbaren Resultate für die konkrete Problemlösung wenig hergebe. Vielmehr sei die juristische Methode als »Handwerkszeug« zu begreifen, dem die zu erfüllenden Aufgaben »von einer konkreten Rechts- und insbesondere Verfassungsordnung vorgegeben werden« (ebd.). Die juristische Methodik müsse daher auf die Ordnung des Grundgesetzes passen.

Die methodische Schwierigkeit, die aufbricht, wenn bei der Ermittlung verfassungsrechtlich vorgegebener methodischer Richtlinien auf eine Methode zurückgegriffen wird, die nicht selbst von der Verfassung vorgegeben sein kann, wird konsistent ignoriert. Die gelungene juristische Methodik will vielmehr an die vorherrschende Interpretation der Verfassung anschließen. Die der Dogmatik logisch vorgeordnete Methodik wird damit von einer Ebene aus anvisiert, die unterhalb der Methodik angesiedelt ist. Diesem postmodernen Gestus begegnet man an wenigstens einer Stelle in reiner Form:

> Das Grundgesetz gehe davon aus, dass das Verstehen sprachlicher Äußerungen möglich sei. Also sei ein solches Verstehen möglich (71-72).
> *Beweis:* Art. 20 Abs. 3 und Art. 97 Abs. 1 GG.

Man erhält auf diese Weise eine wunderbar zirkuläre *Dogmatik der Methode der Dogmatik*. Wer mit dem Zustand der deutschen Verfassungsrechtslehre vertraut ist und folglich weiß, dass sie überwiegend aus Versuchen besteht, die Judikatur des BVerfGs nachzuvollziehen,[28] den verwundert es auch nicht, dass die Behandlung entscheidender theoretischer Fragen durch das Zitieren von Entscheidungen des BVerfGs ersetzt wird. In einem Werk, das der

27 Siehe Niklas Luhmann, *Soziale Systeme. Grundriss einer allgemeinen Theorie*, Frankfurt/M. 1984, 159.

28 Siehe Bernhard Schlink, Die Entthronung der Staatsrechtswissenschaft durch die Verfassungsgerichtsbarkeit, in: *Der Staat* 28 (1989), 161-172.

Bindung des Rechtsanwenders an das Gesetz gewidmet ist, mag es zwar ein wenig seltsam anmuten, wenn ein Gericht kraft des Prinzips pragmatischer Enthaltsamkeit nicht bloß zur Rechtsquelle, sondern zum Born höherer theoretischer Einsicht wird; aber wer will schon kleinlich sein, wenn gelebte Zivilreligion im Mantel des Offenbarungsglaubens auftritt. Ich will mit Kostproben nicht geizen:

- Die Reduktion des Willens des Gesetzgebers auf die »Wertentscheidung« und die daran anknüpfende Ermächtigung des Richters zur Gesetzeskorrektur wird unter Hinweis darauf gerechtfertigt, dass das Grundgesetz keine »wert-lose«, sondern vielmehr eine »objektive« Wertordnung sei. Die Aufgabe, diese zu verwirklichen, stelle die »Legitimationsgrundlage für Gesetzeskorrekturen« dar (255). Dass das Grundgesetz als Wertordnung zu deuten sei, ergebe sich aus BVerfGE 3, 225, 233. Im Rahmen einer solchen Wertordnung sei, was die Bindung an Gesetz und Recht angehe, letztlich die Wertentscheidung des Gesetzgebers maßgeblich (228).
  Beweis: BVerfGE 49, 304, 320.
- Die These, wonach das Recht ein System sei, wird nicht nur unter Zitierung von Larenz und Canaris vorgetragen (114 Fn. 18). Das Gebot, bei der systematischen Interpretation von der internen Kohärenz des Rechts auszugehen, sei vielmehr verfassungsrechtlich vorgegeben (149-150).
  Beweis: BVerfGE 48, 246, 257.
- Jedes Gericht müsse zunächst selbst prüfen, ob es ein verfassungswidrig anmutendes Gesetz korrigieren könne, bevor es das BVerfG nach Art. 100 Abs. 1 GG anrufe (247-248).
  Beweis: BVerfGE 10, 124, 127.
- Die Bindung des Richters an »das Gesetz« dürfe nicht als bloße Bindung an den Wortlaut verstanden werden (256-258).
  Beweis: BVerfGE 35, 263, 278 f.
- Nach Auffassung der Autoren dürfe bei der Rechtsanwendung nicht auf vage Konzepte wie »Gerechtigkeit« rekurriert werden (36-37). Das bedeute aber nicht, dass dem Gesetzgeber, dem zwar die »Konkretisierung« der Gerechtigkeit obliege (35), durch die Gerechtigkeit keine verfassungsrechtlichen Grenzen gezogen seien. Das Grundgesetz sehe nämlich vor, dass ein Gesetz, das als ge-

setzliches Unrecht zu qualifizieren sei, wegen krassen Gerechtigkeitsverstoßes als nichtig zu betrachten sei (37). Ein unmittelbarer Rückgriff auf die Idee der Gerechtigkeit sei also nicht erforderlich.
Beweis: (u.a.) BVerfGE 3, 225, 233 f.

Angesichts eines so reichhaltigen Rechtsprechungspositivismus mutet es freilich befremdlich an, dass die Autoren entgegen der Auffassung des BVerfGs (BVerfGE 1, 299, 312) den Vorrang der teleologischen Interpretationsmethode ausdrücklich zurückweisen (195). Man kommt nicht umhin, darin einen methodischen Fehler zu erblicken, weil diese ihre Auffassung nicht mit der dogmatischen Ordnung des Grundgesetzes im Einklang steht.
Beweis: Looschelders-Roth, Juristische Methodik, *passim.*

Theorie als moralisches Übel

Mit der internen Irrationalität der gelungenen juristischen Methodenlehre haben wir uns lange genug aufgehalten. Nun ist auf das eingangs aufgeworfene Problem zurückzukommen. Hat eine juristische Methodik, die sich von einer sachlichen Problemerörterung erfolgreich fernhält, keine negativen Konsequenzen oder ist sie sogar moralisch besser als eine Reflexion der Rechtswissenschaft, die sich auf die Sache selbst einlassen würde?

Es ist bereits deutlich geworden, dass diese Frage von der gelungenen juristischen Methode implizit nicht nur positiv, sondern im Sinne der zweiten Variante beantwortet wird. In der Tat erschöpft sich ihre Aufgabe sogar darin, diese Frage positiv zu beantworten. Denn ihre Direktionsbefugnis nimmt sie nicht in der Weise wahr, dass sie dem ratlosen Rechtsanwender vorschriebe, tue in diesem Fall dieses und in jenem Fall jenes, weil sie in jedem Fall zu dem Ergebnis gelangt, man müsse das eine wie das andere tun. Die Existenz der gelungenen juristischen Methodenlehre rechtfertigt sich aus dem sichtlich periodisch der akademischen Disziplin der Rechtswissenschaft geschuldeten Bemühen, ihr zu versichern, es sei moralisch gut, diese Disziplin nicht zu einem theoretischen Problem zu machen.

Diese Botschaft der gelungenen juristischen Methodenlehre hat, wie es scheint, durchaus gute soziale Folgen. Denn durch Reflexionsexzesse der Rechtsanwender würde das Rechtssystem zweifelsfrei blockiert werden. Etablierte Routinen könnten aus dem Gleichgewicht geraten. Rechtsanwälte würden die Begründungen von Entscheidungen nicht mehr verstehen, wenn sie nicht über profunde Kenntnisse der Werke von beispielsweise Martin Heidegger, Rudolf Steiner und Carl Gustav Jung verfügten.[29] Entscheidungen wären möglicherweise noch schwerer vorherzusehen als heute. Gesetze würden reihenweise für nichtig erklärt, weil die Rechtsanwender sie für ungerecht oder unzweckmäßig hielten. Richter würden möglicherweise die Erledigung verzögern oder sogar verweigern, weil sie sich weder zu einer Entscheidung noch zu deren »richtiger« Begründung durchringen könnten. Mit einem Wort:

(↓) Durch unausgesetztes Theoretisieren würde der Rechtsstaat auf eine Katastrophe zusteuern.

Es scheint also, als sei die aus philosophischer Borniertheit resultierende interne Irrationalität der gelungenen juristischen Methodenlehre *im Vergleich dazu* von hohem moralischen Wert. Die Denkmuster, vermöge derer die Aktenerledigung im Rechtsstaat funktioniert, dürften also nicht leichtfertig untergraben werden. Man tue besser daran, heute nicht Probleme zu wälzen, wenn diesfalls zu erwarten sei, dass morgen nicht mehr (so wie heute) juristisch begründet werden könne.

Am Ende von Überlegungen dieser Art findet sich dann meistens ein überwältigendes Prinzip der folgenden Art, dessen illokutionäre Rolle naturgemäß von *P* regiert wird:

(↑) Wer gegen die Institution erwartet, der trägt auch die Begründungslast.

Wer also für ein anderes Rechtsdenken und die Demission der gelungenen juristischen Methodenlehre eintrete, der habe zu begründen, dass dies auch gute Folgen hätte. Allerdings wird es durch das glückliche Bewusstsein der gelungenen Methode verunmöglicht, diese Last zu tragen, weil aufgrund des in ihr vorwaltenden oxy-

29 Diese Autoren eröffnen nach Auskunft eines mir bekannten deutschen Strafrichters den Zugang zu den tieferen Gründen der Philosophie.

moronen Geisteszustandes Begründungen nicht gefragt sind. In der gelungenen juristischen Methodenlehre geht es, wie Luhmann richtig sieht, um Redundanz.[30] Es darf nichts Überraschendes kommuniziert werden. Und das ist kurzfristig ohne Zweifel von Vorteil.

Der deontologische Fels der Rechtsstaatlichkeit (I)

Aber in Wahrheit zählen für die gelungene juristische Methodenlehre nicht die Konsequenzen allein. Sie erhebt vielmehr den Anspruch, sie habe gute Konsequenzen, denn sie

- wisse, was es bedeutet, dass der Rechtsanwender an das Gesetz gebunden sei,
- wisse, welche Regeln der Auslegung und Textkonstruktion in spezifischen Konstellationen zu beachten seien,
- wisse, welche Form der Abweichung vom Gesetzestext durch die Wertentscheidung des Gesetzgebers autorisiert sei.

Die Hervorbringung der guten Konsequenzen der gelungenen juristischen Methodenlehre wird von dieser selbst immer schon unter die Bedingung gestellt, dass die guten Konsequenzen die Konsequenzen von Gesetzesbindung sein müssen. Wer auch immer es auf sich nimmt, die nicht zu tragende Bürde der Begründungslast zu tragen, muss freilich entdecken, dass die gelungene juristische Methodenlehre diese Bedingung nicht zu erfüllen vermag, weil sie

- nicht weiß, was Gesetzesbindung bedeutet, zumal es die von der Anwendungspraxis verschiedene Bedeutung des Gesetzestexts nicht geben kann,[31]
- nicht weiß, welche methodische Regel zur Anwendung gelangen muss, da sich im Dickicht methodischer Regulative die Möglichkeiten multiplizieren, ein dogmatisches Argument als methodisch korrekt darzustellen,

30 Siehe Niklas Luhmann, *Das Recht der Gesellschaft*, Frankfurt/M. 1993, 352-353, 373-374.

31 Siehe dazu Nikolaus Forgó, *Recht sprechen. Zur Theorie der Sprachlichkeit des Rechts*, Diss. Wien 1997, vor allem 203-215.

– nicht weiß, was die Wertentscheidung ist, die das angebliche »Judizieren contra legem« ermögliche.

Indem die gelungene juristische Methodenlehre die Produktion der guten Konsequenzen von der Bedingung abhängig macht, die interne Rationalität der Gesetzesbindung bei ihrer Hervorbringung nicht zu verletzen, lässt sich, wenn einmal die interne Irrationalität der Bindungsvorstellungen durchschaut worden ist, zunächst aus ihrer eigenen Perspektive über die soziale Tatsache der Bindung keine Aussage mehr machen; folglich lässt sich darüber hinausgehend nicht mehr beurteilen, ob die guten Konsequenzen der vorgeblichen Gesetzesbindung auch Konsequenzen dieser Bindung sind und, indem sie dieser Bedingung genügen, auch wünschenswerte Konsequenzen sind. Die guten Konsequenzen der gelungenen juristischen Methodenlehre sind so konzipiert, dass mit dem Entfall der internen Rationalität sich über deren externe Rationalität keine Aussage mehr machen lässt (siehe oben S. 55). Denn die guten sozialen Folgen der Rechtspraxis werden von der gelungenen juristischen Methodenlehre nur dann als rational *wünschenswert* erachtet, wenn sie Ausfluss der Gesetzesbindung sind. Damit stößt man auf den deontologischen Fels der Rechtsstaatlichkeit.[32] Wenn wir nicht mehr wissen, ob wir wirklich Rechte haben, weil es der gelungenen juristischen Methodenlehre nicht gelingt, uns begreiflich zu machen, wie diese Rechte aus dem Gesetz abzuleiten sind, dann genügen die guten sozialen Folgen der Rechtspraxis nicht mehr der Bedingung, auch wünschenswerte Konsequenzen zu sein. Denn wünschenswert sind sie *nur* unter der Bedingung, sich dem Umstand zu verdanken, dass wir Rechte unabhängig von diesen Konsequenzen *haben*.

Angesichts dieses Zusammenbruchs der gelungenen juristischen Methode dürfte es freilich an der Zeit sein, den deontologischen

32 In einem elementaren negativen Sinn hat eine Praxis dann einer deontologischen Bedingung zu genügen, wenn sie nicht ausschließlich mit Blick auf ihre guten Folgen zu rechtfertigen ist, sondern abgesehen von diesen eine Schranke nicht verletzen darf, an der der gleiche Respekt zwischen (und für) Personen zum Ausdruck gebracht wird. Die Idee, die Rechtsanwendung habe an das vorliegende Gesetzesrecht gebunden zu sein, formuliert im Hinblick auf die guten Folgen, die sich durch die Gerichtsbarkeit und vor allem durch das Verwaltungshandeln hervorbringen lassen, eine solche deontologische Bedingung. Durch die Gesetzesbindung soll die willkürliche Behandlung der Normadressaten ausgeschlossen sein. Andernfalls hätten wir ja keinen Rechtsstaat, sondern nur »gute Polizey«.

Fels der Rechtsstaatlichkeit, wenn es ihn überhaupt geben kann, auf andere Weise zu fassen. An dieser Stelle ist eine spekulativ anmutende Bemerkung einzuschieben. Bekanntlich wäre es verkehrt, davon auszugehen, dass das Scheitern eines methodischen Konzepts die Sache unverändert lässt. Seit Kant ist man mit dem Grundsatz vertraut, dass die Bedingungen der Möglichkeit der Erfahrung von Gegenständen auch die Bedingung der Möglichkeit der Gegenstände der Erfahrung sind.[33] Die Logik dieses Grundsatzes lässt sich in umgekehrter Richtung entfalten. Wenn sich einmal die Bedingungen der Möglichkeit der Sache verändern und also die Sache selbst eine andere wird, dann ist nicht auszuschließen, dass die Bedingungen, die bislang als für die Sacherkenntnis hinreichend erachtet wurden, als unzureichend erfahren werden. Es ist also denkbar, dass eine rechtstheoretische Analyse, wie die vorliegende, die es nicht vermeiden kann, den internen Zusammenbruch der gelungenen juristischen Methodenlehre zu diagnostizieren, eine grundlegende Veränderung der Sache *reflektiert*. Die rechtstheoretische Reflexion wäre mithin als Komponente und Indiz einer sozialen Situation zu verstehen, in der sich das Recht befindet.[34] Wenn man sich also darauf

33 Siehe Immanuel Kant, *Kritik der reinen Vernunft*, in: ders., *Werkausgabe*, hrsg. v. W. Weischedel, Frankfurt/M. 1968, Bd. 3, 100-102 (B 79-82).

34 Dies ist die Grundthese bei Alexander Somek/Nikolaus Forgó, *Nachpositivistisches Rechtsdenken. Inhalt und Form des positiven Rechts*, Wien 1996. Es wird davon ausgegangen, dass die Kritik an der gelungenen juristischen Methodenlehre nicht versäumen darf, ihre eigenen Entstehungsbedingungen zu reflektieren. Es entspräche dem Standpunkt einer »traditionellen« Theorie zu behaupten, die gelungene juristische Methodenlehre stelle eine falsche Auffassung des Rechts und der Rechtsanwendung dar und sei folglich durch eine andere – die richtige – Auffassung zu ersetzen (in diesem Sinne Friedrich Müller/Ralph Christensen, *Juristische Methodik*, Bd. 1, 9. Aufl. Berlin 1995, 29). Aus der Perspektive einer »kritischen« Theorie hat man sich demgegenüber die Frage vorzulegen, weshalb die traditionelle methodische Selbstthematisierung der Rechtswissenschaft *nunmehr* – zumindest in den Augen der rechtstheoretischen Avantgarde – unglaubwürdig wird. Für die Unterscheidung zwischen den beiden Versionen von Theorie siehe bekanntlich Max Horkheimer, Traditionelle und kritische Theorie (1937), in: ders., *Traditionelle und kritische Theorie. Fünf Aufsätze*, Frankfurt/M. 1992, 205-259. – Überhaupt liegt im Zustand des Überzeugt-Seins etwas Rätselhaftes. Einerseits bedarf es einer Vorleistung an kritischem Vernunftgebrauch, damit man zuversichtlich sein kann, dass man sich über das, wovon man überzeugt ist, nicht getäuscht hat, oder man nicht einer rhetorischen Verführung auf den Leim gegangen ist; andererseits steckt im Überzeugt-Werden und Überzeugt-Sein etwas durchwegs Passi-

einlässt, den deontologischen Fels der Rechtsstaatlichkeit anders zu fassen, dann legt man möglicherweise nur Zeugnis ab von einer Transformation, von der die soziale Integration moderner Gesellschaften erfasst worden ist, weil das Rechtssystem, wie wir es bislang kannten, nicht mehr existiert. Dieses andere Rechtssystem, so darf man mutmaßen, war die Voraussetzung dafür gewesen, die gelungene juristische Methodenlehre für gelungen zu erachten. Die phantomaren Gestalten eines weiteren Willens des Gesetzgebers würden demgemäß in der Gegenwart zwar zu Recht als Widerschein des konstruktiven Charakters der juristischen Begriffsbildung durchschaut; aber der damit gewonnene Durchblick auf den Wahnsinn der traditionellen juristischen Ontologie wäre selbst nur die Begleiterscheinung der sozialen Tatsache, dass das Rechtssystem, wie wir es bislang kannten, nicht mehr existiert.[35]

Muss die juristische Analyse darauf verzichten, sich auf diese erschütternde Fragestellung einzulassen?

Die soziale Diskontrate gelungener juristischer Methode

Aus der Public Choice Theory und der praktischen Philosophie ist das Phänomen bekannt, dass langfristige oder sozial distanzierte Handlungskonsequenzen üblicherweise geringer gewichtet werden als deren kurzfristige und sozial unmittelbar erfahrbaren Komple-

ves. Überzeugungen beruhen nicht auf Autosuggestion. Vielmehr wird man oder ist man von etwas überzeugt. In diesem passiven Moment gleichen Überzeugungen ihren Aszendenten, den Problemen also, die man ebenso wenig erfindet, sondern die sich einem einfach stellen oder nicht stellen (auch wenn diejenigen, die eben ein Problem nicht haben, einem anderen, der es hat, manchmal entgegenhalten, er habe es erfunden). Es ist Schellings Verdienst, festgestellt zu haben, dass sogar die Überzeugung von vernünftigen Notwendigkeiten auf einer traumwandlerischen Sicherheit beruht, die nur durch geschichtliches Denken zu durchdringen ist. Siehe F.W.J. Schelling, *Zur Geschichte der neueren Philosophie* (1833/34), in: ders., *Sämmtliche Werke*, hrsg. v. K.F.A. Schelling, Stuttgart 1856-1861, Bd. I/10, 12, und für präzise Erläuterungen siehe Axel Hutter, *Geschichtliche Vernunft. Die Weiterführung der Kantischen Vernunftkritik in der Spätphilosophie Schellings*, Frankfurt/M. 1996, 138-144.

35 Für *eine* Artikulation dieser Idee siehe Karl-Heinz Ladeur, *Postmoderne Rechtstheorie. Selbstreferenz – Selbstorganisation – Prozeduralisierung*, 2. Aufl. Berlin 1995, 163-175.

mente.[36] Die Diskontrate, also das Ausmaß, in welchem künftige oder sozial distanzierte Vor- und Nachteile vernachlässigt werden, ist insbesondere dann hoch, wenn die handelnde Person oder Körperschaft damit zu rechnen hat, dass die Zielerreichung von kontingenten Umständen abhängig ist, die ihrer gegenwärtigen Kontrolle entzogen sind. Die Handlungsplanung zieht sich dann auf einen Horizont von vergleichsweise geringem Radius zurück.

Die rechtstheoretische Durchleuchtung der gelungenen juristischen Methodenlehre ist nicht nur inopportun (vor allem für junge Gelehrte); sie müsste auch, wenn man ihre Resultate nur ernst nähme, hinkünftig zu grundlegenden Veränderungen der juristischen Disziplin und des ihrer Vermittlung dienenden Ausbildungssystems führen. Entgegen anders lautenden Beteuerungen wird man dafür Gefolgschaft kaum finden. Dennoch ist die Diskontrate der Gesetzesbindung, die der gelungenen juristischen Methodenlehre vorschwebt, verhältnismäßig hoch. Langfristig würde nämlich eine Rechtswissenschaft, die sich gegenüber der internen Irrationalität ihrer methodischen Grundlagen gleichgültig verhält, in eine Inflationsfalle tappen.[37] Es gäbe zu viel kunstgerecht gefertigtes rechtliches Wissen, dessen Wert dramatisch sinken würde, weil sich jeder mit gleichem Recht auf die gelungene Methode berufen könnte. Das Ideal der »richtigen Rechtsanwendung« (5) würde zwar aufrechterhalten, allerdings um den Preis, dass man sich am Recht nur mehr dann orientieren könnte, wenn man wüsste, wer über die soziale Macht verfügt zu behaupten, das Recht zu wissen. Normative Erwartungen würden daher langfristig nur mehr sozial und nicht mehr sachlich generalisiert werden.[38] Wir würden in der Welt leben, die von Vertretern der Critical Legal Studies bereits für die Realität genommen worden ist. Es wäre dies eine Welt, in der das Recht prinzipiell nicht mehr »erkannt«, sondern zugerechnet würde.[39] Die

36 Siehe dazu bloß Geoffrey Brennan/James M. Buchanan, *Die Begründung von Regeln. Konstitutionelle politische Ökonomie*, Tübingen 1993, 112-119.

37 Zur dementsprechenden Deutung des juristischen Gutachtens als symbolisch generalisiertem Medium der Kommunikation siehe Somek/Forgó, *Nachpositivistisches Rechtsdenken* (oben Anm. 34), 148-152.

38 Zur sachlichen (also inhaltlichen) und sozialen (also für einen Kreis von Personen stattfindenden) Generalisierung von Erwartungen siehe Niklas Luhmann, *Rechtssoziologie*, 3. Aufl. Opladen 1987, 94.

39 Siehe einführend Mark Kelman, *A Guide to Critical Legal Studies*, Cambridge (Mass.) 1987.

komplementäre Struktur des Erwartens wäre damit vom Ansatz her suspendiert und könnte nur mehr durch straffe soziale Hierarchisierungen supplementiert werden. Die juristische Expertise verwandelte sich in ein sprachliches Ritual, in dem man geübt zu sein hätte, um bestimmte Berufsvoraussetzungen zu erfüllen; ansonsten hinge die soziale Existenz des Rechts davon ab, in welchem *Machtverhältnis* zwischen Personen und Institutionen es gewusst würde.

Aber vielleicht haben die Vertreter der Critical Legal Studies Recht, und der Gebrauch des Konjunktivs ist überflüssig. Denn die Zukunft hat schon begonnen. Das Auge der Öffentlichkeit vermag mehr zu sehen als der disziplinär getrübte Blick. Zu jeder Rechtsfrage von größerem politischen Gewicht werden heutzutage Gutachten akademischer Juristen eingeholt, zu denen sich sofort Gegengutachten erstellen lassen. Der Ausgang von Gerichtsverfahren ist im Prinzip unvorhersehbar. Die informelle Abwicklung erscheint oftmals vorteilhafter als sich vor Gerichten auf das unwägsame Risiko des Kampfes um das bessere juristische Argument einzulassen. Den Rechtsadressaten ist also durchaus bewusst, dass Zurechnungen wichtiger sind als die Sache.

Man mag einwenden, dass die delegitimierenden Effekte einer solchen Inflation rechtlichen Wissens sich nur einstellen werden können, wenn rechtstheoretische Überlegungen – wie die hier vorliegende – auf den Anspruch der gelungenen Methode destruktiv einwirken. Außerdem werde hier der Beweis dafür schuldig geblieben, dass sich durch eine andere Rechtswissenschaft der Wert des juristischen Gutachtens sozial stabilisieren lasse. Es könnte daher gerade mit Blick auf soziale Diskontraten gerade umgekehrt besser sein, auf die Rechtstheorie langfristig zu verzichten. Die bessere Zukunft wäre dann die, in der die Rechtstheorie abgeschafft würde und die Oxymorone der Gesetzesbindung weiterhin ihre guten Folgen haben könnten, obwohl niemand mehr wüsste, was diese guten Folgen auch zu guten Folgen macht.

Der deontologische Fels der Rechtsstaatlichkeit (II)

Bekanntlich beruhte die Coasesche Revolution der Wohlfahrtsökonomie auf einer Erweiterung der traditionellen, von Pigou ererbten Problemstellung. Man dürfe nach Coase nicht bloß darauf achten, welche Kosten bei denjenigen entstünden, denen aus der Ausführung einer Aktivität ein Nachteil erwachse, den sie nicht hätten, wenn die Aktivität unterbliebe, um daran anschließend die Internalisierung externer Kosten zu fordern; man müsse auch fragen, was die Unterlassung der Aktivität demjenigen kosten würde, der von ihrer Ausführung einen Nutzen hätte. Nur solcherart könne auf das vorzugswürdige Gesamtprodukt geschlossen werden.

> When an economist is comparing alternative social arrangements, the proper procedure is to compare the total social product yielded by these different arrangements. [...] [T]he problem is to device practical arrangements which will correct defects in one part of the system without causing more serious harm in other parts.[40]

Auf das hier anstehende Problem umgelegt bedeutet dies, dass danach zu fragen ist, welche guten Konsequenzen entfielen, wenn man der Rechtstheorie verwehrte, ihr destruktives Werk auf Kosten der Autorität derer auszuführen, die sich als Produzenten oder Konsumenten der gelungenen juristischen Methodenlehre verstehen. Wenn man sich das Nettoprodukt[41] vorlegen will, wird sichtbar, dass die beteiligten sozialen Akteure jeweils auf ihre eigene Art eine Nutzenbilanz erstellen. Es verhält sich also so, als ob bei der Analyse der Allokation eines Rechtsanspruches davon auszugehen wäre, dass die Parteien selbst das von ihnen favorisierte Resultat als paretooptimal bewerten, weil sie divergierende Schemata der Kosten- und Nutzenbewertung verwenden.[42] Um zu einem fairen Ergebnis gelangen zu können, müsste sich eine Bilanz auch aus der Perspektive

40 R.H. Coase, The Problem of Social Cost (1960), in: ders., *The Firm, the Market, and the Law*, Chicago/London 1988, 95-156, hier: 142.

41 Es wird hier insofern eine Vereinfachung gemacht, die jeder zurückweisen müsste, der meinte, in unserem Gesellschaftssystem gebe es eine Klassenjustiz oder ein Rechtssystem, in dem systematisch eine Gruppe benachteiligt werde. Im folgenden wird davon ausgegangen, dass die Verteilung der Gewinner und Verlierer im Rechtssystem keinem Muster folgt und durch einen Wechsel des rechtstheoretischen Regimes diesbezüglich auch nicht beeinträchtigt würde. Hätte die gelungene juristische Methodenlehre die systematische Tendenz, eine Gruppe oder Klasse zu benachteiligen, wäre sie ohnedies abzulehnen.

42 Eine solche Divergenz kann sich etwa daraus ergeben, dass wir mehr verlangen würden, um ein Recht auf Unterlassung aufzugeben, als wir leisten würden, um es zu erlangen. Siehe dazu Duncan Kennedy, Cost-Benefit Analysis of Entitlement Problems: A Critique, in: *Stanford Law Review* 33 (1981), 387-445, hier: 401, 410.

der anderen als besser darstellen lassen. Dazu ist eines der Schemata zu korrigieren. Den Schlüssel für eine solche Korrektur findet man im scheinbaren Konsequentialismus der gelungenen juristischen Methodenlehre.

Die gelungene juristische Methodenlehre dürfte bei ihrer Selbsteinschätzung *an sich* zu keiner weiteren Stellungnahme vordringen als dazu, dass sie nicht wissen könne, ob ihre Folgen wünschenswert seien, weil sie nicht anzugeben vermag, dass diese Folgen der Bedingung der Gesetzesherrschaft genügen. Allerdings kann die gelungene juristische Methodenlehre diese ihre Blindheit für die Bewertung ihrer eigenen Folgen nicht sehen. Sie wird daher unumwunden von ihrer bloßen Existenz darauf schließen, dass die an ihre Existenz geknüpfte Rechtsstaatlichkeit eine wünschenswerte Konsequenz dieser ihrer Existenz ist. Also ist die gelungene juristische Methodenlehre nicht dazu in der Lage, ihre Konsequenzen zu reflektieren und gerade deswegen dazu geneigt, sie für wünschenswert zu erachten. Ein solches Verhalten ist aber mindestens ebenso wenig davor gefeit, Katastrophen hervorzubringen, wie eine rechtstheoretische Destruktion der gelungenen Methode, die auf die Konsequenzen ihres Handelns nicht achtete. Auf der Kostenseite stehen daher beide gleich da. Die rechtstheoretische Kritik könnte ohne weiteres zugestehen, dass ungewiss sei, ob nach der Destruktion der gelungenen juristischen Methodenlehre der Rechtsstaat für Katastrophen anfälliger wäre als zuvor. Denn mit ebendieser Ungewissheit ist auch die gelungene juristische Methodenlehre belastet. Indes wird diese entgegnen, dass allein die Tatsache ihres Beharrens als nützlich zu verbuchen sei. Deswegen ist die Rechtstheorie in der Tat zu zeigen angehalten, dass sie die vorteilhaften Aspekte der gelungenen Methodenlehre in sich aufzunehmen *und* anzugeben vermag, weshalb diese in der Tat bessere Folgen haben als die unaufgeklärten Irrtümer über die Gesetzesbindung.

Zunächst kann die Rechtstheorie darauf hinweisen, dass die oxymoronen Konstrukte der gelungenen juristischen Methodenlehre wie der »dynamische Wille des historischen Gesetzgebers« oder die »vom Gesetzgeber gewollte Wertentscheidung« dem Versuch entspringen, Gesichtspunkte der zweckmäßigen oder akzeptablen Konstruktion von Normsinn einem unbestimmten Subjekt zuzurechnen. Die Konstrukte sind ein Mittel, um sich bei einer Rechtsanwendung, die gute Konsequenzen haben soll, im Angesicht des deontologischen Felses der Rechtsstaatlichkeit zur Konstruktion von Rechtsregeln autorisieren zu lassen. Aber die ontologischen Geschöpfe der gelungenen juristischen Methodenlehre sind nichts als die Schattenbilder konstruktiver Interpretation. Diese können ohne weiteres entfallen, ohne dass man auf die pragmatischen oder moralischen Gründe verzichten müsste, die bei der Konstruktion von Rechtsregeln eine ausgezeichnete Rolle spielen. *Diese* guten Folgen und die Modalitäten, sie bei der Rechtsanwendung zu erwägen, lassen sich also bewahren. Allerdings sind sie in einen anderen Bezugsrahmen einzubetten. Der deontologische Fels der Rechtsstaatlichkeit, an dem die Brandung der Deutungen sich gleichsam zu brechen hätte, ist anders zu fassen. Wenn die gelungene juristische Methodenlehre einmal ihrer internen Irrationalität überführt worden ist, dann lässt er sich nur so begreifen, dass die Konstruktion von Rechtsregeln *im Ausgang* von einem alltags- oder fachsprachlichen Verständnis der gesetzlichen Willensäußerung so zu geschehen hat, dass sie aus der Perspektive der Adressaten vernünftigerweise nicht abzulehnen ist. Der deontologische Fels gibt sich damit nicht als ontologisch konzipierter Gegenstand der Rechtserkenntnis, sondern als deontologisches moralisches Prinzip zu erkennen.[43] Das Problem der juristischen Methode ist ein Problem des Rechtsinhalts. Ob es sich lösen lässt, ist eine von der Problemdiagnose verschiedene Frage. Möglicherweise gilt das Recht nur für den, der an es glauben *will*.

Jedenfalls kann die »destruktive« Rechtstheorie darauf beharren, dass sie zunächst nur *begreift*, was unter dem Deckmantel der gelungenen juristischen Methodenlehre ohnedies bereits der Fall ist oder wenigstens der Fall sein könnte.[44] Insofern muss sich nichts ändern. Andererseits muss sich sehr viel ändern, sobald begriffen worden ist, was der Fall ist.

43 Die kritische Theorie ist also darum bemüht, dem in der Gesellschaft im Verhältnis zu den Trägern der Staatsgewalt vorwaltenden Gesichtspunkt, an dem das Staatshandeln zu messen ist, die *bestmögliche* Formulierung zu verleihen. Angesichts des Zusammenbruchs traditioneller Bindungsvorstellungen ist der deontologische Fels der Rechtsstaatlichkeit nicht mehr unter semantischen Vorzeichen, sondern als deontologisches moralisches Prinzip zu formulieren, das die Konstruktion von Rechtsregeln anleitet.

44 Keine andere Absicht verfolgten die Überlegungen bei Alexander Somek, *Rechtssystem und Republik. Über die politische Funktion des systematischen Rechtsdenkens*, Wien/New York 1992.

Juristischer Konstruktivismus als vollständige Theorie des rationalen Handelns

Die traditionelle exegetische Rechtswissenschaft ist nicht nur intellektuell gescheitert. Sie hat auch keinen anderen praktischen Wert, als zur Reproduktion von bereits eingespielten Praktiken einzuladen. In dieser Funktion instruiert sie nicht. Wenn es daher überhaupt noch Sinn haben kann, zu einer Rechtswissenschaft zurückzukehren, die etwas anderes leistet als die (keineswegs unwichtige) Vermittlung wandelbarer Rechtsinformationen, wird diese einbekennen müssen, nicht anders als »konstruktivistisch« verfahren zu können. Man verfügt über keinen besseren Weg, sich aus methodischer Sicht die Bedeutung der Rechtsstaatlichkeit verständlich zu machen als in der Form der Maxime, dass die Konstruktion von Rechtsregeln an die gesetzliche Willensäußerung anzuknüpfen hat, um im Einzelfall einen Rechtsinhalt hervorzubringen, der sich aus der Perspektive unparteilicher Adressaten vernünftigerweise nicht ablehnen lässt.[45] Die Anknüpfung an die gesetzliche Willensäußerung ist eine Bedingung der Vernünftigkeit, allerdings nur eine notwendige und keine hinreichende Bedingung. Die Rechtswissenschaft hat zudem auf diejenige Zone zu achten, die von der gelungenen juristischen Methodik konsistent ignoriert wird, obwohl sie für die soziale Realität des Rechts von bei weitem größerer Bedeutung ist als jede bemühte Exegese. Es handelt sich dabei um die juristische Begriffsbildung (Klassifikation). Sie ist die Form, mit der gesetzliche Anordnungen durch die Rechtswissenschaft bezeichnet und damit in den »höheren Aggregatszustand« von Rechtsbegriffen gebracht werden.[46] Die Rechtfertigung begrifflicher Klassifikationen lässt sich an den von der Dogmatik erzeugten Konstrukten – den Rechtsregeln – präsent halten,[47] indem man diese aus der Perspektive der Adressaten als rational einsichtige Gründe des Verhaltens darstellt.[48]

45 Damit ist das Prinzip der Verallgemeinerung in der von Scanlon vertretenen Form angesprochen. Siehe T.M. Scanlon, Contractualism and Utilitarianism, in: J. Rajchman/C. West (Hrsg.), *Postanalytic Philosophy*, New York 1985, 214-243.

46 Siehe Rudolph von Jhering, *Der Geist des römischen Rechts auf den verschiedenen Stufen seiner Entwicklung*, Bd. II/2, 5. Aufl. Leipzig 1899, 371; Bd. 1, 6. Aufl. Leipzig 1907, 28, 32-34.

47 Siehe dazu im nächsten Kapitel.

48 Es ist also darauf zu achten, *wie* die Dogmatik durch die Anwendung eines Bün-

In die Beurteilung der Frage, welche von mehreren denkbaren Schematisierungen des Rechtsmaterials zu Rechtsregeln sich vernünftigerweise nicht ablehnen lässt, fließen unterschiedliche Voraussetzungen ein, die von einer konstruktivistischen Rechtswissenschaft zu reflektieren sind. Die Verallgemeinerung, mit der die juristische Konstruktion der Regelbedeutung als allseitig zumutbar ausgegeben wird, ist kein Zauberstab, mit dem sich eindeutige Entscheidbarkeit herstellen lässt. Die Reformulierung des deontologischen Felses der Rechtsstaatlichkeit hat auf das der Dogmatik immanente politische Moment zu achten.[49] Es manifestiert sich an der jeweiligen Vorstellung von der sozialen Teilung der Verantwortung zwischen Einzelnem und Staat, aber auch an verschwiegenen Annahmen über die Bedeutung unterschiedlicher sozialer Güter. Ob etwa die staatlich garantierte Heilbehandlung aus europarechtlicher Sicht als »Dienstleistung« zu klassifizieren ist,[50] stellt eine mindestens so bedeutende politische Frage dar wie jene, ob Sozialversicherungsträger als Unternehmen zu betrachten sind.[51] Vor allem im Grundrechtsbereich wird dieser naheliegende Zusammenhang in anspruchsvollen konstruktivistischen Analysen reflektiert.[52]

dels von Unterscheidungen geltende Rechtstexte »übersetzt« und als Rechtsregeln darstellt. Siehe Ronald Dworkin, *Freedom's Law. The Moral Reading of the American Constitution*, Cambridge (Mass.) 1996, 34. Die juristische Begrifflichkeit lässt sich insofern als »Übersetzungsmanual« deuten. Siehe Donald Davidson, On the Very Idea of a Conceptual Scheme, in: ders., *Inquiries into Truth and Interpretation*, Oxford 1984, 183-198, hier: 195-197. (Dt.: Was ist eigentlich ein Begriffsschema, in: ders., *Wahrheit und Interpretation*, Frankfurt/M. 1990, 261-282.)

49 Insofern besteht Kontinuität mit dem Prozess der Demokratisierung der juristischen Methode. Siehe dazu unten.

50 Siehe Rs. C-385/99, V.G. Müller-Fauré v Onderlinge Waarborgmaatschappij OZ Zorgverzekeringen UA and E.E.M. van Riet v Onderlinge Waarborgmaatschappij ZAO Zorgverzekeringen, Slg. 2003, I-04509.

51 Siehe etwa Rs. C-218/00, Cisal di Battistello Venanzio & C. Sas v. Istituto nazionale per l'assicurazione, Slg. 2002, I-691.

52 Siehe etwa Gertrude Lübbe-Wolf, *Die Grundrechte als Eingriffsabwehrrechte. Struktur und Reichweite der Eingriffsdogmatik im Bereich staatlicher Leistungen*, Baden-Baden 1988. Der hier vorgeschlagene Konstruktivismus beruht auf einem Perspektivenwechsel. Das Recht ist demnach aus der Sicht der Adressaten zu betrachten. Diese ist mit dem Standpunkt eines richterlichen Organs insofern kompatibel, als dieses bestrebt zu sein hat, die Entscheidung *vor* der Gemeinschaft der von einer Normanwendung Betroffenen bestmöglich zu rechtfertigen. Die Sicht der Adressaten ist mit dem Standpunkt des unparteilich entscheidenden Organs

Unter diesen Vorzeichen mag die Rechtswissenschaft sich zu einer aus der Perspektive der Normadressaten entworfenen Theorie des rationalen sozialen Handelns fortentwickeln. Gegenwärtig konkurrieren um den Anspruch, die bestmögliche Theorie des rationalen Verhaltens zu formulieren, vor allem zwei Wissenschaften, denen aufgrund ihrer Unvollständigkeit versagt bleiben muss, diesen Anspruch einzulösen: die Ökonomie (in ihren diversen Aufspaltungen wie rational choice theory und game theory) einerseits und die praktische Philosophie (als Reflexionstheorie der Moral) andererseits. In wechselseitiger Isolation neigen beide zur Abstraktheit. Das ökonomische Modell rationalen Verhaltens verengt die Rationalität auf die Kostenkalkulation, behält dafür aber Motivationsprobleme (»incentives«) im Auge;[53] die praktische Philosophie nimmt zwar ökonomische Verdinglichungen zurück,[54] muss dafür aber systematisch vernachlässigen, dass die Menschen in der wirklichen Welt Grenzen der Zumutbarkeit sehen, wenn es gilt, nach moralischen Grundsätzen zu leben.[55]

Es macht den Anspruch des modernen Rechts aus, jene soziale Institution zu sein, in deren Rahmen sich der Konflikt dieser beiden Rationalitäten friedlich austragen lässt. Das Recht soll Fairness selbst dann noch garantieren, wenn alle etwas tun, was sie für die Verfolgung ihres Selbstinteresses halten. Deswegen ist es auch schwierig, rechtliche Festlegungen zeitlich zu stabilisieren. Sie gera-

aber insofern auch inkompatibel, als dieses zwar für die Konstruktion seiner Entscheidungsregeln über einen relativ breiten Raum verfügt, in dem sich Sachargumente gegeneinander abwägen lassen, es sich dafür aber verbieten muss, aus seiner institutionellen Rolle zu fallen. Durch die Beachtung der institutionellen Kompetenz wird der Bereich inhaltlicher Variation eingeengt. Von dieser Beschränkung ist ein juristischer Konstruktivismus nicht betroffen, der *ausschließlich* aus der Sicht der Adressaten operiert und mit der Erarbeitung des bestmöglichen Rechtsinhalts auch das institutionelle Entwicklungspotential des Rechtsmaterials freizulegen sucht. Denn oftmals ist das Rechtsmaterial den institutionalisierten Formen, seinen Gehalt zu erfassen, bereits weit voraus. Siehe dazu näher Roberto Mangabeira Unger, *What Should Legal Analysis Become?*, London/New York 1996, 28-33.

53 Siehe analoge Überlegungen bei Kim Lane Scheppele, *Legal Secrets. Equality and Efficiency in the Common Law*, Chicago/London 1988, 310.

54 Siehe Elizabeth Anderson, *Value in Ethics and Economics*, Cambridge (Mass.)/London 1993.

55 Siehe nur Peter Singer, *One World. The Ethics of Globalisation*, New Haven/London 2002.

ten permanent in den Sog »des« sozialen Dilemmas,[56] das in der Form des Gefangenendilemmas zur Metapher unserer sozialen Existenz wurde.[57] Dass das moderne Recht gleichwohl die Arena ist, in welcher der *Streit* um die Rationalität sozialen Handelns ausgetragen wird, wurde bislang durch das traditionale moralische Bewusstsein, mit dem das Recht im Medium der Dogmatik begriffen worden ist, latent gehalten.[58] Das Recht wurde als eine Sphäre menschlichen Denkens und Handelns gedeutet, die ihrer immanenten Logik und eigenen Maßstäben folgt. Dieses traditionale Rechtsbewusstsein hat sich bis in unser Jahrhundert erhalten (und lebt ironischerweise heute in der Theorie der funktionalen Differenzierung fort). An dem Umstand indes, dass uns mittlerweile die gelungene juristische Methodik heute intern und extern irrational erscheint, dokumentiert sich nichts anderes als der endgültige Zerfall dieser internen Rationalität des Rechts, wie wir es bislang kannten. Die Grundsätze des Rechts und die Methode, es zu studieren, vermögen nicht mehr von sich aus zu überzeugen. Nicht mehr lassen sich Grundsätze des Rechts »als solchem« von moralischen und ökonomischen Gründen isolieren.[59] Das Recht ist die Anwendung ökonomischer und moralischer Überlegungen auf das Problem der Vermittlung von ökonomischen und moralischen Überlegungen.

Die traditionelle Verknüpfung von Geltung und Entscheidbarkeit

Damit verständlich werden kann, was die These bedeutet, wonach das Rechtssystem, wie wir es bislang kannten, nicht mehr existiert,

56 Siehe Gordon Tullock, *The Social Dilemma*, Blacksburg 1974.

57 Siehe dazu nur Donald P. Green/Ian Shapiro, *Pathologies of Rational Choice. A Critique of Applications in Political Science*, New Haven/London 1994, 74-88.

58 Siehe näher bei Somek/Forgó, *Nachpositivistisches Rechtsdenken* (oben Anm. 34), 328-332.

59 Wir wüssten kaum mit einem Argument etwas anzufangen, mit dem behauptet würde, wirtschaftliche und moralische Gründe mögen zwar in diese oder jene Richtung weisen, aber »das Recht« sagt das, weil jeder Rekurs auf das, was »das Recht« sagt, sich letztlich genötigt sieht, durch ökonomische oder moralische Gründe unterstützt und vermittelt zu werden. Nicht einmal diejenigen juristischen Argumente, die man geneigt ist, als formal zu bezeichnen, wie jene über den Geltungstransfer, sind davon auszunehmen.

genügt es, den Wandel von Selbstbeschreibungen dieses Systems zu beobachten und an das große positivistische Projekt des vergangenen Jahrhunderts zu erinnern, das darauf angelegt war, das Rechtssystem als ein Phänomen zu betrachten, das seinen eigenen Prinzipien und seiner eigenen internen Logik folgt: Kelsens Reine Rechtslehre. Diese Theorie wollte aufklären, was das positive Recht ist und von welchen strukturellen Gesetzmäßigkeiten es regiert wird.[60] Demgemäß waren die Herausarbeitung des Unterschieds zur Moral und das Studium von elementaren juristischen Kategorien (z. B. die der »zentralen Zurechnung«) von größter Bedeutung.[61] Kelsen ließ sich dabei von dem Bestreben leiten, das Recht von anderen sozialen Phänomenen zu isolieren, wobei mit diesen nicht eigentlich andere Sphären der gesellschaftlichen Wirklichkeit gemeint waren, sondern unterschiedliche Arten, soziale Phänomene zu deuten und mit Handlungsgründen in Beziehung zu setzen.[62] Die Isolation des Rechtssystems gegenüber anderen Formen der sozialen Ordnung konnte demgemäß nur dann als geglückt erachtet werden, insofern man Handlungsgründe gegeneinander abzugrenzen vermochte. Die traditionelle Theorie des Rechts hatte daher die Aufgabe (und diese Aufgabe wird sie bis in die Gegenwart behalten) zu lösen, die Struktur typisch *juristischer Begründungen* zu erklären. Kelsen hat dafür entscheidende Komponenten herausgearbeitet, wie den spezifisch rechtlichen Willen in seiner Verschiedenheit von psychischen Akten[63] oder, unter Anknüpfung an Merkl, die Funktion der Rechtssatzformen für den dynamischen Geltungstransfer innerhalb des Systems.[64] Auf diese Weise sollten die wesentlichsten Elemente einer gedanklichen Struktur benannt werden, auf deren Grundlage sich spezifisch *rechtliche Handlungsgründe* entwickeln lassen. Mit diesen sollte dargelegt werden (vor allem auch gegenüber dem Adressaten),[65] was das positive Recht zu tun oder zu unterlassen gebietet,

60 Für eine Rekonstruktion von Kelsens ursprünglichem Projekt siehe Stanley L. Paulson, Hans Kelsens's Earliest Legal Theory: Critical Constructivism, in: *The Modern Law Review* 59 (1996), 797-812.

61 Siehe Hans Kelsen, *Hauptprobleme der Staatsrechtslehre entwickelt aus der Lehre vom Rechtssatz*, 2. Aufl. Tübingen 1923, X.

62 Siehe ebd., 145-181.

63 Siehe ebd., 169-170, 173-174.

64 Siehe Hans Kelsen, *Reine Rechtslehre*, 2. Aufl. Wien 1960, 198-199.

65 Siehe ebd., 123-124. Unter der Voraussetzung der Grundnorm vermag die Rechtswissenschaft auszusprechen, was der Adressat zu tun verpflichtet ist. An dem Ende

ohne dass damit eine Aussage darüber zu treffen war, es sei moralisch gut oder ökonomisch zweckmäßig, einem rechtlichen Gebot oder Verbot zu folgen. Theorien des Kelsenschen Typs wollten also die Bedingungen klären, unter denen ein rechtlicher Handlungsgrund vorliegt, wenn und insoweit dieser einer Struktur entspringt, vermöge derer sich bestimmen lässt, was das *geltende Recht* ist. Dieser Bezug auf die Rechtsgeltung markierte die *differentia specifica* der rechtlichen Handlungsgründe.

Ein solcher Rekurs auf geltendes Recht symbolisiert, um mit Luhmann zu sprechen, die *Einheit des Rechtssystems im Wechsel seiner Operationen.*[66] Ein rechtlicher Handlungsgrund hat der notwendigen Bedingung zu genügen, das geltende Recht zu bestimmen oder wenigstens auf Prämissen zu beruhen, in denen die Geltung des Rechts implizit vorausgesetzt wird. Interne Selbstbeschreibungen des Rechtssystems[67] – wie die Theorie Kelsens – sind nicht anders als die übrigen Operationen des Systems darauf zugeschnitten, die Entscheidbarkeit von Konflikten durch den Rekurs auf geltendes Recht zu verbürgen.[68] Auch die gelungene juristische Methodenlehre lässt sich auf diese vom Rechtssystem, wie wir es bislang kannten, vorgegebene Bedingung ein, die Rechtsgeltung mit der Entscheidbarkeit von Konflikten zu verknüpfen, indem sie das geltende Recht als in optimaler Weise bestimmt oder wenigstens bestimmbar setzt. Dabei unterläuft ihr, wie gezeigt worden ist, eine Fehlleistung, die sich in ihr selbst nicht darstellen lässt, die aber dennoch dazu führt, dass angesichts der anvisierten Verknüpfung von Geltung und Ent-

seiner klassischen, an Kant orientierten Phase gibt Kelsen auf die Frage, was für eine Art von Voraussetzung die Grundnorm eigentlich sei, keine eindeutige Antwort. Einerseits wird sie als »transzendental-logische« Bedingung der Rechtserkenntnis bezeichnet (ebd., 204-209); demnach wäre sie eine Voraussetzung, die das Erkenntnisvermögen notwendig vollzieht, mithin etwas Nicht-nicht-Vorauszusetzendes; andererseits sieht es so aus, als wollte Kelsen die Voraussetzung der Grundnorm dem menschlichen Belieben überlassen (ebd., 224-225).

66 Siehe Luhmann, *Recht der Gesellschaft* (oben Anm. 30), 98, 103.

67 Es handelt sich dabei um Reflexionen des Systems, die sich der Funktion des Systems zuordnen. Siehe Niklas Luhmann, *Die Gesellschaft der Gesellschaft*, Frankfurt/M. 1997, 974-978.

68 Siehe Luhmann, *Recht der Gesellschaft* (oben Anm. 30), 503-504. Für die Rechtswissenschaft muss es daher eine unumstößliche *pragmatische* Prämisse sein, dass es, wenn schon nicht eine richtige, dann wenigstens eine gültige (mit Rechtskraft ausgestattete) Antwort auf jede Rechtsfrage gibt.

scheidbarkeit das als optimal bestimmt (oder bestimmbar) gesetzte Recht als unbestimmt bestimmt wird. Dieses Signum der nachpositivistischen Situation[69] deutet auf die interne Dekomposition des Geltungssymbols und damit auf das Ende des Rechtssystems hin, wie wir es bislang kannten.

Unbestimmtheit der Geltung und Bestimmtheit des Inhalts

Das Geltungssymbol sollte garantieren, dass die Hervorbringung von Rechtsakten (also von neuem geltenden Recht) unter Rekurs auf bereits vorhandenes geltendes Recht vollzogen wird. Seine entproblematisierende Funktion konnte es nur unter der Bedingung erfüllen, dass seine Begründung auf die Basis oder an die Spitze des Systems verschoben wurde. Da das positive Recht seine Geltung nicht zu begründen vermag, hätte an der Spitze oder an der Basis des Systems geklärt werden sollen, durch Bezug auf welches »Andere« des Rechts (Gewohnheit, Moral, wirtschaftliches oder wissenschaftliches Interesse) – oder vielmehr: durch Bezug auf welche *nichtrechtlichen Handlungsgründe* – das Recht seine Geltung ableitet, die sich, ist sie einmal an der Spitze oder der Basis erzeugt worden, innerhalb des Rechtssystems übertragen lässt, ohne dass die für die Geltung konstitutiven Handlungsgründe dabei eine Rolle spielen müssen. Die damit gewonnene Vorstellung von der internen Geschlossenheit der Geltungsübertragung war eine Voraussetzung für die Entfaltung jener *externen Indifferenz*, mit der das Rechtssystem, wie wir es bisher kannten, den nicht-rechtlichen Handlungsgründen begegnete. Aus der Perspektive des Rechtssystem war es für keinen systeminternen Schritt mehr erforderlich, sich mit den Gründen, auf welchen die Geltung des Systems beruhen mag, auseinanderzusetzen. Es genügte der pauschale Hinweis darauf, dass es *möglich* sei, diese Geltung mit *irgendwelchen* anderen als den rechtlichen Handlungsgründen aufzuklären. Letztere standen für Bereiche der intellektuellen Auseinandersetzung, für welche der Jurist als solcher sich für notorisch unzuständig erklären durfte.

69 Siehe zur Eigenschaft nachpositivistischen Rechtsdenkens, eine Deutung der Situation rechtlichen Wissens zu sein, bei Somek/Forgó, *Nachpositivistisches Rechtsdenken* (oben Anm. 34), 43-46.

Das hatte eine bemerkenswerte Konsequenz. Innerhalb des Rechtssystems ließ sich das Geltungssymbol in tautologischer Form verwenden. Geltung ist Geltung. In der Form einer systemintern nicht mehr weiter auflösbaren Gleichung war die radikale Unbestimmtheit des Geltungssymbols zu unterdrücken.[70] Die *Bedeutung der Geltung einer Norm* musste nicht weiter expliziert werden. Ihre Mitgliedschaft zum System genügte, um die Beachtlichkeit nichtrechtlicher Handlungsgründe für die Begründung von Rechtsgeltung auszuschließen. Die Geltung der Norm hatte vielmehr den Charakter einer Trivialität, die es ermöglichte, den Blick des Juristen als solchen auf die *Bedeutung der geltenden Norm* zu lenken. Innerhalb des Rechtssystems konnte damit die *unbestimmte Geltung des Rechts* (die unbestimmte Bedeutung der *Geltung* der Norm) mit der *Bestimmtheit des Rechtsinhalts* (der *Bedeutung* der geltenden Norm) identifiziert werden.[71] Die Geltung fungierte als die verschwindende Unterlage des Norminhalts, ohne dass anzugeben war, woraus die Bestimmtheit des Norminhalts besteht (etwa aus ökonomischen, moralischen oder gar ästhetischen Gründen).

Der Zerfall der Geltungstautologie

Die Unbestimmtheit des Geltungsgrundes, der sich, wie Luhmann richtig hervorhebt, innerhalb des Rechtssystems nicht »metakontrovers« repräsentieren lässt,[72] bricht in der Form einer Desintegration der Geltungstautologie in das System ein, sobald der Rechtsinhalt selbst als unbestimmt erfahren wird. Der begriffliche Leerlauf des »Dass« der Geltung ist vom Verlust der Bestimmtheit des »Was« nicht zu trennen. Allerdings steht beides in einem Verhältnis der Wechselbestimmung. Denn die Erfahrung der Unbestimmtheit des Rechtsinhalts wäre auch nicht möglich ohne die Enttautologisierung des Geltungssymbols. Der (vormalige) begriffliche Leerlauf des »Dass« und die Ungreifbarkeit des »Was« treten gemeinsam auf,

70 Wenn das Problem der Geltungsbegründung in der Umwelt des Rechtssystems lokalisiert und gegenüber anderen Handlungsgründen eine Mauer der Indifferenz aufgezogen wird, dann wird das Geltungssymbol selbst als unbestimmt gesetzt.

71 Deswegen gab es so etwas wie eine semantische Bindungsvorstellung. Siehe dazu oben Anm. 6.

72 Siehe Luhmann, *Recht der Gesellschaft* (oben Anm. 30), 506.

sobald die Unbestimmtheit des Geltungsrahmens – also das Bündel an (vormals) externalisierten moralischen, sozialpsychologischen, pragmatischen, ethischen, ökonomischen Gründen für die Geltung des Rechts – in das Gerahmte (also das geltende Recht) diffundiert.[73] Anders gesagt: Der *Inhalt* des *geltenden* Rechts wird als unbestimmt bestimmt – und damit als unbestimmt, *ob* gilt, *was* gilt –, sobald das vorgeblich Geltende nicht mehr unter schlichtem Rekurs auf Geltendes, sondern im Lichte konkurrierender moralischer, sozialpsychologischer, pragmatischer, ethischer oder ökonomischer Gründe *problematisierbar* und damit *bestimmbar* wird. Das Geltungssymbol verwandelt sich damit in den logischen Ort, an welchem der Streit solcher Gründe auszutragen ist. Das »geltende Recht« wird zur Schnittstelle, an der im Gewand der alten Kanones der Interpretation und Rechtsfortbildung um das gestritten wird, was aus der Perspektive unterschiedlichster Handlungsgründe als die »richtige« Lösung zu erachten ist. Worauf es entscheidend anzukommen scheint, ist die *ausgewogene Abwägung* im Einzelfall. Sie nimmt den Platz ein, der einst der Gesetzesbindung zugekommen war. Das Recht wird gesehen als etwas, das aus einem deliberativen Prozess emaniert, in den mannigfaltige Gesichtspunkte eingehen.[74]

Damit ist die typisch *nachpositivistische Erfahrung* bezeichnet. Sie wird an den beiden Reflexionstheorien manifest, die in systemkonformer Weise – also unter Verknüpfung von Geltung und Entscheidbarkeit – um die Bestimmung der Identität spezifisch rechtlicher Handlungsgründe konkurrieren: dem *Rechtspositivismus* einerseits und der *rechtsethischen Jurisprudenz* andererseits.[75] Der Rechtspositivismus erfährt die interne Auflösung des tautologischen Geltungssymbols und damit das Eindringen der als unbestimmt gesetzten Geltungsgründe (unter dem Vorzeichen des Entscheidungszwangs) durch die Unmöglichkeit, auf das geltende Recht Bezug nehmen zu können, ohne dabei auf andere als die als rechtlich anerkannten Handlungsgründe zu rekurrieren. Der Rechtspositivismus sieht sich durch den Eindruck semantischer

73 Siehe dazu generell Gamm, *Flucht aus der Kategorie* (oben Anm. 20), 168-169.

74 So der U.S.-amerikanische Höchstrichter Stephen Breyer in einer öffentlichen Diskussion: A conversation between U.S. Supreme Court justices, in: *International Journal of Constitutional Law* 3 (2005), 519-541, hier: 522.

75 Siehe zum folgenden Somek/Forgó, *Nachpositivistisches Rechtsdenken* (oben Anm. 34), 31-42.

Unbestimmtheit entthront.[76] Die Identität der rechtlichen Gründe entfällt. Für die rechtsethische Jurisprudenz nimmt sich die Situation anders aus. Sie vermag vom Ansatz die Geltung des positiven Rechts von der Beachtlichkeit moralischer Handlungsgründe nur zu unterscheiden, indem sie die Geltung des Rechts von einem im Rechtsmaterial verborgenen kohärenten Zusammenhang von Rechtsprinzipien abhängig macht.[77] Die interne Auflösung des Geltungssymbols und damit das Eindringen der als unbestimmt gesetzten Gründe der verborgenen Kohärenz erfährt sie (unter dem Vorzeichen des Entscheidungszwangs) daran, dass sich über diese Kohärenz zwar vortrefflich philosophieren lässt,[78] sie aber im konkreten Abwägungsvorgang nicht aufscheint. Der im Rechtsmaterial angeblich verborgene kohärente Zusammenhang von Prinzipien bleibt auch verborgen.

In beiden Fällen wird der systeminterne Rekurs auf Geltung durch sein Gegenteil ergänzt. Paradoxerweise wird es nun auch möglich, so gut wie alle moralischen und ökonomischen Probleme als Rechtsfragen zu thematisieren.[79] Im Ergebnis erhält man die diskursive Verflüssigung des Normativen in einer zusehends unter normativen Gesichtspunkten thematisierten Welt. Alles ist ein Rechtsproblem, keines lässt sich lösen. Die Verbindlichkeit des Rechts wird objektiv unklar.

Die Verbindlichkeit des Rechts lässt sich, was ihre Wirkung[80] angeht, unterschiedlich fassen. Sie kann *direkt* aus der Überzeugungskraft von Handlungsgründen abgeleitet werden.[81] Das ist konsistent

76 Für den entsprechenden Bewältigungsversuch siehe Andrei Marmor, *Interpretation and Legal Theory*, 2. Aufl. Oxford 2005.

77 Siehe Ronald Dworkin, *Law's Empire*, Cambridge (Mass.) 1986.

78 Siehe etwa Jacques Lenoble, Narrative Coherence and the Limits of the Hermeneutic Paradigm, in: P. Nerhot (Hrsg.), *Law, Interpretation, and Reality. Essays in Epistemology, Hermeneutics, and Jurisprudence*, Dordrecht 1990, 127-168.

79 Siehe zum damit entstehenden Typus der »rationalizing legal analysis« bei Roberto Mangabeira Unger, Legal Analysis as Institutional Imagination, in: *The Modern Law Review* 59 (1996), 1-23, hier: 15-18.

80 Ich lasse hier gezielt die Frage nach der Quelle von Verbindlichkeit beiseite, auch wenn zwischen ihrer Ursache und ihrer Wirkung klarerweise ein Zusammenhang besteht. Siehe dazu Christine M. Korsgaard, *The Sources of Normativity*, Cambridge 1996.

81 Paulson würde in diesem Fall von »starker Normativität« sprechen. Siehe Stanley L. Paulson, The Weak Reading of Authority and Hans Kelsen's Pure Theory of Law, in: *Law and Philosophy* 19 (2000), 131-171.

möglich, wenn man Kritierien entwickelt, die es gestatten, die guten Gründe von den nicht (ganz) so guten Gründen zu unterscheiden (etwa Prinzipien im Verhältnis zu Zweckmäßigkeitserwägungen).[82] Aus der Anwendung der diesbezüglichen Unterscheidung resultiert die Verbindlichkeit. Man kann die Verbindlichkeit aber auch gegenüber Handlungsgründen verselbständigen und insofern *indirekt* konzipieren, indem man funktionale Äquivalente für die Unterscheidung zwischen der Qualität von Gründen einführt. Die funktionale Äquivalenz muss darin bestehen, eine begründete Ablehnung von Interpretationsvorschlägen zu ermöglichen. Die semantisch konzipierte Normbedeutung oder die (berüchtigte) Normalsituation[83] sind Beispiele dafür. Beide sollen die Funktion erfüllen, übermütige interpretative Bedeutungszuschreibungen im Zaum zu halten. Beim Operieren mit funktionalen Äquivalenten kann der Bezug auf Handlungsgründe unterbleiben. Das Recht sagt das und das, aber ob das, was das Recht sagt, wirklich ein Handlungsgrund sein soll, ist eine von der Feststellung dessen, was das Recht sagt, verschiedene Frage. Unverbindliche Verbindlichkeitsfeststellungen erfreuen sich großer Beliebtheit unter juristischen Experten. Sie entlasten diese von aller Verantwortung dafür, jemandem zu verstehen geben zu müssen, was er oder sie wirklich tun oder unterlassen *soll*. Sobald aber alles mögliche im diskursiven Raum des Rechts mit Blick auf die geglückte ausgewogene Abwägung Relevanz beanspruchen darf[84] und also die ausschließende Funktion des Normativen entfällt, fließt die Verbindlichkeit aus in die situationale Berücksichtigung aller Umstände, die sich als berücksichtigungswürdig ausgeben.[85] Ob gilt, was gilt, lässt sich nicht mehr für die Zukunft festlegen.

82 Siehe Ronald Dworkin, *Bürgerrechte ernstgenommen*, Frankfurt/M. 1984, 55.

83 Siehe etwa Carl Schmitt, *Verfassungslehre*, 7. Aufl. Berlin 1989, 23.

84 Siehe Justice Breyer (oben Anm. 74), 522: »[...] [L]aw emerges from a complex interactive process. We justices play a limited role in that process. But we are part of it. So are lawyers, law professors, students and ordinary citizens.«

85 Für ein Modell, das diesen Prozess moralphilosophisch rekonstruiert, siehe Klaus Günther, *Der Sinn für Angemessenheit. Anwendungsdiskurse in Moral und Recht*, Frankfurt/M. 1988, 299-307.

Es stellt sich die Frage, wodurch die interne Dekomposition des Geltungssymbols ausgelöst wird, in deren Gefolge »die Bindung an ›Höheres‹ durch eine ständig neu auszuhandelnde Kombination von Bindung und Änderung«[86] ersetzt wird. Die Antwort darauf wird durch einen Blick auf die interne Logik der Konstitution des Geltungssymbols nicht unerheblich erleichtert.

Da die Tauglichkeit des Geltungssymbols darauf beruhte, den Geltungsgrund unbestimmt zu lassen und das Geltungsproblem damit gleichsam in die Umwelt des Rechtssystems zu verpflanzen, deutet die nunmehr zu beobachtende Diffusion des Unbestimmten darauf hin, dass die Problematik der Rechtsgeltung von der Systemumwelt zurück ins System getragen wird. Dies wird aus der sozialen Perspektive derjenigen vollzogen, die ein Interesse daran haben, die latente Unbestimmtheit sichtbar zu machen, die für die Operationen des Rechtssystems, wie wir es bislang kannten, konstitutiv war – also aus der Sicht derjenigen, die über Geltungsgründe streiten wollen.[87] Umgekehrt lässt sich daher der Umstand, dass sich das Rechtssystem, wie wir es noch nicht kannten, nicht mehr »selbst«, sondern aus der Perspektive moralischer und ökonomischer Gründe thematisiert, *im günstigen Fall* als Resultat einer Demokratisierung auffassen.[88] Denn immerhin werden die externalisierten unbestimmten Geltungsgründe aus der Systemumwelt in das System zurückgeworfen und zu einem systeminternen Problem gemacht; das kann Ausdruck einer »Demokratisierung«[89] der juristischen Methode sein, insofern Fragen der juristischen Methode als Machtfragen thematisiert werden.[90] Dadurch wird die juristische Methode,

86 Luhmann, *Recht der Gesellschaft* (oben Anm. 30), 533.

87 Den Systemoperationen ist freilich nur daran gelegen, die interne Geschlossenheit des Rechtssystems aufrechtzuerhalten.

88 Im ungünstigen Fall handelt es sich um einen Reflex von Bürokratisierung und bei der Auflösung des Geltungssymbols um das Eindringen des utilitaristischen Eudämonismus der planenden Verwaltung in das Recht. Siehe etwa Wolfgang Schluchter, *Rationalismus der Weltbeherrschung. Studien zu Max Weber*, Frankfurt/M. 1980, 93.

89 Siehe dazu und zum folgenden Ian Shapiro, *Democracy's Place*, Ithaca/London 1996, 49-52.

90 Siehe dazu Forgó, *Recht sprechen* (oben Anm. 31).

die sich als intellektuelle Autorisierung zur Rechtsanwendung versteht, unweigerlich politisiert. Denn wenn es zutrifft, dass die Politik den Besitz oder Nicht-Besitz von Macht angeht[91] und Machtverhältnisse in unserer Gesellschaft ein allgegenwärtiges Phänomen darstellen, dann bedeutet »Politisierung« nichts anderes als Explizit-Werden bislang impliziter Machtverhältnisse. Als »demokratisch« in einem idealtypischen Sinn sind solche Politisierungen dann zu verstehen, wenn sie aus der sozialen Perspektive derjenigen vollzogen werden, die im Verhältnis zu den juristischen Entscheidungsträgern über keine Macht verfügen. Wenn die Entzauberung des Rechtssystems, wie wir es bisher kannten, von ihnen ausgeht, ist sie das Ergebnis einer Demokratisierung der juristischen Methode. Durch das Aufdecken des rationalistischen Scheins der exegetischen Juristenmetaphysik gerinnen die Routinen der juristischen Argumentation zu blanken sozialen Fakten. Aus der Perspektive der Rechtsunterworfenen nehmen sich die Operationen des Rechtssystems unwillkürlich als eine Machtfrage aus, die sich angemessen nicht mehr »rechtsimmanent«, sondern nur aus der Perspektive moralischer und ökonomischer Handlungsgründe thematisieren lässt.

Das Rechtssystem, wie wir es bislang kannten, erachtete die Gesetzesbindung als das Signum einer demokratisch tugendhaften Jurisprudenz. Nunmehr ist die methodische Rechtfertigung der Gesetzesbindung selbst zu einem demokratischen Problem geworden. Nur ein juristischer Konstruktivismus, der dieses Umstands gewahr ist, wird in Zukunft zu Recht als Erbe der Rechtswissenschaft, wie wir sie bislang kannten, auftreten können.

91 Siehe Max Weber, *Politik als Beruf*, 7. Aufl. Berlin 1975, 9, 14.

Drittes Kapitel
Rechtsanwendung

Der Primat der Rechtserkenntnis und das Drei-Ebenen-Modell

Die moderne Rechtskultur beruht auf etwas, das Adolf Merkl so zutreffend als den »Primat« der Rechtswissenschaft gegenüber der Rechtsanwendung bezeichnet hat.[1] Denn von der Rechtswissenschaft wird üblicherweise erwartet, sie (und nicht die Rechtspraxis) kläre auf, was für eine Art von Operation die Rechtsanwendung sei, welche allgemeinen Maximen in ihrer Durchführung zu beachten seien und zu welchen Resultaten bei der Beurteilung von einzelnen Rechtsfragen gelangt werden müsse. Diese Funktion der Wissenschaft, die Operation der Rechtsanwendung zu erklären und zu ihrer Durchführung anzuleiten, wird typischer Weise von den drei juristischen Disziplinen wahrgenommen, von denen man annimmt, sie seien trotz ihrer relativen Selbständigkeit in einen vertikalen Zusammenhang zu bringen. Dieser Zusammenhang garantiere, dass sich der Rechtsanwendung eine rationale Grundlage verschaffen lasse. Für das an Universitäten reproduzierte juristische Bewusstsein zeichnet sich damit so etwas wie ein Drei-Ebenen-Modell der juristischen Wissenschaften ab.[2] Demnach ist auf der ersten Ebene die *Rechtstheorie* (oder der für die »dogmatische« Arbeit relevante Ausschnitt der *Rechtsphilosophie*) unter anderem damit befasst zu erklären, *was* die Operation der Rechtsanwendung eigentlich ist und *wie* man das Recht identifiziert, das der Anwendung zugrunde zu

1 Siehe Adolf J. Merkl, Das doppelte Rechtsantlitz, in: *Die Wiener Rechtstheoretische Schule*, hrsg. v. H. Klecatsky et al., Wien/Frankfurt/M. 1968, Bd. 1, 1091-1113, hier: 1111-1113.

2 Das Drei-Ebenen-Modell ist als Schema zu erachten, mit dem sich die Rechtswissenschaft ihre eigene methodische Rechtfertigung verständlich zu machen sucht. Man findet es kaum in der hier vorgetragenen Form exponiert, es repräsentiert vielmehr eine an juridischen Fakultäten im Unterricht vorherrschende Mentalität. Gleichwohl wird es in Werken manifest, die zweifelsfrei zur Standardliteratur der Methodenlehre zählen. So etwa bei Karl Larenz, *Methodenlehre der Rechtswissenschaft*, Heidelberg/New York 1992 (Neubearbeitung) und Franz Bydlinski, *Juristische Methodenlehre und Rechtsbegriff*, 2. Aufl. Wien/New York 1991.

legen ist. Die einschlägigen Beiträge reichen, was die Erläuterung des Akts der Rechtsanwendung angeht, von der bloßen Erläuterung der Struktur des juristischen Syllogismus bis zu subtilen hermeneutischen Erkundungen des vielzitierten »Hin- und Her-Wanderns des Blicks«.[3] Auf der zweiten Ebene ist die *juristische Methodenlehre* darum bemüht, Regeln zu formulieren, die unabhängig vom konkreten Inhalt des Obersatzes des juristischen Syllogismus darüber Auskunft geben sollen, *wie* sich die auf der Ebene der Rechtstheorie oder Rechtsphilosophie als maßgeblich erachteten normativen Prämissen (Gesetze, Verordnungen oder in Präjudizien enthaltene *rationes decidendi*) in korrekter Weise für die Beurteilung von Einzelfragen heranziehen lassen. Und schließlich werden auf der dritten Ebene von der *Rechtsdogmatik* einerseits unter Rückgriff auf Theorie und Methodik sowie andererseits aufgrund eines sachspezifischen Kategoriensystems mehr oder weniger detaillierte Vorschläge für die Lösung von Rechtsfragen erarbeitet.[4]

Dieses weithin gängige Schema von mehreren Stufen, mit denen die Rechtswissenschaft die Rechtsanwendung zu determinieren und zu kontrollieren versucht, beruht evidentermaßen auf einem *deduktiven* Verständnis der juristischen Wissenschaft. Bei oberflächlicher Betrachtung mutet es sogar wie ein gigantischer juristischer Syllogismus an, bei dem die Rechtstheorie und die juristische Methodik gemeinsam den Obersatz bilden, das geltende Recht die Position des Untersatzes einnimmt und die Rechtsdogmatik den Schlusssatz darstellt. Indes ist der deduktive Charakter der Beziehung insofern strenger, als auf der Ebene des Obersatzes bereits – etwa durch eine Geltungstheorie oder eine »rule of recognition« – die Kriterien formuliert werden, aufgrund derer das geltende Recht und die in diesem enthaltenen weiteren Rechtsquellen zu identifizieren sind. Die

3 Siehe Karl Engisch, *Logische Studien zur Gesetzesanwendung*, 2. Aufl. Heidelberg 1960, 15.

4 Siehe dazu etwa Robert Alexy, *Theorie der juristischen Argumentation. Die Theorie des rationalen Diskurses als Theorie der juristischen Begründung*, Frankfurt/M. 1978, 311. – Im Ergebnis erhält man daher von der Rechtstheorie allgemeine Strukturmodelle des Rechts, in denen unter anderem auch zur Operation der Rechtsanwendung Stellung bezogen wird; von der juristischen Methode werden bestimmte Interpretationsmethoden und Schlussverfahren als zuverlässig bezeichnet; und die Rechtsdogmatik erarbeitet Vorschläge zur Lösung von Einzelfragen, die auf mehr oder weniger umfassenden Darstellungen von gesamten Rechtsgebieten basieren.

Rechtsdogmatik mutet daher wie das Ergebnis eines gigantischen analytischen Urteils an. Dabei stellen sich auf der Ebene der Theorie gleichsam die »großen« Fragen (»Rechtspositivismus oder Naturrecht?«). Daran anschließend erörtert die Methodologie die grundsätzlichen Fragen (etwa die nach dem Stellenwert oder der Rangordnung von Interpretationsmethoden). Sind diese beantwortet, dann sollten sich aufgrund der damit stattgefundenen Determinierung für die Rechtsdogmatik die entscheidenden Fragen (also ob jemand einen Anspruch hat oder nicht) wie von selbst erledigen lassen.

Diese eingestandenermaßen übertriebenen Formulierungen sind mit Absicht gewählt, um daran zu erinnern, dass es unter dem Vorzeichen des Drei-Ebenen-Modells keineswegs so selbstverständlich ist, dass, wie oft behauptet wird, juristische Praktiker und Theoretiker des Rechts (wie die Rechtsphilosophen) in »zwei Welten« leben. Im Gegenteil, philosophische Reflexion und Methodik sollten für die Welt der Praxis von besonderer Bedeutung sein. Dass freilich wohl das Gegenteil der Fall ist und den theoretischen Fächern eher die Funktion eines geisteswissenschaftlichen Aufputzes (»Orchideenfach«) zukommt, liegt nicht zuletzt daran, dass sich das Drei-Ebenen-Modell, das der Theorie den Vorrang einräumt, auch vorzüglich dazu eignet, die Rechtsdogmatik wie die Rechtspraxis von der Erörterung theoretischer Fragen zu entlasten.[5]

Die Entlastungsfunktion ist dem Drei-Ebenen-Modell nicht ins Gesicht geschrieben. Sie lässt sich erst einsichtig machen, wenn man darauf achtet, dass das Drei-Ebenen-Modell auf einer spezifischen Deutung der Rechtsanwendung beruht. An dieser Deutung wird auch der *soziale Kontext* manifest, der vom Drei-Ebenen-Modell ebenso vorausgesetzt wird, wie es sich ihm zuordnet.

Dieser Kontext weist als solcher allerdings auch über das Drei-Ebenen-Modell hinaus. Die Einsicht in ihn legt so etwas wie die elementare Verfassung der Rechtsanwendung frei. Sie trägt weder deduktive noch hierarchische, sondern vielmehr retroduktive (»autologische«) und selbstreflexive Züge.[6] Insofern scheint das

5 Ich nehme hier eine Überlegung auf, die sich schon in der Einleitung zu diesem Band findet.

6 Siehe dazu bloß Niklas Luhmann, Identität – Was oder Wie?, in: ders., *Soziologische Aufklärung, Bd. 5: Konstruktivistische Perspektiven*, 2. Aufl. Opladen 1993, 14-30, hier: 15-16.

Drei-Ebenen-Modell nicht so recht in diesen Kontext zu passen. Gleichwohl lässt es sich als Antwort auf das *Problem* begreifen, das für diesen Kontext bestimmend ist (ohne dieses Problem gäbe es den Kontext der Rechtsanwendung also nicht). Es lässt sich dahingehend charakterisieren, dass die Rechtsanwendung *in einem Rechtsstaat* an sich selbst die Anforderung richtet, sie habe nicht nur über irgendeine, sondern über die *bestmögliche Rechtfertigung* zu verfügen.[7] Diese *der Rechtsanwendungspraxis immanente* Forderung wird von der Rechtswissenschaft vorgefunden (und auch nicht weiter angetastet). Das mit ihr verbundene normative Problem stellt sich in seiner allgemeinsten Form so dar, dass über Menschen nur dann Zwang verhängt werden darf, wenn sich dafür Gründe finden lassen, die sich vernünftigerweise nicht ablehnen lassen. Die Verhängung von Zwang muss, um die berühmte Formulierung Kants aufzugreifen, als Handlung »recht« sein und also auf einem verallgemeinerbaren Grundsatz beruhen.[8] Daran ist ersichtlich, dass die Rechtsanwendung als soziale Praxis mit der enormen Aufgabe belastet ist, sowohl den Gehorsamsanspruch des Rechts mit Gründen *aufrechtzuerhalten* als auch zu demonstrieren, wie er *im Einzelfall einzulösen* ist. Das implizite Wissen um diese Aufgabe macht sie zu einer Praxis der besonderen Art. Die Rechtsanwendung setzt sich nicht nur aus menschlichem Handeln zusammen, für das die Interpretation von Texten eine nicht unwesentliche Rolle spielt (und umgekehrt). Diese Interpretationen beruhen nämlich selbst wiederum auf einer Interpretation der Aufgabenstellung, die Praxis so zu vollziehen, dass der Praxisvollzug seine bestmögliche Rechtfertigung erfahren kann. Diese der Praxis immanente Reflexivität ist mit dem Terminus »interpretative Praxis« gemeint.[9] Kybernetiker drücken den damit gemeinten Sachverhalt dadurch aus, dass sie sagen, eine Praxis beruhe auf Beobachtungen »zweiter Ordnung«, also auf den Beobachtungen *von* Beobachtungen. Innerhalb einer interpretativen Praxis wird eben nicht bloß beobachtet, was Recht ist, sondern gleichzeitig beobachtet, ob die Beobachtungen, mit denen über das Recht eine Aussage gemacht wird, auch zu Recht erfol-

7 Siehe dazu und zum folgenden vorzugsweise Ronald Dworkin, *Law's Empire*, Cambridge (Mass.)/London 1986, 51-52.

8 Siehe Immanuel Kant, *Metaphysische Anfangsgründe der Rechtslehre* (1797), hrsg. v. B. Ludwig, Hamburg 1986, 39.

9 Siehe Dworkin, *Law's Empire* (oben Anm. 7), 47-48, 64.

gen.[10] Insofern handelt es sich bei diesem Typus von Praxis um eine Aktivität, die sich selbst beobachtet und dabei »autologisch« – also ohne einen außerhalb ihrer selbst liegenden Beobachtungsposten einzunehmen – Schlüsse auf sich selbst zieht.[11] Dabei kommen *Selbstdeutungen* der Rechtspraxis ins Spiel, die den Versuchen zugrunde gelegt werden, ihr die bestmögliche *Rechtfertigung* zu verleihen. Die Deutungen und die Rechtfertigungsversuche treten nicht unverbunden auf, auch wenn letzteren die größere Bedeutung zukommt. Im Idealfall wäre die interpretative Praxis der Rechtsanwendung als die Einheit von Vollzug und Reflexion zu betrachten.

Nunmehr mag deutlich werden, weshalb das Drei-Ebenen-Modell als eine spezifische *Interpretation* des Problems der Rechtsanwendung aufzufassen ist. Es lässt sich als allgemeiner Bezugsrahmen begreifen, innerhalb dessen unterschiedliche Konzeptionen der Rechtswissenschaft um die Erarbeitung des plausibelsten Vorschlages zur Rechtfertigung konkurrieren. Was diese Konzeptionen gleichwohl unter dem Dach des Drei-Ebenen-Modells zusammenbringt, ist der Umstand, dass sie auf einer ihnen *gemeinsamen Deutung der Praxis der Rechtsanwendung* beruhen. Demnach besteht der Akt der Rechtsanwendung im Wesentlichen aus dem Nachvollzug von bereits Vorliegendem. Im Ausgang von dieser Deutung der Rechtsanwendung wird das Ziel der Rechtfertigung entworfen – und zwar abermals aufgrund einer Deutung, die festlegt, was das Recht *ist*. Auf dem Boden des Drei-Ebenen-Modells wird nämlich davon ausgegangen, dass die Fortsetzung der Rechtspraxis nur dann über ihre beste Rechtfertigung verfügt, wenn sie auf einer korrekten *Erkenntnis* eines bereits vorliegenden Rechtsinhalts beruht. Die Rechtstheorie und juristische Methodenlehre haben demnach die Bedingungen zu ergründen, unter denen die Rechtsdogmatik in optimaler Weise als transparentes Medium fungiert, den vorgegebenen Rechtsinhalt in die Entscheidung des Einzelfalls zu transformieren.

Jetzt wird auch verständlich, weshalb sich das Drei-Ebenen-Modell so vortrefflich dazu eignet, die Rechtsanwendung von der ihr immanenten Reflexivität auch zu *entlasten*. Unter seinem Vorzeichen verwandelt sich die Forderung, der Praxis der Rechtsanwendung die bestmögliche Rechtfertigung zu verschaffen, in die Pro-

10 Siehe Niklas Luhmann, *Das Recht der Gesellschaft*, Frankfurt/M. 1993, 186-171.
11 Siehe Luhmann, *Identität* (oben Anm. 6), 15.

blematik, die Form des verbindlichen Rechtsinhalts auf der Ebene der Rechtstheorie zu identifizieren und auf der Ebene der Methodik jene Techniken zu bestimmen, die es gestatten, den in der Rechtsquelle fixierten Rechtsinhalt zu bergen. Auf den beiden ersten Ebenen ist also der Rechtsinhalt, der von der Anwendung nachzuvollziehen ist, »zum Stehen« zu bringen. Die Fixierung des Rechtsinhalts gilt als der Kern der Rechtfertigung.[12] Der entlastende Effekt besteht darin, dass die zum Objekt der Erkenntnis umgeformte Rechtfertigung der Rechtspraxis mehr oder minder ihr Werk getan hat, wenn durch Theorie und Methode die Rechtsdogmatik in geeigneter Weise zu einem Gefäß gemacht worden ist, das einen vorgegebenen Inhalt erfasst. Der Rest ist Routine. Nachdem also beispielsweise auf oberster Ebene geklärt worden ist, dass es ein Naturrecht nicht geben könne und aufgrund dieses negativen Befundes vorgeblich zuverlässige Interpretationsmethoden ausgewählt worden sind (etwa »originalism«[13]), mag auf unterster Ebene die subjektiv-historische Interpretationsmethode als zuverlässiges Erkenntnismittel verwendet werden. Deswegen ist für das Drei-Ebenen-Modell die Theorie von ebenso fundamentaler Bedeutung wie praktisch entbehrlich.

Allerdings geht der Entlastungseffekt noch tiefer. Das Drei-Ebenen-Modell motiviert dazu, den Transfer zwischen Theorie und Dogmatik zu unterbrechen. Damit drohen aber auch die für die Rechtfertigung der Praxis wesentlichen Gesichtspunkte in höhere theoretische Ränge abzuwandern. Denn sie lassen sich dort so verhandeln, als handelte es sich dabei um ewige Probleme, die von ausschließlich epistemologischem, sprachphilosophischem oder moraltheoretischem Interesse sind. Der auf der theoretischen Ebene produzierte Überschuss an Deutungsmöglichkeiten motiviert die »praktische« Rechtslehre dazu, sich gegenüber den dort erzielten Resultaten gleichgültig zu verhalten. Deswegen ist aufgrund des Drei-Ebenen-Modells die theoretische Fundierung der Rechtswissenschaft in gewisser Weise sogar darauf angelegt, in die Entlastung von der Selbstreflexion umzuschlagen. Im Effekt würde dadurch freilich

12 Für eine immanente Kritik an dieser Vorstellung siehe Alexander Somek, *Der Gegenstand der Rechtserkenntnis. Epitaph eines juristischen Problems*, Baden-Baden 1996.

13 Siehe Antonin Scalia, *A Matter of Interpretation. Federal Courts and the Law*, Princeton 1997.

der vorgebliche Primat der Rechtswissenschaft gegenüber der Rechtsanwendung in einen Primat der letzteren verkehrt. Denn Theorie und Methodik würden sich aufgrund der auf den höheren Ebenen im Verhältnis zur Praxis produzierten Kontingenz nahezu beliebig dazu heranziehen lassen, um vorgefasste Ergebnisse oder bestehende Routinen mit einer terminologisch möglicherweise ehrfurchtgebietend anmutenden Rationalisierung zu versehen.

Ein Alternativmodell

Aber lässt sich diese Form der Arbeitsteilung zwischen dogmatisch informierter Rechtsanwendung einerseits und theoretischer Reflexion andererseits überhaupt vermeiden? Sie wäre unvermeidlich, wenn das Drei-Ebenen-Modell in der Tat als die vergleichsweise *angemessenste Deutung* und *bestmögliche Rechtfertigung* der Rechtsanwendung zu begreifen wäre. Dagegen lassen sich aber wenigstens zwei Einwände erheben. Beide bringen gegen das Drei-Ebenen-Modell vor, auf einer Missdeutung der Rechtsanwendung zu beruhen. Die Einwände besagen demnach, dass vom Drei-Ebenen-Modell verkannt wird, was die Operation der Rechtsanwendung eigentlich »ist«. Da eine korrekte Deutung der Rechtsanwendung sowohl für den operativen Umgang mit Regeln als auch den Umstand relevant ist, dass bei deren Anwendung die Forderung nach ihrer bestmöglichen Rechtfertigung mitzureflektieren wäre, betrifft der erste Einwand das Verhältnis von Regel und Anwendung. Der zweite Einwand problematisiert die Integration der Rechtfertigung in den Praxisvollzug. Ich lege im folgenden das Schwergewicht auf den ersten Einwand, weil der zweite Einwand sich unschwer formulieren lässt, wenn man einmal vom ersten überzeugt worden ist.

Der erste Einwand geht dahin, dass die Operation der Rechtsanwendung durch das Drei-Ebenen-Modell fehlerhaft charakterisiert wird. Nach letzterem ist die Rechtsanwendung, was immer sie sonst noch ist, im wesentlichen der Nachvollzug von bereits zuvor getätigten Setzungen oder Begründungen. Die Anwendung verhält sich gegenüber den damit vorgegebenen Maßstäben rezeptiv. Ließe sich ein Akt nicht im wesentlichen unter dem Gesichtspunkt des Nachvollzugs deuten, handelte es sich um keine Rechtsanwendung, sondern um Rechtsschöpfung. Wenn es nun eine Überzeugung gibt, die für die verschiedensten Varianten eines nachpositivistischen Rechtsdenkens charakteristisch ist, dann die, dass die gemeinsame Praxis der Regelanwendung nicht die vorweg bestimmte Regel auslegt, sondern vielmehr umgekehrt für deren Bedeutung konstitutiv ist.[14] Ich will hier nicht bei den Varianten verweilen, mit denen diese These vertreten wird, und auch nicht darauf eingehen, auf welche Art man versucht, sie mit dem, was sie scheinbar ausschließt, zu versöhnen, nämlich mit der Gesetzesbindung. Ich will an dieser Stelle nur andeuten, wie diese These meines Erachtens zu verstehen ist.[15] Gesetzliche Anordnungen werden von der Rechtsanwendung als *Zeichen* für etwas anderes genommen, nämlich als Zeichen für Rechtsregeln. Diese Rechtsregeln findet die Rechtsanwendung in den gesetzlichen Anordnungen nicht vor, sondern konstruiert deren Bedeutung aufgrund eines subtilen Systems von Unterscheidungen, mit dessen Hilfe sie die Signale, die vom Gesetzestext ausgehen, in Rechtsregeln übersetzt. Das Recht, mit dem die Rechtsanwendung operiert, ist, so gesehen, ihr eigenes Produkt. Überdies ist dieses Recht wegen einer bei jeder Regelanwendung obwaltenden elementaren Unentschiedenheit semantisch ungesättigt. Daraus folgt umgekehrt, dass die Regelanwendung letztlich eine Praxis ist, die sich zwar über ihren eigenen Vollzug aufklärt, aber dennoch als Praxis eben *vollzogen* werden muss, damit das Recht ein Bestimmtes sein kann. Dieses *dynamische Moment* der in der Praxis erzielten Konstruktion und Interpretation von Rechtsregeln ist daher aus nachpositivistischer Sicht von besonderem Interesse. Ich will es im Folgenden in aller gebotenen Kürze hervorheben und zeigen, dass man

14 Ein nachpositivistisches Verständnis der Rechtsanwendung findet man in den Arbeiten verschiedener Autoren ausformuliert, in denen allerdings auch unterschiedliche Akzente gesetzt werden. Siehe etwa für den deutschsprachigen Raum bei Friedrich Müller/Ralph Christensen, *Juristische Methodik*, 9. Aufl. Berlin 2004; Ralph Christensen, *Was heißt Gesetzesbindung? Eine rechtslinguistische Untersuchung*, Berlin 1989; Alexander Somek/Nikolaus Forgó, *Nachpositivistisches Rechtsdenken. Inhalt und Form des positiven Rechts*, Wien 1996. Vor allem in den Vereinigten Staaten ist der nachpositivistische Ansatz zum Ausgangspunkt höchst unterschiedlicher Rechtstheorien geworden. Siehe Stanley Fish, *Doing What Comes Naturally. Change, Rhetoric, and the Practice of Theory in Literary and Legal Studies*, Oxford 1989; Dennis Patterson, *Law and Truth*, Oxford 1996.

15 Siehe zum folgenden Alexander Somek, Von der Rechtserkenntnis zur interpretativen Praxis. Eine regelskeptische Verteidigung des Regelbegriffs in der Jurisprudenz, in: *Rechtstheorie* 23 (1992), 476-490.

ihm nicht mit dem Verdacht begegnen sollte, es beruhe auf etwas Irrationalem. Daran anschließend kann man zur Erörterung des zweiten Einwands fortschreiten.

Üblicherweise wird unter dem »Interpretieren« die *begriffliche* Ermittlung des Bedeutungsgehalts einer Regel verstanden. Aufgrund des Vorwaltens des eingangs skizzierten deduktiven Rechtsverständnisses wird gemeinhin übersehen, dass die Regelanwendung selbst eine Interpretation der Regel darstellt. Man nehme folgendes Beispiel. Die Vorschrift »Wer ein Verhalten setzt, das geeignet ist, die öffentliche Ruhe zu stören, ist mit einer Geldstrafe von 50 Euro zu bestrafen« werde auf jemanden angewandt, der in der Nacht auf der Straße gesungen hat. Die stattgefundene Subsumtion lässt sich auf zweierlei Arten verständlich machen. *Einerseits* kann sie so gedeutet werden, dass sie den beschriebenen Sachverhalt mit einem Element der im Tatbestand festgelegten Klasse von Verhaltensweisen identifiziert; *andererseits* ist es möglich, sie als Erläuterung des Umfangs dieser Elemente zu betrachten. Im ersten Fall wird das Singen in der Nacht als öffentliche Ruhestörung gedeutet, im zweiten Fall die öffentliche Ruhestörung am Beispiel des Singens in der Nacht exemplifiziert. Im einen Fall fungiert das *Verhalten* als ein Zeichen für ein Element der im Tatbestand festgelegten Klasse von Verhaltensweisen, im anderen Fall die *Formulierung des Tatbestandes* als Zeichen des Verhaltens. Dabei sind unterschiedliche Formen der Schlussfolgerung im Spiel. Im ersten Fall wird *deduktiv* von der implizit zur Erläuterung des Tatbestandes der Ruhestörung angenommenen weiteren Regel »Wer in der Nacht singt, der stört die öffentliche Ruhe« und dem Vorliegen des Falles, der vom Tatbestand dieser erläuternden Regel umfasst ist, auf die Regelfolge geschlossen. Das Verhalten der Person wird aufgrund dieser Regel als öffentliche Ruhestörung klassifiziert. Der Vollzug dieser Deduktion setzt freilich voraus, dass ebendiese weitere Regel, durch welche die Strafnorm über öffentliche Ruhestörungen erst anwendbar wird, bereits feststeht und gilt. Im anderen Fall wird eine Überlegung vollzogen, die man mit Peirce als »abduktive« oder »*retroduktive*« Schlussfolgerung charakterisieren kann,[16] obwohl es sich bei der Retroduktion nicht

16 Siehe dazu Charles Sanders Peirce, *Reasoning and the Logic of Things* (1898), hrsg. v. K.L. Ketner, Cambridge (Mass.)/London 1992, 139-142. (Dt.: *Das Denken und die Logik des Universums. Die Vorlesungen der Cambridge Conferences von 1898*, Frankfurt/M. 2002.)

eigentlich um einen Schluss, sondern um die hypothetische Einführung einer Regel handelt. Während man bei der *Deduktion* vom verwirklichten Tatbestand der Regel zur notwendigen (rechtlichen) Folgerung gelangt und bei der *Induktion*, die für Juristen nur von geringem Interesse ist, vom Auftreten zweier Ereignisse auf die Wahrscheinlichkeit ihres Wiederauftretens schließt, wird bei einer Retroduktion ausgehend von einem Sachverhalt eine Regel angenommen, um auf die Verwirklichung des Tatbestands (bzw. »Falls«) der Regel zu schließen. Es wird von dem Umstand, dass ein Verhalten vorliegt, das aufgrund seiner Merkmale den Eindruck erweckt, eine öffentliche Ruhestörung zu sein, darauf geschlossen, dass unter der Annahme einer Regel (eines »Bezugsrahmens«)[17] über die Fälle der öffentlichen Ruhestörung *genau dieses Verhalten* ein Element der im Tatbestand umschriebenen Klasse von Verhaltensweisen der öffentlichen Ruhestörung darstellt. Vom Exempel wird solcherart auf die Regel geschlossen.

Retroduktionen sind Hypothesen. Mit ihnen lassen sich, wie Peirce sagt, »neue Ideen« einführen. Auf diese Weise zu verfahren, ist zwar zweifelsfrei kreativ, aber das allein repräsentiert in der interpretativen Praxis rechtlichen Wissens noch keinen Grund, der dazu hinreichte, eine Interpretation zu rechtfertigen. Eine solche Rechtfertigung lässt sich etwa durch die Anwendung einer Interpretationsmethode beibringen – also durch die Beachtung einer so genannten methodischen Regel. Eine solche Regel besagt etwa, dass man sich zur Klärung der Bedeutung von Anordnungen in »Materialien« zu versenken habe, aus denen sich die Intention des Organs, das die Regel erlassen hat, erschließen lasse. In solchen Materialien mag man nun etwa den Hinweis darauf finden, dass mit »öffentlicher Ruhestörung« jede Form von »nicht mit dem ordentlichen Betrieb von Kraftfahrzeugen verbundene, von Maschinen und Motoren ausgehende Erregung von Lärm, weiters der Betrieb von Kofferradios, oder lautstarkes Geschrei bzw. Singen« gemeint sei. Ob freilich das »Singen in der Nacht« mit dem »lautstarken Singen« gleichzusetzen ist, lässt sich daraus *nicht deduzieren*. Es lässt sich bloß die Hypothese aufstellen, dass das Singen in der Nacht ein Fall einer allgemeinen Regel ist, deren Resultat in der Ruhestörung besteht. Diese Regel bei der Rechtsanwendung zu *konstruieren*, wird

17 Siehe dazu Umberto Eco, *Semiotik und Philosophie der Sprache*, München 1985, 68.

durch die genannten Beispiele motiviert sein. Man hat, wenn man bestimmte, nicht genannte Verhaltensweisen bedenkt, den Eindruck, dass die eine oder andere mitgemeint ist, aber man verfügt letztlich über keine zwingende Rechtfertigung. Dieser Mangel an begrifflicher Rechtfertigung bedeutet nicht, dass man bei der Regelkonstruktion einen Fehler begeht. Jenseits der begrifflichen Explikation biegt sich der Wittgensteinsche Spaten zurück.[18] Man handelt aufgrund dessen, was man implizit weiß, wobei dies bereits dann nicht mehr gewusst wird, wenn man versucht, es explizit zu machen, weil es diesfalls seine Qualität einbüßt, implizites Wissen zu sein.[19] Die Praxis wird vollzogen und konstruiert die Regel, die sie im selben Zug auslegt. Diese elementare Indifferenz von Konstruktion und Nachvollzug gilt für jedes Regelfolgen. Ob das als öffentliche Ruhestörung verpönte »lautstarke Singen« genau »dieses Singen« ist, folgt nicht analytisch aus dem Begriff. Wir wissen es oder wissen es nicht, und sollten wir es nicht wissen, werden begrifflich explizite Interpretationen erforderlich, deren Überzeugungskraft aber letztlich auf etwas beruht, mit dem wir auf genau dieselbe unbegriffliche Art vertraut sind wie mit dem sozialen Faktum, dass das Singen in der Nacht eine öffentliche Ruhestörung ist. Stanley Cavell spricht in diesem Zusammenhang nicht unelegant von der »Unheimlichkeit des Vertrauten« (*uncanniness of the ordinary*).[20]

Damit kann ich bereits zum zweiten Einwand übergehen, der besagt, dass das Drei-Ebenen-Modell der Rechtsanwendung deswegen nicht deren bestmögliche Rechtfertigung in Aussicht zu stellen vermag, weil es den Vorgang der Rechtsanwendung missdeutet. Der dynamischen Interpretation durch den Praxisvollzug ist zunächst nicht anzusehen, dass sie auf Hypothesen beruht. Der retroduktive Charakter bestimmter Akte des Verstehens wird erst dann sichtbar, wenn die ihren Vollzug umgebenden Gewissheiten zerfallen und dabei das, was bislang implizit geblieben ist, explizit gemacht und begrifflich durchdrungen wird. Gleichwohl wäre, wenn alle praktischen Gewissheiten auf einmal zerfielen, überhaupt nichts mehr zu

18 Siehe Ludwig Wittgenstein, *Philosophische Untersuchungen*, 3. Aufl. Frankfurt/M. 1983, §§ 201, 206, S. 128-129.

19 Siehe dazu Jürgen Habermas, *Faktizität und Geltung. Beiträge zur Diskurstheorie des Rechts und des demokratischen Rechtsstaats*, Frankfurt/M. 1992, 38-39.

20 Siehe Stanley Cavell, *In Quest of the Ordinary. Lines of Skepticism and Romanticism*, Chicago/London 1988, 153-178.

wissen. Daher kann die Praxis der Regelanwendung, auch wenn es in ihr gleichsam immer »heller« wird, den Kreis der Retroduktion nicht verlassen. Deduktionen haben stets, damit sich die Prämissen in eine Linie mit dem vorliegenden Fall bringen lassen, Retroduktionen zur Voraussetzung – selbst dann, wenn die Hypothese bloß darin besteht, dass der vorliegende Fall mit allen bisher entschiedenen in den wesentlichen Hinsichten »gleich« ist. Das deduktive Modell rechtlichen Wissens existiert daher nur auf dem Papier. Daraus kann wenigstens eine zweifache Lehre gezogen werden. Erstens operiert der gesamte Interpretationsprozess bis hin zur Anwendung von Interpretationsmethoden mit bloßen Bedeutungshypothesen, die mehr oder weniger verfestigt sein können. Sie sind unentbehrlich, weil nur durch sie die Bedeutung von Regeln »klar« werden kann. Zweitens ist ersichtlich, dass die Bedeutung von Rechtsregeln, die von der Anwendung bloß nachzuvollziehen wäre, eben nicht aus einer vorgeblichen Rechtserkenntnis bezogen werden kann, weil die als Gegenstand der Rechtserkenntnis gedachte Regelbedeutung dem Prozess der Interpretation entzogen bleibt. Die Rechtsanwendung hat sich vielmehr selbst zu tragen. Wer daher meint, die Rechtsanwendung sei in Rechtserkenntnis zu fundieren, der wählt schon deswegen nicht den bestmöglichen Weg der Rechtfertigung, weil dieser Weg nicht zum selbstgesteckten Ziel führt. Damit soll nicht behauptet werden, dass bei der Rechtsanwendung auf Hypothesen über die Bedeutung von gesetzlichen Anordnungen oder auf die Anknüpfung an sie verzichtet werden könnte; allerdings sind sie für die Rechtfertigung der Praxis der Rechtsanwendung nicht von derart zentraler Bedeutung, wie dies wenigstens von den rechtspositivistischen Spielarten des Drei-Ebenen-Modells nahegelegt wird. Die Hauptlast der Rechtfertigung wird vielmehr von der Modalität getragen, mit der die Rechtsanwendung *immanent* die autoritativen Rechtstexte zu Rechtsregeln schematisiert. Dieser Vorgang der Übersetzung von gesetzlichen Anordnungen in Rechtsregeln vermag sich letztlich nur aus der Substanz des betreffenden Rechtsgebiets zu rechtfertigen. *Wie* etwa die Regelbildung im Bereich der Grundrechte vorzugehen hat, erschließt sich daher nur unter Rückgriff darauf, *was* die Grundrechte eigentlich sind. Mit Blick auf den Rechtsinhalt hat sich daher auch der idealisierende Anspruch auf richtige Regelanwendung gegenüber dem retroduktiven Praxisvollzug zu behaupten.

Es ist also unschwer einzusehen, worauf der zweite Einwand hinausläuft. Er besagt, dass sich im Drei-Ebenen-Modell die fehlerhafte Deutung des Akts der Rechtsanwendung auf eine irreführende Vorstellung von Rechtfertigung überträgt. Die Rechtsanwendung findet nicht in einer rezeptiven Rechtserkenntnis ihre vermeintliche Basis. Wegen des bloß scheinbaren Charakters der Rechtfertigung bietet das Drei-Ebenen-Modell dem Eingreifen von Entlastungen und Rationalisierungen einen übermäßig großen Entfaltungsraum. Die Entlastung von Reflexivität ist an sich nicht zu beanstanden. Denn es wäre zum mindesten verwegen anzunehmen, dass sich die Rechtsanwendung nur dann in »Bestform« befindet, wenn sie sich der philosophischen Reflexion überlässt. Allerdings darf eine solche Reflexion nicht systematisch ausgeschlossen oder von vornherein als ohnedies folgenlos erachtet werden. Zu dieser Schlussfolgerung kann man allerdings gelangen, wenn man das Drei-Ebenen-Modell für die praktische Selbstdeutung der Rechtsanwendung heranzieht (auch wenn diese Konsequenz vom Modell zunächst nicht intendiert ist).

Das im folgenden in groben Umrissen zu skizzierende alternative Modell, vorhandene Rechtfertigungsmöglichkeiten zu deuten, ergreift die Option, die Praxis der Regelanwendung aus derjenigen Perspektive zu betrachten, auf die mit der Forderung nach Rechtfertigung abgestellt wird. Dieser Perspektive korrespondieren die allgemeinen Legitimitätsbedingungen des Rechts, wie sie in dem Typus von politischer Philosophie formuliert werden, die man seit Kant als »kontraktualistisch« bezeichnen kann.[21] Demnach sollen sich Akte der Rechtsanwendung letztlich aus der Perspektive derjenigen, die von ihnen betroffen sind, vernünftigerweise nicht ablehnen lassen. Der Adressat des Rechts sollte, wenn er das Recht beachtet, der eigenen Vernunft folgen. Bei der Entwicklung eines formalen Deutungsschemas kann diese Bedingung als erfüllt gelten, wenn die Gründe für den Rechtsgehorsam als (personen-relative) *Handlungsgründe* dargestellt werden. Nun zielt die Begründung einer Rechtsanwendung freilich darauf ab, eine akzeptable *Rechtsregel* zur Geltung zu bringen. Die Rechtsregeln sind die Medien, den Anspruch der Entscheidung, auf einem akzeptablen Grund zu beru-

21 Siehe dazu T.M. Scanlon, Contractualism and Utilitarianism, in: J. Rajchman/C. West (Hrsg.), *Postanalytic Philosophy*, New York 1985, 214-243.

hen, zum Ausdruck zu bringen. Da nun mit der Perspektive des Adressaten die Richtung markiert ist, in die sich die Rechtfertigung zu bewegen hat, sollten sich *Rechtsregeln als vernünftige Handlungsgründe oder Kombination von Handlungsgründen* darstellen lassen.[22] Der Interpretationsprozess, in dem Rechtsregeln entwickelt werden, wäre folglich derart zu strukturieren, dass er darauf bezogen bliebe, für die Adressaten die vernünftigen Gründe zur Geltung zu bringen, die dafür sprechen, sich wie angeordnet zu verhalten. Auf diese Weise ließe sich die Perspektive des Rechtssystems jederzeit in die Perspektive des Adressaten konvertieren.

Dies verpflichtet zu einer bestimmten Form, den juristischen Interpretationsprozess zu deuten und zu strukturieren. An dieser Form wird gleichwohl auch sichtbar, dass die juristische Begriffsbildung von Beginn an für die relevante sachliche Problematik offen zu sein hat. Um die Aufgabe zu bewältigen, Praktiken der Rechtsanwendung sachlich die bestmögliche Rechtfertigung zu verleihen, wird man demgemäß mit der Identifikation von Rechtsquellen oder der Angabe von formalen Maßstäben methodischer Art das Auslangen nicht finden. Daher kann es nicht, wie das Drei-Ebenen-Modell prätendiert, *eine* methodisch disziplinierte Rechtswissenschaft geben, sondern nur mehrere bereichsspezifische *Dogmatiken*, die in der Sache durchaus unterschiedlich ausfallen können. Die interpretative Konstruktion des Vertragsrechts wird ein anderes Gesicht zeigen, je nachdem, ob man die Abschluss- und die Inhaltsfreiheit als beschränkbare Garantien freier Willkür *oder* als Mittel begreift, ein System des Güterverteilung hervorzubringen, das Wahlfreiheit nur dann einräumt, wenn diese Freiheit auch von beiderseitigem Wert ist. Solche Vorstellungen über die zu interpretierende Sache manifestieren sich nicht zuletzt im Stellenwert, der einzelnen klassifikatorischen Kategorien beigemessen wird – etwa wenn Phänomene wie Preisregelungen, Kontrahierungszwang oder die Ordnungsfunktion des dispositiven Rechts im Verhältnis zur Vertragsfreiheit als Ausnahmen oder als prinzipiell gleichwertige Instrumente eines Systems des fairen Güteraustauschs betrachtet werden. In jedem Fall geht es darum, *wie* die Praxis der Rechtsanwendung vorliegende gesetzliche Regelungen deutet und zur Konstruktion von Rechtsre-

22 Siehe dazu Alexander Somek, *Rechtssystem und Republik. Über die politische Funktion des systematischen Rechtsdenkens*, Wien/New York 1992, 371-374.

geln heranzieht, um der Praxis der Rechtsanwendung die bestmögliche Rechtfertigung verleihen zu können. Die Wahl der Form verengt sich letztlich auf ein substantielles Problem, weil sie sich nur vornehmen lässt, wenn man sich vergegenwärtigt, was das Rechtsgebiet, das zur Interpretation ansteht, *bedeutet*. Dieses Bedeutungswissen vermittelt die Philosophie.

Im Ergebnis wird damit für etwas eingetreten, das zunächst wenigstens altmodisch anmuten muss, nämlich für den *juristischen Konstruktivismus*.[23] An ihm führt kein Weg vorbei. Er ist seit dem Beginn unseres Jahrhunderts verpönt, und seiner traditionellen begriffsjuristischen Einkleidung muss man in der Tat keine Träne nachweinen.[24] Wenn man ihren Kritikern glauben darf, dann hat sich die Begriffsjurisprudenz dort mit vorgeblichen begrifflichen Notwendigkeiten begnügt, wo moralische Argumente gefragt gewesen wären. Aber aus diesem Missgriff kann man immerhin lernen, dass die Kondensation der Rechtsmaterialien in juristische Begriffe den moralisch relevanten Teil der Praxis der Jurisprudenz darstellt – oder wie man heute sagen würde: den Kern der »Rechtsethik«. Daraus kann man immerhin den Schluss ziehen, dass diejenigen, die sich für den Zusammenhang von Rechtsphilosophie und Rechtsanwendung interessieren, sich weniger an die Methodenlehre und Rechtstheorie halten sollten, sondern besser beraten sind, etwa den Allgemeinen Teil des Zivilrechts zu studieren und dabei zu beobachten, wie er gemacht worden ist. Die juristische Begriffsbildung ist ein Problem der politischen Philosophie (also demjenigen Zweig der Philosophie, der sich mit der Legitimität von Herrschaft und der Verteilung sozialer Güter und Lasten beschäftigt).

Die Ordnung der Gründe

Das sich damit abzeichnende Alternativmodell versteht sich als Beitrag zu einer interpretativen Praxis, der einer Selbstdeutung der Rechtsanwendung entspringt. Das Alternativmodell ist bestrebt, so-

23 Siehe dazu W. Krawietz (Hrsg.), *Theorie und Technik der Begriffsjurisprudenz*, Darmstadt 1976. Für Rehabilitierungen aus jüngerer Zeit siehe Olivier Jouanjan, *L'esprit de l'Ecole historique du droit*, Straßburg 2004; Hans-Peter Haferkamp, *Georg Friedrich Puchta und die ›Begriffsjurisprudenz‹*, Frankfurt/M. 2004.

24 Siehe mit weiteren Nachweisen bei Somek, *Rechtssystem* (oben Anm. 22), 171-179.

wohl, was diese Selbstdeutung angeht, der Praxis angemessen zu sein, als auch den darauf aufbauenden Zielbestimmungen den bestmöglichen Weg der Rechtfertigung zu weisen. Es ist daher rekursiv und reflexiv auf die Praxis der Rechtsanwendung bezogen.[25]

Im folgenden soll gezeigt werden, wie sich der konstruktive Prozess juristischer Regelbildung aus der Perspektive der Rechtfertigung darstellt, indem man Rechtsregeln als Gründe des Verhaltens deutet. Dies verbindet zur Befassung mit der *juristischen Klassifikation*. Dabei handelt es sich um diejenige Zone der Begriffsbildung, die dazu dient, den Anwendungsbereich von Rechtsregeln durch die Entwicklung von Kriterien der Regelkonformität festzulegen. Die formale Struktur von Klassifikationen lässt sich anhand der internen Differenzierung von Handlungsgründen verständlich machen.[26] Zu diesem Zweck ist es günstig, zunächst einmal zwei Ebenen von Gründen zu unterscheiden.

Gründe *erster Ordnung* sind unmittelbar handlungsrelevant. Sie geben an, was man tun darf, tun soll oder – im Sinne eines hypothetischen Imperativs[27] – wenigstens tun sollte. Gründe *zweiter Ordnung* enthalten eine Stellungnahme zur normativen Qualität dieser Relevanz.[28] Mit ihnen wird, sofern es sich um *ausschließende Gründe* handelt, dargelegt, welche Gründe (zweiter Ordnung) dafür sprechen, in bestimmten Fällen ein Verhalten nicht von der abwägenden Berücksichtigung unterschiedlicher Gründe erster Ordnung abhängig zu machen, sondern einem bestimmten, als gültig betrachteten Grund zu folgen.[29] Das Tötungsverbot besagt demnach nicht bloß, dass *prima facie* kein Grund besteht, einen anderen Menschen zu töten, sondern dass kein anderer Grund, aus dem man einen anderen

25 Es will verständlich machen, was die Rechtsanwendung als eine Praxis bedeutet, die in ihrem Vollzug nach ihrer bestmöglichen Rechtfertigung strebt, und der Formulierung von tauglichen Rechtfertigungsversuchen den Weg ebnen.

26 Siehe zum folgenden Joseph Raz, *Practical Reason and Norms*, Princeton [2]1990, 32, 36, 39; Somek, *Rechtssystem* (oben Anm. 22), 361-375.

27 Siehe Immanuel Kant, *Kritik der praktischen Vernunft*, in: ders., *Werkausgabe*, hrsg. v. W. Weischedel, Frankfurt/M. 1968, Bd. 7, 126 (A 37).

28 Siehe Joseph Raz, Legitimate Authority, in: ders., *The Authority of Law. Essays on Law and Morality*, Oxford 1979, 3-27, hier: 17.

29 Raz, *Practical Reason* (oben Anm. 26), 39, präzisiert die Unterscheidung folgendermaßen: »A *second-order reason* is any reason to act for a reason or to refrain from acting for a reason. An *exclusionary reason* is a second-order reason to refrain from acting for some reason.«

Menschen töten würde (Rachsucht, Habgier, Lust an der Grausamkeit als solcher), beachtet werden darf, abgesehen von den besonderen Umständen, die beispielsweise in Fällen der Notwehr oder wegen der Erteilung eines militärischen Befehls vorliegen.[30]

Ausschließende Gründe erfüllen demgemäß eine andere Funktion als Gründe erster Ordnung.[31] Während man bei der Erwägung von Gründen erster Ordnung darauf abstellt, in einer Handlungssituation dem Grund zu folgen, der bei Beachtung aller Umstände die größte Überzeugungskraft hat, gebieten ausschließende Gründe, keine anderen Gründe zu erwägen und nur demjenigen zu folgen, der vom entsprechenden Ausschluss ausgeschlossen bleibt.[32] Das legale Tötungsverbot beansprucht damit, auf einer Erwägung zu beruhen, die sich vernünftigerweise nicht ablehnen lässt und ihre Pointe darin findet, einen bestimmten Grund erster Ordnung durch einen ausschließenden Grund gegenüber der Erwägung anderer Gründe abzuschirmen. Wenn überhaupt, dann lässt sich der juristische Begriff der »Geltung« unter Rekurs auf diese exkludierende Funktion aufklären. Man orientiert sich an der *Geltung* eines Handlungsgrundes (und *nicht* an dessen sachlicher Überzeugungskraft), wenn man ihm folgt, ohne andere Gründe in Erwägung zu ziehen und die exkludierende Funktion der Geltung selbst als legitimierenden Grund des Verhaltens betrachtet.[33]

Die Art und Weise, wie die exkludierende Funktion des Grundes zweiter Ordnung konzipiert wird, ist der Prüfstein der Legitimität

30 Daraus ist ersichtlich, dass durch einen Grund zweiter Ordnung nicht die Beachtung jedes Grundes erster Ordnung ausgeschlossen wird.

31 Siehe dazu Raz, *Practical Reason* (oben Anm. 26), 41, 74.

32 Damit wird der Auffassung von Raz entgegengetreten, wonach Entscheidungen oder Regeln sowohl Gründe erster Ordnung als auch ausschließende Gründe darstellen. Siehe ebd., 42, 66. Dadurch wird die begriffliche Erfassung des in Rede stehenden Sachverhalts verdunkelt.

33 Dass die kraft Exklusion hergestellte »Geltung« den Grund darstellt, sich an einem bestimmten Grund zu orientieren, wird in den Analysen von Raz nicht weiter aufgeklärt. Er meint, eine Entscheidung oder eine Regel bilde sowohl einen Grund erster Ordnung als auch einen ausschließenden Grund zweiter Ordnung. Siehe Raz, *Practical Reason* (oben Anm. 26), 71, 76-77. Dadurch wird die Sachlage verdunkelt, dass es sich bei der Geltung allein um einen (ausschließenden) Grund zweiter Ordnung handelt, der dazu verbindet, aufgrund eines bestimmten Grundes erster Ordnung – »regardless of the merits of the case« – zu handeln, wobei dieser Grund erster Ordnung aus dem Inhalt einer Entscheidung oder einer allgemeinen Handlungsregel bestehen kann.

des Rechts. Sollte man dabei zu einem sachlich inakzeptablen Ergebnis gelangen, könnte man freilich noch immer erwägen, ob die Geltung des ausschließenden Grundes zu suspendieren oder aufzuheben ist. Das mag dann der Fall sein, wenn nicht gewichtige Gründe dafür bestehen, im Zweifel an der Rechtsgeltung des Grundes festzuhalten. Je rigider allerdings die Geltung im Verhältnis zu sachlichen Gründen konzipiert ist – und das Rechtssystem bietet oftmals Beispiele für hohe Rigidität –, um so eher können Geltung und Vernünftigkeit auseinanderfallen.

Die Unterscheidung von Gründen erster und zweiter Ordnung ermöglicht es, die angewendeten *Rechtsregeln*, die das konstruktive Produkt der juristischen Klassifikation darstellen, durchgängig aus der Perspektive des Adressaten zu betrachten, der diese Regeln vernünftigerweise nicht ablehnen sollte. In ihrer verbindlichen Gestalt beruhen Rechtsregeln auf einem sanktionsbewehrten Handlungsgrund zweiter Ordnung, der besagt, man dürfe bei gleichbleibenden Umständen aus keinem anderen Grund handeln als aus dem in einer Verhaltensregel ausgedrückten generellen Konditional.[34] Wenn das Tötungsverbot gilt, darf man eben nicht bloß nicht töten, sondern auch keinen anderen (moralischen oder religiösen) Grund beachten, der für die Tötung eines anderen Menschen sprechen könnte. Aus dieser Sicht lässt sich auch die interne Struktur des Rechtssystems rekonstruieren. Diejenigen Regeln des Rechts, welche die korrekte Erzeugung des geltenden Rechts selbst regulieren, stellen im Verhältnis zum (generellen) Handlungsgrund, dessen Geltung durch sie begründet wird, den Grund zweiter Ordnung dar, durch den die Beachtung anderer (wenn auch vielleicht nicht aller) Handlungsgründe ausgeschlossen wird. Darüber hinaus werden durch sie alle anderen Gründe ausgeschlossen, den mit der Geltung begründeten Ausschluss aufzuheben, mit Ausnahme des Verfahrens, das vom Rechtssystem für die Erzeugung von Regeln dieses Typs vorgesehen ist.[35] Insofern *vergegenwärtigt* sich die Praxis der Regelanwen-

34 Raz vereinfacht diesen Sachverhalt auf eine Weise, die ihn obskur erscheinen lässt: »Following a rule entails its acceptance as an exclusionary reason for not acting on conflicting reasons even though they may tip the balance of reasons«. Raz, *Practical Reason* (oben Anm. 26), 62.

35 Die Reichweite des Ausschlusses anderer Gründe ist freilich nicht unbegrenzt, weil sie, wie im Beispielsfall, Fälle wie die Notwehr oder die Befolgung eines militärischen Befehls nicht einschließt.

dung in jeder Rechtsregel die systematischen Grundlagen der Rechtsgeltung. Da diese unterschiedlich gefasst werden können, ist auch die Konzeption der Rechtsregel als variabel zu erachten.

Vor dem Hintergrund dieser elementaren Unterscheidung von Gründen lässt sich unschwer zeigen, dass die juristische Begrifflichkeit sich als ein *Übersetzungsmanual* deuten lässt,[36] mit dem Anordnungen vermittels der Konstruktion von Rechtsregeln aus der Sprache der Politik in die Sprache des Rechts übertragen werden.[37] Dafür lässt sich kaum ein besseres Beispiel finden als die abwehrrechtliche Konstruktion der Grundrechte. Im Folgenden kommt es mir darauf an herauszustellen, dass sich philosophisch gehaltvolle Vorverständnisse an der Konstruktion der Rechtsregeln geradezu ablesen lassen.

Wenn in einer Grundrechtsnorm ein Verhalten als »frei« bezeichnet wird, dann bedeutet dies in dogmatisch konstruierter Form, dass es Menschen deswegen erlaubt ist, den implizit bezeichneten Aktivitäten nachzugehen, weil sie Vorrang vor denkbaren ausschließenden Gründen genießen. Es ist demnach den staatlichen Organen verwehrt, für Situationen, in denen solche Aktivitäten entfaltet werden, Gebote oder Verbote zu erlassen. Aufgrund des darin enthaltenen *Ausschlusses ausschließender Gründe*[38] stellen sich die Aktivitäten als »erlaubt« dar.[39] Was durch diese doppelte Negation hergestellt wird, lässt sich an einem einfachen Beispiel erläutern.

Nehmen wir an, jemand hat den Wunsch, im Rahmen einer öf-

36 Siehe dazu vor allem bei Donald Davidson, On the Very Idea of a Conceptual Scheme, in: ders., *Inquiries into Truth and Interpretation*, Oxford 1984, 183-198, hier: 195-197. (Dt.: Was ist eigentlich ein Begriffsschema, in: ders., *Wahrheit und Interpretation*, Frankfurt/M. 1990, 261-282.)

37 Für die klassische konstruktivistische Idee siehe bei Somek, *Rechtssystem und Republik* (oben Anm. 22), 137-140. Siehe auch Luhmann, *Recht der Gesellschaft* (oben Anm. 10), 80, 121-122.

38 Es bedarf keiner weiteren Hervorhebung, dass der Ausschluss ausschließender Gründe, insofern letztere sich als Gründe zweiter Ordnung darstellen, selbst einen Grund zweiter Ordnung darstellt. Er umschreibt den Geltungsmodus der Grundrechte. Der Begriff des Grundes zweiter Ordnung ist rein relationaler Natur. Ein Grund ist stets nur im Verhältnis zu einem anderen Grund ein Grund zweiter Ordnung, unabhängig davon, ob dieser Grund für einen anderen einen Grund (zweiter oder dritter) Ordnung darstellt.

39 Siehe zur im einzelnen komplexeren Struktur bei Raz, *Practical Reason* (oben Anm. 26), 90-91. Ich vernachlässige im folgenden den Umstand, dass Grundrechte auch Kompetenznormen sind. Siehe bloß Alexy, *Theorie der Grundrechte*, Baden-Baden 1985, 220-221.

fentlichen Versammlung, die der Erinnerung an den Holocaust gewidmet ist, ein Transparent zu entrollen, das an die Zahl der in Vernichtungslagern getöteten Homosexuellen erinnert. Sich diesen Wunsch zu erfüllen, ist ein Handlungsgrund erster Ordnung. Nehmen wir weiterhin an, das Versammlungsgesetz sehe vor, dass die Ordnungsbehörde zum Schutz der Versammlung unter anderem auch dann ein Verhalten zu unterbinden hat, wenn dies der Veranstalter einer Versammlung ausdrücklich wünscht. Konstruiert man diese gesetzliche Bestimmung aus dem Horizont der Handlungsgründe eines möglicherweise betroffenen Grundrechtsträgers, dann gibt sie sich als Handlungsgrund zweiter Ordnung zu erkennen, der für Teilnehmer an einer Versammlung die Orientierung an anderen Handlungsgründen ausschließt, außer an demjenigen, der besagt, man habe auf einer Versammlung kein Verhalten zu setzen, das dem Veranstalter missfallen könnte. Wenn es nun in unserem Beispielsfall der Veranstalter der Versammlung unangemessen fände, dass eine bestimmte Gruppe die Versammlung dazu verwendet, um durch das Entrollen eines Transparents auf das Schicksal der Homosexuellen aufmerksam zu machen, hätte die Sicherheitspolizei auf seinen Wunsch dieses Transparent zu entfernen. Die betroffenen Personen könnten daraufhin eine Maßnahmenbeschwerde erheben, die sich gewiss darauf stützen würde, dass die angewandte Rechtsregel wegen einer Verletzung des Grundrechts auf Versammlungsfreiheit (im Wirkungsverbund mit der Freiheit der Meinungsäußerung und dem Gleichheitssatz) verfassungswidrig sei. Zu entscheiden wäre somit über die Gültigkeit dieser Regel, also darüber, ob der Ausschluss anderer Handlungsgründe als desjenigen, sich bei Versammlungen möglichst zum Wohlgefallen des Veranstalters zu verhalten, nicht selbst wiederum durch die mit dem Grundrecht bezeichnete Regel ausgeschlossen wäre. Davon darf zweifelsfrei ausgegangen werden.

An dem Beispiel wird deutlich, dass eine Grundrechtsnorm durch den Ausschluss ausschließender Gründe jene *Indifferenz* sowohl gegenüber der Ausführung der geschützten Aktivität als auch gegenüber den Gründen, aus denen sie ausgeführt wird, etabliert, die zum Markenzeichen des klassisch liberalen Freiheitsverständnisses geworden ist.[40] Allerdings ist diese Indifferenz als (affirmative)

40 Siehe dazu bloß Walter Berka, Der Freiheitsbegriff des ›materiellen Grundrechts-

Bezugnahme auf die »natürliche Freiheit« gedeutet worden.[41] Die konstruktivistische Sicht kann an diesem Punkt darüber aufklären, dass diese »natürliche Freiheit« nichts anderes als das heterogene Produkt einer doppelten Negation darstellt. Freilich obwaltet in ihr auch eine nicht unbeachtliche *Asymmetrie*. Weil es um den Ausschluss ausschließender Handlungsgründe geht, sind bei der Bestimmung des effektiven Garantiebereichs der Grundrechte diejenigen Handlungsgründe – also öffentliche Interessen – zu bestimmen, die von einem solchen Ausschluss nicht erfasst sind, während die Gründe, aus denen die Bürger ihre Handlungsfreiheit wahrnehmen, unbestimmt bleiben. Dem Schutz des »äußeren« Verhaltens korreliert die Beliebigkeit der Gründe. Die solcherart mit der Grundrechtsnorm *konstruierte* Indifferenz versetzt die geschützte Freiheit in einen relativ amorphen Zustand.[42] Auch dies wird gerne mit der vorgeblichen »Natürlichkeit« der Freiheit verwechselt,[43] selbst wenn erkannt wird, dass dieser »vorstaatliche« Charakter der Freiheit sich darin erschöpft, »[...] dass ihr Gebrauch gegenüber dem Staat nicht gerechtfertigt werden muss«.[44]

Die aus dem Ausschluss ausschließender Gründe resultierende Erlaubnis, sich an unterschiedlichsten Handlungsgründen zu orientieren, wird von der Grundrechtsdogmatik als Erlaubnis in einem

verständnisses‹, in: *Für Staat und Recht* (Schambeck-FS), hrsg. v. J. Hengstschläger et al., Berlin 1994, 339-347, hier: 341-342.

41 Siehe die Verteidigung des Begriffs der »natürlichen Freiheit« für das Eingriffsschema bei Gertrude Lübbe-Wolf, *Die Grundrechte als Eingriffsabwehrrechte. Struktur und Reichweite der Eingriffsdogmatik im Bereich staatlicher Leistungen*, Baden-Baden 1988, 85.

42 Siehe dazu Dieter Suhr, Freiheit durch Geselligkeit, in: *Europäische Grundrechtezeitschrift* 11 (1984), 529-546, hier: 530, der den negativen Freiheitsbegriff des abwehrrechtlichen Grundrechtsverständnisses als »inhaltslos, strukturlos und informationsarm« bezeichnet und demgemäß festhält (ebd., 532): »Der freie Mensch selbst bestimmt Thema, Inhalt und Richtung seiner Freiheit.« Das ist auch historisch als Schutzgut der Grundrechte durchaus ernst zu nehmen, denn dieses bestand und besteht zunächst in der Ermächtigung zum beliebigen Gebrauch der Freiheit. So Dieter Grimm, Die Grundrechte im Entstehungszusammenhang der bürgerlichen Gesellschaft, in: *Die Zukunft der Verfassung*, Frankfurt/M. 1991, 67-100, hier: 69.

43 Bernhard Schlink, Freiheit durch Eingriffsabwehr. Rekonstruktion der klassischen Grundrechtsfunktion, in: *Europäische Grundrechtezeitschrift* 11 (1984), 457-468, hier: 457.

44 Ebd., 467.

starken Sinne verstanden.[45] Sie beruht nicht (und darin deutlich anders als der negative Status Jellineks[46]) bloß auf der Abwesenheit eines Verbotes oder Gebotes, sondern auf dem rechtlichen *Unvermögen* von Gesetzgebung und Vollziehung – aus näher zu bestimmenden Erwägungen, die Gründe erster Ordnung darstellen – die grundrechtlich garantierte Freiheit durch die Verhängung ausschließender Handlungsgründe zu beschränken. Da das hoheitliche Handeln des Staates aufgrund der formellen Schutzfunktion der Grundrechte über eine gesetzliche Grundlage zu verfügen hat, ist es dem Staat aber auch *verboten*, in einem Bereich zu handeln, in welchem er die rechtliche Grundlage für sein Handeln nicht herzustellen vermag.[47] Dieses Verbot, das sich schützend vor den durch das rechtliche Unvermögen des Staates geschaffenen Status der Nicht-Subjektion (»immunity«) stellt, wird mit dem ihm korrespondierenden subjektiven Recht verknüpft, an der Ausführung des grundrechtlich erlaubten Verhaltens nicht gehindert zu werden.[48] Diese Kombination von Unvermögen und Verbot verleiht der grundrechtlich geschützten Freiheit die Aura der »Unverfügbarkeit«.[49]

45 Siehe zu diesen »strong permissions« Raz, *Practical Reason* (oben Anm. 26), 86, 89. Eine »schwache Erlaubnis« liegt dann vor, wenn ein Verhalten mangels eines Verbotes freigestellt ist. Demgegenüber verbietet die »starke« Erlaubnis die Beachtung von Gründen, eine Handlungsweise zu untersagen: »[...] [A] person may be permitted to ϕ, despite the existence of a strong reason for not ϕ-ing, if there are reasons to exclude the reasons for not ϕ-ing, or at least to exclude some of them so that those not excluded do not outweigh the reasons for ϕ-ing« (ebd., 89). Siehe auch die Andeutungen bei Alexy, *Theorie der Grundrechte* (oben Anm. 39), 207-208.

46 Siehe Georg Jellinek, *System der subjektiven öffentlichen Rechte*, 2. Aufl. Tübingen 1905 46, 49, und die präzise Rekonstruktion bei Alexy, *Theorie der Grundrechte* (oben Anm. 39), 233-236.

47 Zur wechselvollen Geschichte des grundrechtlichen Eingriffsvorbehalts und des rechtsstaatlichen Vorbehalts des Gesetzes siehe bei Frank Rottmann, Der Vorbehalt des Gesetzes und die grundrechtlichen Gesetzesvorbehalte, in: *Europäische Grundrechtezeitschrift* 12 (1985), 277-297, hier: 281-286. Mit dem umfassenden Allgemeinvorbehalt des Gesetzes ist ohnedies klar, dass Grundrechtsschranken nur mehr durch formelles Gesetz errichtet werden können. Das Verhältnis zwischen dem Vorbehalt des Gesetzes und der grundrechtlichen Gesetzesvorbehalte ist daher nur mehr von dogmengeschichtlichem Interesse. Siehe Walter Berka, Das ›eingriffsnahe Gesetz‹ und die grundrechtliche Interessenabwägung, in: *Staatsrecht in Theorie und Praxis* (Walter-FS), hrsg. v. H. Mayer, Wien 1991, 37-61, hier: 40.

48 Siehe Alexy, *Theorie der Grundrechte* (oben Anm. 39), 209-210.

49 Siehe Judith Jarvis Thomson, *The Realm of Rights*, Cambridge (Mass.)/London 1980, 282-283.

Damit soll nicht der These Vorschub geleistet werden, wonach jede Einschränkung oder Beeinträchtigung der Grundrechte auf deren Verletzung hinausläuft. Letzteres berührt die Frage, wie rigide die Regularität[50] der mit Grundrechtsnormen bezeichneten Gründe zweiter Ordnung – also der Ausschluss des Ausschlusses – zu konzipieren ist. Würden die grundrechtlichen Schutzbereiche[51] derart verstanden, dass ein Eingriff in sie als schlechthin unzulässig erachtet würde, implizierte der in ihnen enthaltene Grund zweiter Ordnung (die rechtlich bewehrte starke Erlaubnis, die bezeichnete Freiheit auch in Anspruch zu nehmen), was die Zulässigkeit einer gesetzlichen Regelung angeht, ein striktes Entweder-Oder.[52] Demgegenüber wird heute im großen und ganzen davon ausgegangen, dass in grundrechtliche Schutzbereiche durch und aufgrund des Gesetzes zwar eingegriffen werden dürfe, ein solcher Eingriff aber dem Grundsatz der Verhältnismäßigkeit zu genügen habe.[53] Je nachdem, ob man also unterstellt, dass der grundrechtliche Schutzbereich mit dem effektiven Garantiebereich zusammenfällt[54] oder nicht, wird der Grund zweiter Ordnung (also der Ausschluss ausschließender Gründe), der die Qualität des Schutzbereichs deutet, unterschiedlich gefasst.[55] Das ist nicht ohne Konsequenzen. Wollte man davon ausgehen, dass das Recht auf Schutz des Fernmeldegeheimnisses (Art. 10 GG) an den Erfordernissen des Postbetriebes (z. B. der Registrierung von Gesprächen) seine »immanente« Schranke finde, wäre es möglich, eingriffsorientierte Gesichtspunkte in die Bestim-

50 Im folgenden wird unter »Regularität« nicht eine empirisch feststellbare Regelmäßigkeit, sondern die Art und Weise verstanden, wie streng der Ausschluss von Handlungsgründen vollzogen wird.

51 Für eine einführende Analyse in diesen überaus komplexen Begriff siehe hier nur Bodo Pieroth/Bernhard Schlink, *Grundrechte*, 9. Aufl. Heidelberg 1993, 56-57 (RZ 226-235).

52 Zu diesem Umstand, der einer terminologischen Verlegenheit folgend üblicherweise dahingehend charakterisiert wird, dass die Grundrechte diesfalls als Regeln in einer »Alles-oder-nichts«–Weise anzuwenden wären, siehe bei Ronald Dworkin, *Bürgerrechte ernstgenommen*, Frankfurt/M. 1984, 58; Alexy, *Theorie der Grundrechte* (oben Anm. 39), 76; Manfred Stelzer, *Das Wesensgehaltsargument und der Grundsatz der Verhältnismäßigkeit*, Wien/New York 1991, 213.

53 Siehe Stelzer, *Wesensgehaltsargument* (oben Anm. 52), 269-270.

54 Siehe zur so genannten »Innentheorie« die Nachweise bei Alexy, *Theorie der Grundrechte* (oben Anm. 39), 250.

55 Erhellend dazu Gertrude Lübbe-Wolf, *Die Grundrechte als Eingriffsabwehrrechte* (oben Anm. 41), 26-30.

mung des Schutzbereichs aufzunehmen. Demgegenüber meinte das BVerfG, dass solche Gesichtspunkte bei der Definition des Schutzbereiches keinen Platz haben dürfen.[56] Obwohl sie zur Rechtfertigung von Grundrechtsbeschränkungen geeignet sein könnten, dürften grundrechtliche Schutzbereiche nicht auf Eingriffsnotwendigkeiten zugeschnitten werden, weil andernfalls an den Eingriff anschließende missbräuchliche Verwendungen von Daten dem Schutz des Grundrechts entzogen wären. Man kann den konstruktiven Sinn dieser Überlegung folgendermaßen verdeutlichen. Der Legitimationsgesichtspunkt des effektiven Grundrechtsschutzes erfordert die klassifikationsrelevante Unterscheidung zwischen dem grundrechtlichen Schutzbereich im Lichte des Freiheitsinteresses der Bürger einerseits und den eingriffsorientierten Gesichtspunkten des öffentlichen Interesses (oder den Interessen anderer Grundrechtsträger) andererseits. Nur wenn diese beiden Sphären deutlich voneinander getrennt werden, lassen sich die Freiheitsinteressen als solche in den Blick nehmen. Es geht um die *Art* der *Bezeichnung* von Gründen erster Ordnung im Rahmen der Determination der Reichweite von Gründen zweiter Ordnung.

Damit begegnen wir einer weiteren Dimension der Regelanwendung. Bei der Bildung der Kriterien für Rechtsregeln werden Handlungsgründe erster Ordnung miteinander verglichen (z. B. öffentliche Interessen), um sie vom Anwendungsbereich einer Regel auszuschließen oder diesem zuzuordnen. Es versteht sich von selbst, dass in solchen Überlegungen die Geltung der Gründe zweiter Ordnung, die angeben, was die Regel ein- oder ausschließt, immer wieder zu suspendieren ist.[57] An dieser Suspension der Geltung tritt diese weitere Dimension hervor. Man kann sie als *Dimension der Legitimation* bezeichnen. Sie wird von der juristischen Expertise erreicht, wenn sie in den Gesamtzusammenhang öffentlicher Rechtfertigung eintritt. Zu klären ist hier nämlich, was es überhaupt bedeutet, einen ausschließenden Handlungsgrund vor sich zu haben und wie daher Rechtsregeln auf allgemein akzeptable Art zu konzipieren sind. Damit steht nun nichts anderes als die *Regularität der grundrechtlichen Regel* selbst zur Debatte. Anlässlich der Legitimation der juristischen Klassifikationen ist (aus der Perspektive des Adressaten) plausibel zu machen, weshalb es zweckmäßig oder sogar

56 Siehe BVerfGE 85, 386, 397.
57 Siehe dazu Raz, *Practical Reason and Norms* (oben Anm. 26), 22, 46, 66, 184.

geboten erscheint, eine strikte Unterscheidung zwischen Schutzbereich und effektivem Garantiebereich durchzuführen und den Grund zweiter Ordnung, der den eigentlichen Grundrechtsschutz begrifflich in Aussicht stellt, so zu gestalten, dass bei der Kompetenzzuweisung an die einfache Gesetzgebung die verfassungsrechtlich zulässigen Gründe für eine gesetzliche Grundrechtsbeschränkung derart ein- oder ausgeschlossen werden, dass die Beurteilung ihrer Gültigkeit von einer Überprüfung der Verhältnismäßigkeit des Eingriffs abhängig gemacht wird. Auf diese Weise wird heute in der Grundrechtsdogmatik allgemein verfahren. Das bedeutet aber, dass der Grundsatz der Verhältnismäßigkeit für die Regularität steht, mit der durch Grundrechte (als Regeln) ausschließende Handlungsgründe ausgeschlossen werden. Bei der Konzeption dieser Regularität stehen nicht nur unterschiedliche Gemeinschaftsauffassungen zur Debatte,[58] die gemessen am jeweils supponierten individualistischen oder kommunalistischen Gesellschaftsbild unterschiedlich ausfallen.[59] Zu beurteilen ist auch, welche Klassifikationsmethode ein möglichst hohes Maß an Transparenz bei der juristischen Argumentation verspricht[60] und wie adäquat sie die verfassungsrechtliche Funktionenordnung widerspiegelt.[61] Ähnliche Fragen wirft die

58 Siehe dazu generell Peter Koller, Soziale Gleichheit und Gerechtigkeit, in: H.-P. Müller/B. Wegener (Hrsg.), *Soziale Ungleichheit und soziale Gerechtigkeit*, Opladen 1995, 53-79, hier: 70-72.

59 Siehe die zutreffende Beobachtung bei Alexy, *Theorie der Grundrechte* (oben Anm. 39), 251. Für ein typisch »kommunalistisches« Grundrechtsverständnis siehe bekanntlich Peter Häberle, *Die Wesensgehaltsgarantie des Art. 19 Abs. 2 Grundgesetz*, 3. Aufl. Heidelberg 1983.

60 Da die »Innentheorie« letztlich dazu genötigt ist, die Unterscheidung zwischen Schutzbereich und effektivem Garantiebereich in sich zu replizieren, weil sie zwischen grundrechtlichen Schutzgütern einerseits und definitiven Positionen andererseits zu differenzieren hat, ist gleich der »Außentheorie« der Vorzug zu geben. Siehe Alexy, *Theorie der Grundrechte* (oben Anm. 39), 253.

61 In diesem Sinne Lübbe-Wolf, *Grundrechte als Eingriffsabwehrrechte* (oben Anm. 39), 99-100: »In der [...] weiten Schutzbereichsauffassung drückt sich *nicht* eine Ideologie des ungebremsten *laissez faire,* sondern die verfassungsrechtliche Überzeugung aus, dass die Abgrenzung zwischen akzeptablem und inakzeptablem Freiheitsgebrauch [...] in erster Linie Sache des Gesetzgebers und nicht der Verwaltungsbehörden und Gerichte sein sollte. Die Konstruktion der vom Schutzbereich der Grundrechte umfassten Freiheit als nicht von vornherein begrenzter Freiheit des Beliebens ist nichts weiter als das rechtstechnische Mittel dieser Kompetenzzuweisung und ihrer subjektivrechtlichen Absicherung.«

Beurteilung des Problems auf, ob der Grundrechtstatbestand eng oder weit gefasst werden soll (es geht dabei um den Einschluss von Gründen erster Ordnung, um die Thematik des Ausschlusses ausschließender Gründe enger oder breiter ziehen zu können). Letzteres böte den Vorzug, den definitiven Grundrechtsschutz als »[...] das Ergebnis eines Spiels von Grund und Gegengrund [...]« einsichtig machen zu können.[62] Gleichwohl entfiele damit weitestgehend die Qualifikation der grundrechtlich schutzwürdigen Interessen, weil virtuell jedes Interesse, das sich mit der geschützten Position in einen Zusammenhang bringen ließe, der Güterabwägung zu unterwerfen wäre. Damit ginge die Emphase auf das in Grundrechten implizit bezeichnete fundamentale Interesse[63] am Schutz bestimmter Verhaltensweisen und Zustände verloren. Eine solche Begriffsbildung ließe sich, zumindest nach Ansicht von Richter Grimm, nicht rechtfertigen, weil man die Grundrechte der Gefahr aussetzte, sie durch die Abstraktion von der Qualität des betroffenen Interesses zu entwerten: »Die Grundrechte unterscheiden sich von der Vielzahl der Rechte dadurch, dass sie die Integrität, Autonomie und Kommunikation des Einzelnen in ihren grundlegenden Bezügen schützen. Eben wegen dieser fundamentalen Bedeutung ihres Schutzobjektes für eine auf Menschenwürde gegründete Ordnung werden sie aus der Menge der Rechte hervorgehoben und verfassungsrechtlich mit erhöhten Garantien gegenüber der öffentlichen Gewalt, insbesondere mit Bindungswirkung für den Gesetzgeber ausgestattet. [...] Es ist [...] weder historisch noch funktional der Sinn der Grundrechte, jedes erdenkliche menschliche Verhalten unter ihren besonderen Schutz zu stellen.«[64]

Da mit der *Gestaltung der relevanten Gründe zweiter Ordnung* die Konzeption der Rechtsregel selbst ansteht (im Beispielsfall: einer allgemeinen Regel, die angibt, was im Grund erster Ordnung bezeichnet sein *darf*), ist also durch die Angabe von *Gründen dritter Ordnung* die Modalität der Klassifikation einer öffentlichen Rechtfertigung zugänglich zu machen. Diese Seite der juristischen Selbstreflexion mag zwar als rechtsphilosophischer Luxus gelten, zumal die Rechtswissenschaft an diesem Punkt eine andere terminologi-

62 So Alexy, *Theorie der Grundrechte* (oben Anm. 39), 290.

63 Siehe dazu auch Peter Koller, Menschen- und Bürgerrechte aus ethischer Perspektive, in: *Jahrbuch für Recht und Ethik* 3 (1995), 49-68, hier: 56-57.

64 BVerfGE 80, 137, 164 (Sondervotum).

sche Färbung annimmt, indem sie sich der Semantik der neuzeitlichen Politiktradition bedient; allerdings würde ohne solche Reflexionen die Rechtsanwendung nicht einmal ihren Anspruch auf allgemeine Akzeptierbarkeit signalisieren. Es entspringt daher einem typisch positivistischen Fehlgriff, wenn versucht wird, den Grundsatz der Verhältnismäßigkeit aus den Grundrechten[65] oder irgendeinem impliziten Verfassungsprinzip (vorzugsweise dem Rechtsstaatsprinzip) »abzuleiten«.[66] Vielmehr stellt er sich für die Grundrechtsdogmatik als ein aus der Perspektive der Legitimation zu begreifender Schematismus dar, der die *Regularität* angibt, mit der die Schutz- und Begrenzungsfunktion der Gesetzgebung im Verhältnis zu den Grundrechten klassifiziert wird. Der Grundsatz der Verhältnismäßigkeit ist die Regularität, mit der die Grundrechte dem Handeln des Staates Grenzen setzen. Die argumentativen Ressourcen, mit denen die Annahme dieser Regularität gerechtfertigt wird, entstammen allgemeinen Erwägungen über die Verteilung der Begründungslast bei der Etablierung von sozialer Ordnung und damit letztlich der politischen Philosophie.

Das Beispiel soll deutlich machen, was es bedeutet, Rechtsregeln als interpretative Konstrukte zu begreifen, für deren Entwurf ein Rechtfertigungsbedarf besteht, dem durch die Angabe von Kriterien der Regelkonformität nachzukommen ist. Da die interpretative Praxis rechtlichen Wissens dabei drei Dimensionen der Regelkonformität zu durchschreiten vermag, kann man sagen, sie lasse sich selbst die *Rechtsregeln in dreifach codierter Form zukommen.*[67] Regelanwendungen können erstens – und diese Dimension ist hier vernachlässigt worden – daraufhin untersucht werden, ob sie, was den bezeichneten Grund erster Ordnung angeht, auf einer konsistenten Verknüpfung exemplarischer Anwendungsfälle beruhen *(Signifikation)*; zweitens kann problematisch erscheinen, ob der Schematismus in sich stimmig ist, mit dem Kriterien der Regelkonformität

65 Siehe Holoubek, Zur Begründung des Verhältnismäßigkeitsgrundsatzes. Verwaltungs-, verfassungs- und gemeinschaftsrechtliche Aspekte, in: S. Griller et al. (Hrsg.), *Grundfragen und aktuelle Probleme des öffentlichen Rechts* (Rill-FS), Wien 1995, 97-130, hier: 121-122.

66 Siehe dazu bei Detlef Merten, Zur verfassungsrechtlichen Herleitung des Verhältnismäßigkeitsprinzips, in: *Für Staat und Recht* (Schambeck-FS), hrsg. v. J. Hengstschläger et al., Berlin 1994, 349-379.

67 Siehe zum folgenden Somek, *Rechtssystem* (oben Anm. 22), 367-370, 541-542.

durch die Bestimmung der Reichweite von Gründen zweiter Ordnung voneinander differenziert werden *(Klassifikation)*; und drittens kann die Art der Ausbildung von Kriterien und Schemata selbst thematisch werden *(Legitimation)*. Rechtsregeln sind mit dieser triadischen Struktur unauflöslich verkoppelt. Als operative Größen der interpretativen Praxis haben sie diese drei Dimensionen immer schon »an sich«. Die Reflexivität hat sich in die Praxis der Rechtsanwendung immer schon eingenistet und kann, sofern dies erforderlich scheint, in der einen oder anderen Richtung aktualisiert werden. Alle drei Dimensionen sind in der Art, wie Recht bezeichnet wird, »appräsentiert« und enthalten damit einen impliziten Verweis auf andere Möglichkeiten, seinen Gehalt denkend zu erfassen.[68] In der Form der Trias von Signifikation, Klassifikation und Legitimation geht die Reflexivität rechtlichen Wissens bereits in die Konstitution des Gegenstandes ein, weil die Bezeichnung des Gegenstands immer schon einen Verweis auf die – man möge mir die Anlehnung an Fichte nachsehen – in sich zurückgehende Tätigkeit der Bezeichnung an sich hat.[69] Das Recht, das die Rechtsanwendung zu Gesicht bekommt, ist immer schon durch sie selbst produziert; oder, abermals in Anlehnung an die Grundfigur der klassischen deutschen Philosophie: Die Rechtsanwendung ist ein sich selbst zum Objekt werdendes Produzieren.

68 Zur Husserlschen Figur der »Appräsentation« als ein »Zugleich-präsent-Haben« anderer Wahrnehmungsmöglichkeiten siehe Edmund Husserl, *Phänomenologie der Lebenswelt. Ausgewählte Texte II.*, hrsg. v. K. Held, Stuttgart 1986, 186-187 und bei Gerhard Gamm, *Flucht aus der Kategorie. Die Positivierung des Unbestimmten als Ausgang der Moderne*, Frankfurt/M. 1994, 104-105.

69 Siehe näher bei Somek, *Rechtssystem* (oben Anm. 22), 369-373.

Viertes Kapitel
Abwägungsregeln

Vorüberlegungen

Das Problem der intuitionistischen Form

Wie kommt es dazu, dass Prinzipien in der grundrechtlichen Güterabwägung ein unterschiedliches Gewicht erhalten?

Wie Alexy[1] gezeigt hat, finden sich unter den Versuchen, auf diese Frage eine Antwort zu formulieren, jedenfalls zwei Fehlschläge: die kardinale und die ordinale Skalierung. Den Prinzipien, die in die grundrechtliche Güterabwägung eingehen, lässt sich weder ein absolutes noch ein abstraktes relatives Gewicht beimessen, ohne dass man die sachlich unangemessene »Tyrannei« einer inflexiblen Werthierarchie in Kauf nehmen müsste.[2] Von vergleichsweise höherem oder geringerem Gewicht können Prinzipien vielmehr nicht unabhängig von ihrer Relation im Verhältnis zu einem *spezifischen* Abwägungsproblem sein.[3] Die Situation, für welche die Auflösung einer Prinzipienkollision ansteht, ist daher zu den *notwendigen* Bedingungen zu zählen, unter denen sich eine Vorrangrelation ermitteln lässt.[4] Die konkrete Kollision ist eine Voraussetzung für die sachliche Beurteilung der Frage, ob die (graduelle) Nichterfüllung eines Prinzips deswegen hinzunehmen ist, weil die (graduelle) Erfüllung eines anderen Prinzips vergleichsweise wichtiger ist. Dafür gelte:[5]

(A) Je höher der Grad der Nichterfüllung oder Beeinträchtigung des einen Prinzips ist, umso größer muss die Wichtigkeit der Erfüllung des anderen sein.

1 Siehe Robert Alexy, *Theorie der Grundrechte*, Baden-Baden 1985, 139-142; siehe auch Jan-Robert Sieckmann, Zur Begründung von Abwägungsurteilen, in: *Rechtstheorie* 26 (1995), 45-69; ders., Grundrechtliche Abwägung als Rechtsanwendung. Das Problem der Begrenzung der Besteuerung, in: *Der Staat* 41 (2002), 385-405.

2 Siehe Carl Schmitt, Die Tyrannei der Werte, in: *Säkularisation und Utopie*, Stuttgart 1967, 37-62.

3 Siehe Alexy, *Theorie der Grundrechte* (oben Anm. 1), 80.

4 Siehe ebd., 81.

5 Siehe ebd., 146.

Im Rahmen dieses von Alexy ausdrücklich als »Abwägungsgesetz« bezeichneten Grundsatzes werden die mit dem Hinweis auf die »Wichtigkeit« der Erfüllung eines Prinzips indizierten *hinreichenden* Bedingungen der Abwägung gezielt offengelassen.[6] Aber auch wenn er auf die Angabe hinreichender Gründe für Abwägungen verzichtet, meint Alexy immerhin deren Pointe herausgestellt zu haben. Sie bestehe darin, die *Intensität* der Erfüllung oder Nichterfüllung mit der *Wichtigkeit* der Realisierung von Prinzipien zu konfrontieren.[7] Allerdings kommt die relative *Relevanz* und die *normative Kraft* von Prinzipien *bloß* in Situationen der Kollision zum Vorschein. Zumindest daran wird die Grenze der Alexyschen Abwägungsregel sichtbar. Denn sie gelangt, was die Einschätzung der Relevanz und den daran anschließenden Übergang zur Beurteilung der vergleichsweisen Wichtigkeit von Prinzipien angeht, über eine analytisch behutsame *Formalisierung des moralischen Intuitionismus* nicht hinaus.[8] Das muss nicht von Nachteil sein. Immerhin repräsentiert, wie Rawls gezeigt hat, der Intuitionismus so etwas wie den »Normalzustand« unseres moralischen Bewusstseins.[9] Mit diesem wäre eine Regel wie A vollständig kompatibel. Allerdings wird man darüber tiefsinnig werden wollen, ob die öffentliche Rechtfertigung einer Regelselektion es sich gestatten darf, auf eine Bestimmung der hinreichenden Gründe der Abwägung zu verzichten. Das wäre unter intuitionistischem Vorzeichen allerdings der Fall:[10]

Der Intuitionismus des gemeinen Verstandes besteht aus Gruppen ziemlich spezieller Vorschriften, jede für ein bestimmtes Gerechtigkeitsproblem. Es gibt eine Gruppe von Vorschriften für gerechte Löhne, eine andere für die Besteuerung, wieder eine andere für Strafen, und so weiter. Um etwa zu einer Vorstellung vom gerechten Lohn zu kommen, muß man konkurrieren-

6 Siehe ebd., 150.

7 Siehe ebd.

8 Alexy mag entgegenhalten wollen, dass die grundrechtliche Güterabwägung im Idealfall immerhin einen Unterfall des praktischen Diskurses darstelle und damit so rational sei, wie es eine Argumentation eben sein könne. Siehe ebd., 520-521. Doch ein solcher Einwand würde an der oben gemachten Feststellung nichts ändern. Solange das moralische Urteil sich keiner vermittelnden Prinzipien versichert, bleibt es intuitionistisch, unabhängig davon, ob es monologisch oder dialogisch verfährt.

9 Siehe John Rawls, *Eine Theorie der Gerechtigkeit*, Frankfurt/M. 1975, 54.

10 Siehe ebd., 52-54.

de Gesichtspunkte irgendwie gegeneinander abwägen, etwa Können, Ausbildung, Anstrengung, Verantwortung und Gefährlichkeit der Arbeit so wie auch die Bedürftigkeit. Niemand würde wohl nur aufgrund eines dieser Gesichtspunkte entscheiden; man muß einen Kompromiß zwischen ihnen finden. Die Festsetzung der Löhne durch die bestehenden Institutionen ist faktisch auch eine Gewichtung dieser Gesichtspunkte.

Die intuitive Abwägung von Prinzipien lässt also den Grund, aufgrund dessen ein situationsbedingter Vorrang hergestellt wird, in einem unbestimmten Zustand. In dieser Hinsicht ist sie, wenn man auch hier die strukturelle Kongruenz von *intra*personalen und *inter*personalen Entscheidungen akzeptiert,[11] von der demokratischen Kompromissfindung nicht verschieden.[12] Ein Verfassungsgericht könnte für die Güterabwägung keine besseren Gründe vorweisen als die gesetzgebende Körperschaft. Der Intuitionismus wirft also das Problem auf, den Vorrang der gerichtlichen Güterabwägung im Verhältnis zur demokratisch legitimierten Gesetzgebung nicht begründen zu können.

Zur Funktion von Abwägungsregeln

Nun ist sich Alexy der A immanenten Grenze durchaus bewusst.[13] Dennoch lässt er sich – wohl angesichts des intuitionistischen Zuschnitts von verfassungsgerichtlichen Begründungen – nicht darauf ein, den auch von ihm gesehenen Zusammenhang von Verallgemeinerung und Abwägung[14] näher zu erkunden.[15] Das ist angesichts der Komplexität verständlich, mit welcher der Sachverhalt belastet zu sein scheint, sobald man sich die Frage vorlegt, was eine Abwägung im Einzelfall allgemein akzeptabel macht. Im Dickicht der Gesichtspunkte lässt sich den konfligierenden moralischen Intuitionen kaum ein Weg weisen. Aber ebenso wie die Handlungswahl nicht bloß erleichtert wird, wenn man die Erwägung einer Vielzahl von

11 Siehe Edward F. McClennen, Pragmatic Rationality and Rules, in: *Philosophy & Public Affairs* 1997, 210-258, hier: 245.

12 Siehe Alexander Somek, Das Mehrheitsprinzip in der Demokratie, in: *Deutsche Zeitschrift für Philosophie* 49 (2001), 397-420.

13 Siehe Alexy, *Theorie der Grundrechte* (oben Anm. 1), 152.

14 Siehe dazu Alexander Somek, Verallgemeinerung und Abwägung. Zur institutionellen Dimension vernünftiger Gründe, in: *Staat und Recht* (Winkler-FS), hrsg. v. E. Wiederin et al., Wien/New York 1997, 1051–1097.

15 Siehe Alexy, *Theorie der Grundrechte* (oben Anm. 1), 152.

Gesichtspunkten durch die Annahme einer Regel ersetzt, sondern mitunter erst aufgrund der Befolgung einer zuvor gesetzten Regel *rational* sein kann,[16] könnte man davon ausgehen, dass sich das Problem, unter welchen Umständen eine Abwägung moralisch richtig ist,[17] möglicherweise nur dann lösen lässt, wenn man eine *Abwägungsregel* wählt, der die Auflösung verschiedener Prinzipienkollisionen zu genügen hat. Es dürfte daher alles andere als abwegig sein, folgende Hypothese zu erwägen:

(U) Eine Abwägung von Prinzipien ist dann gültig, wenn sie auf einer verallgemeinerbaren Abwägungsregel basiert.

Wenn es zutrifft, dass die ponderologische Kategorie des »Gewichts« (sie ist das metaphorische Produkt von »Intensität« und »Wichtigkeit«) für die Beurteilung des Vorrangs von Prinzipien eine zentrale Rolle spielt, dann müssten sich aufgrund einer Abwägungsregel jene Gründe identifizieren lassen, die dazu hinreichen, das Gewicht konfligierender Prinzipien zu bestimmen. Eine allgemein akzeptable Abwägungsregel sollte genau diese Funktion erfüllen.[18] Wir können daher festhalten:

(£) Eine Abwägungsregel enthält die Bedingungen, nach denen sich das relative Gewicht konfligierender Prinzipien bestimmt.

Drei Präzisierungen

Um Missverständnissen vorzubeugen, sei hervorgehoben, was von U nicht umfasst ist.

16 Siehe Joseph Raz, *The Morality of Freedom*, Oxford 1986, 46, 68; ders., *Practical Reasons and Norms*, 2. Aufl. Princeton 1990, 190-191.

17 Dafür hat sie natürlich dem Kriterium der Universalisierbarkeit zu genügen. Siehe R. M. Hare, *Moral Thinking. Its Levels, Method and Point*, Oxford 1981, 108-113. (Dt.: *Moralisches Denken. Seine Ebenen, seine Methoden, sein Witz*, Frankfurt/M. 1992.)

18 Nicht weiter erörtert wird hier eine hypothetische Regel, die besagte, dass eine einmal intuitiv vollzogene Bestimmung des Vorrangs zwischen Prinzipien aus Gründen der Gleichbehandlung auch auf andere gleichgelagerte Fälle zu übertragen ist. Bei einer solchen Regel handelte es sich um eine Anwendung des Grundsatzes der Rechtsanwendungsgleichheit, nicht aber um eine Regel, die dazu verhelfen würde, das Gewicht von Prinzipien zu bestimmen.

Erstens impliziert U nicht, dass die Anwendung der richtigen Abwägungsregel von sich aus die allgemeine Akzeptierbarkeit des Abwägungsergebnisses garantiert. Sie kann insofern nicht von sich aus eine Leistung erbringen, die Nozick als »justice-preserving« bezeichnet hätte.[19] Die Richtigkeit der Regel überträgt sich deswegen nicht von sich aus auf deren Anwendung, weil die Annahme einer Abwägungsregel es nicht ausschließt, im Einzelfall zu prüfen, ob einer intuitiven Einschätzung der relevant erscheinenden Gesichtspunkte nicht doch der Vorzug gebührt.[20] Zwar beruht die Geltung einer Abwägungsregel auf der Überlegung, dass von der intuitiven Bewertung des Gewichts von Prinzipien Abstand zu nehmen ist, weil diese sich mangels vorweisbarer Gründe nicht verallgemeinern lässt; allerdings kann ein solcher Ausschluss nur so weit reichen, als die Anwendung der Regel verspricht, vermöge dieser seien bessere Resultate zu erzielen als ohne sie. Insofern schließt die Konstruktion von Anwendungsregeln nicht aus, Abwägungen auch ohne die explizite Anwendung einer Abwägungsregel durchzuführen. Allerdings beruhte eine Einschränkung des Anwendungsbereichs einer solchen Regel auf einer bedeutsamen Reduktion der Komplexität des Ausgangsproblems, das durch die Einführung einer Abwägungsregel gelöst werden soll. Zur Bestimmung der legitimen Reichweite des Ausschlusses intuitiver Einschätzungen wäre nämlich bloß noch darauf zu achten, unter welchen Umständen die Anwendungen einer Abwägungsregel sich nicht allgemein rechtfertigen lassen. Zu denken wäre dabei an Härtefälle. Mit Blick auf sie wären jene negativen Bedingungen zu identifizieren, unter denen wegen mangelnder Gegenseitigkeit die Gültigkeit des Abwägungsergebnisses entfiele.[21] Deshalb wird in U zum Ausdruck gebracht, dass die Abwägungsregel, welche der Abwägung normative Gültigkeit verschaffte, selbst der Bedingung der Verallgemeinerung zu genügen hätte.

Zweitens enthält U nicht die Forderung, dass alle Abwägungen stets derselben Regel unterworfen sein müssen. Es ist nicht ausgeschlossen, dass für unterschiedliche Sachprobleme auch verschiede-

19 Siehe Robert Nozick, *Anarchy, State, and Utopia*, New York 1974, 151. (Dt.: *Anarchie, Staat, Utopia*, München 1976.)

20 Siehe Raz, *Morality of Freedom* (oben Anm. 16), 62.

21 Siehe dazu T.M. Scanlon, Contractualism and Utilitarianism, in: J. Rajchman/C. West (Hrsg.), *Postanalytic Philosophy*, New York, 214-243, hier: 224; Brian Barry, *Justice as Impartiality*, Oxford 1995, 68.

ne Abwägungsregeln bestehen. Durch die Annahme einer Vielzahl von Regeln würde die angestrebte Überwindung des Intuitionismus jedenfalls dann nicht vereitelt, wenn der Anwendungsbereich dieser Regeln einer intuitiven Bewertung entzogen wäre.[22]

Drittens könnte sich herausstellen, dass die Klasse der zu U gehörigen Elemente leer ist. Das Fehlen einer allgemein akzeptablen Abwägungsregel würde indes den Intuitionismus nicht – auch nicht indirekt – bestätigen. Dafür wäre noch der Nachweis zu führen, dass mit U nicht nur ein unerfülltes, sondern ein wegen seiner Unerfüllbarkeit auch fehlerhaftes Kriterium aufgestellt worden ist. Andererseits verbliebe, selbst wenn ein solcher Nachweis geführt werden könnte, nach wie vor eine Alternative zum Intuitionismus, nämlich so etwas wie die umfassende Examinierung des abwägenden Urteils. Sie wäre allerdings wenig instruktiv. Sie ließe sich nicht anders verstehen, denn als eine Umsetzung der Maxime, man habe, wenn man urteile, vernünftig zu sein.

Drei Kandidaten

Im Folgenden möchte ich – mit beständiger Rücksicht auf die grundrechtliche Güterabwägung – drei aussichtsreiche Kandidaten für Abwägungsregeln auf ihre Konsistenz untersuchen. In Frage steht also, ob sie zu leisten vermögen, was sie zu leisten versprechen. Wir werden sehen, dass der Versuch, die Inkonsistenz der einen Regel zu überwinden, jeweils auf die nächste führt. Angesichts des Umstands, dass unsere heutige politische Sprache auf einem ökonomischen Idiom beruht, ist mit einer Maxime zu beginnen, wonach im Vergleich zur privatrechtlich konstituierten Handlungsfreiheit eine staatliche Beschränkung dieser Handlungsfreiheit immer dann von größerem Gewicht ist als diese selbst, wenn aus der Beschränkung ein gemeinsamer Vorteil zu ziehen ist, der sich bei individueller Handlungskoordination nicht einstellen würde. Aus den Gründen, die einsichtig machen, weshalb die in diesem Zusammenhang in Anspruch zu nehmende *Selbstüberlistung* der individuellen Akteure fiktiv ist, gewinnt man die Perspektive, die für die weitere Diskussion bestimmend ist. Diese Diskussion wird ergeben, dass auch die *liberale Neutralität*, für sich betrachtet, eine Abwägungsregel

22 Siehe Rawls, *Theorie* (oben Anm. 9), 53.

nicht sein kann; vielmehr haben kulturell geprägte *Ordnungsmodelle* zu intervenieren. Eine Alternative zu ihnen bietet die egalitäre Rekonstruktion des Gewichts von Prinzipien. Ihr ist der letzte Abschnitt dieses Kapitels gewidmet.

Selbstüberlistung

Angesichts des weithin analysierten Zusammenhangs zwischen dem »Marktversagen« und der Funktion öffentlicher Güter[23] mag man versucht sein, folgende Abwägungsregel zu erwägen:[24]

(£1) Ein Prinzip P1 hat höheres Gewicht als ein Prinzip P2, wenn durch die Anwendung von P1 ein Zustand Z herbeigeführt wird, der allen Mitgliedern einer Gruppe zum Vorteil gereicht, insofern er für jeden existiert.

Weshalb £1 eine Abwägungsregel *par excellence* formuliert, ist daran zu ersehen, dass das Zurücktreten von P2 zugunsten von P1 das Mittel darstellt, um den allgemein wünschenswerten Zustand Z zu realisieren. Der Nexus zwischen dem unterschiedlichen Gewicht der Prinzipien und einem allseits wünschenswerten sozialen Ziel könnte kaum durchsichtiger sein. £1 ist insofern folgendermaßen zu ergänzen:

(£1.1) Der Zustand Z ließe sich nicht herbeiführen, wenn P2 nicht durch P1 zurückgedrängt würde, weil es andernfalls für jeden rational wäre, seinen Beitrag zur Realisierung von Z zu unterlassen. Dadurch würden aber alle schlechter gestellt.

23 Siehe Geoffrey Brennan/James M. Buchanan, *Die Begründung von Regeln. Konstitutionelle politische Ökonomie*, Tübingen 1993, 17; James A. Caporaso/David P. Levine, *Theories of Political Economy*, Cambridge 1992, 133, 142; Cass Sunstein, *After the Rights Revolution. Reconceiving the Regulatory State*, Cambridge (Mass.)/London 1990, 49-52.

24 Um Missverständnissen vorzubeugen, ist darauf hinzuweisen, dass wenigstens nach Auffassung der Vertreter der Public Choice Theory nicht jegliches Marktversagen schon dazu hinreicht, die besseren ökonomischen Argumente auf der Seite der Staatsintervention zu sehen. Siehe Brennan/Buchanan, *Begründung* (oben Anm. 23), 154; dazu auch Hugh Stretton/Lionel Orchard, *Public Goods, Public Enterprises, Public Choice. Theoretical Foundations of the Contemporary Attack of Government*, Houndmills 1994, 65-68.

£1.1 gibt an, wonach sich das höhere Gewicht von P1 bemisst. Die Anwendung von P1 löst ein soziales Dilemma,[25] das durch die kollektive Realisation von P2 entsteht. P2 ist typischerweise eine individuelle Handlungsfreiheit (i.S. von »liberty«),[26] deren Garantie zur Folge hat, dass das aggregierte Produkt der individuellen Zweckverfolgung zu einem kollektiv suboptimalen Ergebnis führt.[27] Alle stünden besser da, wenn jeder darauf verzichtete, seine durch P2 eingeräumte Handlungsfreiheit in einem bestimmten Sinne zu betätigen. Allerdings wäre es für niemanden rational, einen solchen Verzicht zu üben, ohne dass alle anderen dasselbe täten. Außerdem wäre es für niemanden rational, den Verzicht zu üben, wenn alle anderen sich auf ihn einließen. Um Beispiele für diese Konstellation muss man nicht verlegen sein. Im Verhältnis zur Primärverteilung von Erwerbschancen durch das Prinzip der Privatautonomie (P2) ist es zwar *für alle* besser, durch die gemeinsame Unterwerfung unter die Regeln des fairen Wettbewerbs (P1) die Verzerrung von Marktpreisen aufgrund ökonomischer Renten zu verhindern, die sich aufgrund von Kartellabsprachen erzielen lassen.[28] Werden solche Regeln indes generell befolgt, dann ist es umso eher für *jeden einzelnen* ökonomisch klug, sich nicht an sie zu halten. Da niemandem zuzumuten ist, »der Dumme« zu sein, ist zu erwarten, dass Wettbewerbsregeln nicht eingehalten werden, es sei denn, es gibt staatliche Kontrolle.[29]

Für Mehr-Personen-Dilemmata[30] dürfte es also der Fall sein, dass es für jeden Angehörigen einer Gruppe vergleichsweise schlechter ist, wenn jeder (anstelle von niemandem) seinen individuellen Vor-

25 Siehe Brennan/Buchanan, *Begründung* (oben Anm. 23), 6, 84.

26 Siehe Judith Jarvis Thomson, *The Realm of Rights*, Cambridge (Mass.)/London 1990, 281-286.

27 Siehe Donald P. Green/Ian Shapiro, *Pathologies of Social Choice Theory. A Critique of Applications in Political Science*, New Haven 1994, 74.

28 Siehe Edward E. Zajac, *Political Economy of Fairness*, Cambridge (Mass.)/London 1995, 161-162.

29 Siehe dazu Brennan/Buchanan, *Begründung* (oben Anm. 23) 81. Siehe dazu, dass durch soziale Normen Probleme des kollektiven Handelns immer schon gelöst sein können, bei Cass R. Sunstein, Social Norms and Social Roles, in: *Chicago Working Paper in Law and Economics*, Second Series 36 (1996), http://www.law.uchicago.edu/Lawecon/WkngPprs_ 26-50/36.Sunstein. Social.pdf.

30 Siehe Brennan/Buchanan, *Begründung* (oben Anm. 23), 84-85; Derek Parfit, *Reasons and Persons*, 3. Aufl. Oxford 1987, 59.

teil sucht.[31] Wenn in solchen Konstellationen die Verfolgung des individuellen Vorteils durch ein Prinzip (wie P2) autorisiert wird, dann ist dieses Prinzip aufgrund der ihm selbst zugrunde liegenden *ratio* durch ein anderes Prinzip (wie P1) einzuschränken. Andernfalls schnappt die Falle des sozialen Dilemmas unweigerlich zu.[32] Deswegen ist nach £1 die Entscheidung über den Vorrang zwischen den Prinzipien mit der Setzung einer Regel zu verbinden. Denn nur Regeln (in unserem Fall handelte es sich sogar um Rechtsregeln) enthalten jene »pre-emptive reasons«,[33] die es verbieten, die Befolgung eines gemeinsamen Verhaltensstandards von der Berücksichtigung konkurrierender Handlungsgründe abhängig zu machen. Alle müssen von einem Verhalten lassen, das von P2 erlaubt oder autorisiert wird, damit Z realisiert werden kann, auch wenn die Geltung von P2 in bestimmten Situationen zu ihrem Vorteil wäre. Nachdem P1 generell Vorrang eingeräumt worden ist, darf im Einzelfall keine Abwägung von P1 und P2 mehr stattfinden.

Soziale Normen und die Kosten-Nutzen-Analyse

Die Effektivität einer Regel, die aus dem sozialen Dilemma herausführt, konstituiert ein öffentliches Gut.[34] Die Realisierung von P1 (also etwa Wettbewerbsbeschränkungen) durch eine generelle Einschränkung von P2 (der Privatautonomie) muss also eine Situation schaffen, die für alle zu bestehen hat, damit sie zum Vorteil jedes einzelnen sein kann.[35] Angesichts der oftmals zweifelhaften Kommensurabilität von Verzicht und Vorteil[36] lassen sich die Gründe für den

31 Dies ist ja die elementare Lehre des so genannten »Gefangenen-Dilemmas«. Siehe zu dessen internem Zusammenhang mit dem Problem kollektiven Handelns bei Green/Shapiro, *Pathologies* (oben Anm. 27), 76.

32 Besonders einleuchtend ist diese Abwägungskonstellation bei »Contributor's Dilemmas«. Siehe dazu Parfit, *Reasons* (oben Anm. 30), 61; Green/Shapiro, *Pathologies* (oben Anm. 27), 77-78; Russell Hardin, Public Choice versus Democracy, in: D. Copp et al. (Hrsg.), *The Idea of Democracy*, Cambridge 1993, 157-172, hier: 164. Die Hervorbringung eines gemeinsamen Vorteils hängt dabei von der Partizipation einer Gruppe von Personen ab, die kleiner ist als die Gruppe derjenigen, die von diesem Vorteil profitiert. Da Trittbrettfahren für alle rational ist, kommt der gemeinsame Vorteil nicht zustande.

33 Im Sinne von Raz, *Morality* (oben Anm. 16), 60.

34 Siehe McClennen, *Pragmatic Rationality* (oben Anm. 11), 216.

35 Siehe Mancur Olson, *The Logic of Collective Action*, Cambridge (Mass.) 1965, 14.

36 Siehe Cass R. Sunstein, Health-Health Tradeoffs, *Chicago Working Paper in Law*

Vorrang von P1 allerdings nur dann leicht ausmachen, wenn die Unbestimmtheit des ökonomischen Kalküls[37] durch das Vorwalten sozialer Normen absorbiert wird.

Es liegt nicht auf der Hand, wie sich etwa die ästhetischen Vorteile der Regulierung des Stadtbildes mit den Kosten verrechnen lassen, die durch die Verhinderung architektonischen Wildwuchses entstehen, vor allem dann nicht, wenn man die vergleichsweise effizientere Ressourcenallokation bei Wildwuchs als Opportunitätskosten[38] des Stadtbildes verbucht.[39] Das formale Kriterium, auf die Bereitschaft der Bürger zu rekurrieren, sich die Pflege des Stadtbildes etwas kosten zu lassen, bietet keine zufriedenstellende Lösung, weil es den »endowment effect« ignoriert: Verluste werden als unangenehmer erfahren als äquivalente Gewinne.[40] Der endowment effect

and Economics, Second Series 42 (1996), http://www.law.uchicago.edu/Lawecon/WkngPprs_26-50/42.CRS.Health.pdf, 15-16.

37 Siehe Cass R. Sunstein, The Cost-Benefit State, *Chicago Working Paper in Law and Economics*, Second Series 39 (1996), http://www.law.uchicago.edu/Lawecon/WkngPprs_26-50/39.sunstein.pdf, 32.

38 Öffentliche Güter können einander auch ausschließen, wenn die Realisierung des einen als Opportunitätskosten eines anderen zu verbuchen ist. Siehe Hardin, *Public Choice* (oben Anm. 32), 165.

39 Sunstein votiert angesichts dieser Schwierigkeit für eine umfassende Abwägung aller Gesichtspunkte. Siehe Sunstein, Cost-Benefit State (oben Anm. 37). Allerdings ist er auch des Umstandes gewahr, dass das Rechtssystem oftmals eine Transformation des Unschätzbaren in den Geldwert verlangt (z. B. Schmerzensgeld). Dabei muss nicht Willkür im Spiel sein, wenn sich einmal eine Skala eingespielt hat. Siehe Cass R. Sunstein, Behavioral Analysis of Law, *Chicago Working Paper in Law and Economics*, Second Series 46 (1997), http://www.law.uchicago.edu/Lawecon/WkngPprs_26-50/46.CRS.Behavioral.pdf, 22-23: »Often the legal system requires judges or juries to make judgments of some kind and then to translate those judgments into dollar amounts. [...] Research suggests that in many contexts, normative judgments of a sort are both predictable and non-arbitrary. With respect to bad behavior that might produce punitive damages, for example, people come up with relatively uniform judgments on a bounded numerical scale. [...] But the act of mapping those normative judgments onto an unbounded dollar scale produces considerable ›noise‹ and arbitrariness. When people are asked how much they are willing to pay to protect 2.000 birds, or how much a defendant should be punished for reckless conduct leading to personal injury, the numbers they generate seem to be stabs in the dark. The legal system, however, frequently relies on those stabs.«

40 Siehe Sunstein, Behavioral Analysis (oben Anm. 39), 4, 6-7; ders., Tradeoffs (oben Anm. 36), 24-25.

wirkt sich demgemäß so aus, daß Menschen weniger bereit sind, ein öffentliches Gut, an dem sie bereits partizipieren, aufzugeben (etwa indem sie die Bauordnung abschaffen oder »liberalisieren«), als etwas dafür aufzuwenden, dieses zu verwirklichen. Hätte jemand einen Anspruch auf die Erhaltung des Nationalparks Hohe Tauern, würde er für einen Verzicht mehr verlangen, als er bereit wäre auszulegen, um den Anspruch zu erlangen.[41] Die Bereitschaft, die individuellen Vorteile eines kollektiven Gutes auf Kosten derjenigen Vorteile zu wählen, die bei Mangel dieses Gutes entstünden, hängt also entscheidend davon ab, ob das öffentliche Gut bereits realisiert ist oder nicht.[42]

Hinter dem endowment effect steckt nun, wie Kennedy[43] nachgewiesen hat, nicht der ökonomische Kosten-Nutzen-Kalkül, sondern die deontologische Unterscheidung von Tun und Unterlassen: Wenn ein öffentliches Gut noch nicht vorhanden ist, gewichten wir die Unterlassung, zu seiner Realisierung beizutragen, als ein vergleichsweise geringeres Übel als seine gezielte Abschaffung. Negative Externalitäten, die mit der Ausübung eines privaten Rechtsanspruches verbunden sind und als Unterlassung von Schutzmaßnahmen zugunsten Dritter gedeutet werden, werden zumeist sozial diskontiert.[44] Sie sind für diejenigen, welche die Unterlassung der Unterlassung einmahnen, entsprechend teurer.[45] Zudem ist angesichts der Unschärfe, die sich einstellt, wenn alternative Ergebnisse auf ihren Nutzenvorteil zu beurteilen sind, zu erwarten, dass jene Vorgangsweise gewählt wird, die den bereits etablierten Erwerbsregeln genügt.[46]

41 Siehe Sunstein, Social Norms (oben Anm. 29), 31-32.

42 Der endowment effect kommt auch immer dann ins Spiel, wenn zu beurteilen ist, ob der Staat eine distributive Maßnahme durch eine Besteuerung oder durch einen Transfer zu bewirken habe. Der letztere scheint im Zweifel angemessener zu sein (siehe Leo Katz, *Ill-Gotten Gains. Evasion, Blackmail, Fraud, and Kindred Puzzles of the Law*, Chicago/London 1996, 118), weil er in keine bereits vorhandene Rechtsposition eingreift. Das Ergebnis sind leere Kassen.

43 Siehe Duncan Kennedy, Cost-Benefit Analysis of Entitlement Problems: A Critique, in: *Stanford Law Review* 33 (1981), 387-445, hier: 401-407; siehe auch Sunstein, Social Norms (oben Anm. 29), 33.

44 Siehe Kennedy, Cost-Benefit Analysis (oben Anm. 43), 401. Darin liegt übrigens ein gewichtiger Einwand gegen die Operation mit dem Coase-Theorem. Siehe ebd., 410-412; Sunstein, Behavioral Analysis (oben Anm. 39).

45 Siehe Sunstein, Trade-Offs (oben Anm. 36), 25.

Daran wird erkennbar, dass die interne Unbestimmtheit des Kosten-Nutzen-Kalküls durch soziale Normen verdeckt wird, die ihm umgekehrt erst die Anwendbarkeit verschaffen. Ob ein Verhalten als nützlich oder schädlich zu verbuchen ist, hängt davon ab, aus welchem normativen Rahmen es betrachtet wird. Auch hier kommen soziale Dilemmata ins Spiel.[47] Ob mir das Sparen nützt, ist davon mitbestimmt, ob es alle anderen auch tun und sich deshalb bei sinkender Konsumrate ein rezessiver Effekt einstellt, der letztlich zu meinem individuellen Nachteil ist. Welche soziale Perspektive bei einer Entscheidung als relevant erachtet wird, beruht nicht zuletzt auf den sozial etablierten Diskontraten.[48] Sie geben darüber den Ausschlag, welche aggregierten oder langfristigen Handlungsfolgen bei der Überlegung unberücksichtigt bleiben *dürfen*. Das zeigt sich an der Bereitschaft zur Gefahrenabwehr oder Risikosubstitution.[49] Die Urteile von Laien divergieren von den Kalkulationen der Experten, die sich auf aggregierte Fakten stützen, unter anderem deswegen, weil Laien das in Frage stehende Risiko dahingehend *bewerten*, ob es freiwillig eingegangen worden, gleich verteilt, mit katastrophenartigen Wirkungen behaftet, im Nahbereich der Erfahrung gelegen oder bislang unbekannt ist.[50] Die Risikoeinschätzung und die Bereitschaft zur Gefahrenabwehr sind demgemäß durch soziale Normen präformiert.[51] Insofern ist zu erwarten, dass die Wahrnehmung des Nutzens, den soziale Güter versprechen, durch solche Normen konstituiert wird.

Das Außer-sich-Sein des Selbst

£1 vermag nur deswegen als attraktive Kandidatin für eine Abwägungsregel aufzutreten, weil dem durch P2 lizenzierten Selbstinteresse dazu verholfen werden soll, vermöge einer Metapräferenz für P1

46 Siehe Katz, *Ill-Gotten Gains* (oben Anm. 42), 67-69.

47 Siehe Sunstein, Behavioral Analysis (oben Anm. 39), 8.

48 Siehe Brennan/Buchanan, *Begründung* (oben Anm. 23), 111.

49 Siehe Sunstein, Trade-Offs (oben Anm. 36), 24.

50 Siehe Sunstein, Cost-Benefit State (oben Anm. 37) 17-20; ders., Trade-Offs (oben Anm. 36), 3, 23.

51 Siehe dazu generell Mary Douglas/Adam B. Wildavsky, *Risk and Culture. An Essay on the Selection of Technical and Environmental Dangers*, Berkeley 1982.

sich selbst zu überlisten.[52] P1 (also etwa das Wettbewerbsrecht) wäre demnach nur die klügere Erweiterung von P2 (also etwa der Privatautonomie) – eine Grundrechtseinschränkung würde, gleichsam in Perfektion des Grundsatzes der Wechselwirkung,[53] vom Ansatz her aus der Sicht des grundrechtlich geschützten Interesses gesehen. Das durch P2 geschützte Selbstinteresse bliebe sich selbst treu, indem es sich und gerade weil es sich selbst überlistete. Indes dürfte in einem paradoxen Sinne die Überlistung des »Selbst« auch insofern im Spiel sein, als das, was als Auflösung des sozialen Dilemmas prätendiert ist, auf der *Diskontinuität* der sozialen Perspektive beruht. Das ist £1 nicht ins Gesicht geschrieben. Gleichwohl lässt sich, wie Parfit[54] herausgestellt hat, eine Regel wie £1 weder als Extension des Selbstinteresses noch als dessen Aufhebung in einen moralischen Standpunkt deuten.

Der Übergang von P2 zu P1 setzt die Konsolidierung der *Identität* der entscheidenden Personen voraus. Durch diese Voraussetzung wird, wie sogleich zu zeigen ist, die zu jedem Zeitpunkt mögliche (intra- wie interpersonale) Diskontinuität des Selbstinteresses von Personen unterdrückt. Für die Realisation von Z wäre solcherart gewährleistet, dass niemand mehr ein Interesse daran haben *kann*, die Erfüllung von P2 der Erfüllung von P1 vorzuziehen.[55] Woran sich diese Konsolidierung manifestiert, ist unschwer einzusehen, wenn man auf die Differenz zur Perspektive individueller Personen achtet: Aus der Perspektive von P2 stellt sich die Frage, was jeder aus seinem eigenen Interesse zu tun Grund hat, während aus der Sicht von P1 darüber zu befinden ist, was alle gemeinsam tun können, um für jeden das Beste zu erreichen.[56]

Ein Blick auf die Struktur *intra*personaler Dilemmata ist durchaus hilfreich, um die *inter*personale Bedeutung des Unterschieds zwischen »Jeder-einzelne-für-sich« und »Alle-für-jeden-einzelnen« zu verstehen.

52 Für die Analyse *intra*personaler Dilemmata wie dem Diätplan siehe McClennen, Pragmatic Rationality (oben Anm. 11), 222; Jon Elster, *Ulysses and the Sirens. Studies in Rationality and Irrationality*, Cambridge 1979, 36-47.

53 Siehe BVerfGE 7, 198, 208-209.

54 Siehe Parfit, *Reasons* (oben Anm. 30), 91-92.

55 Siehe McClennen, Pragmatic Rationality (oben Anm. 11), 242-243; Brennan/Buchanan, *Begründung* (oben Anm. 23), 93-94.

56 Siehe Parfit, *Reasons* (oben Anm. 30), 91.

Für intrapersonale Dilemmata ist charakteristisch, dass ein Handlungsplan durch einen Wandel von Wünschen vereitelt wird, wenn ein Subjekt an jedem Punkt, an dem eine Wahlmöglichkeit besteht, erneut eine optimierende Entscheidung trifft.[57] Die am Morgen getroffene Entscheidung, mit dem Rauchen aufzuhören, kann am Abend schon hinfällig sein, wenn das Bedürfnis nach Zigaretten die Sorge um die Lebenserwartung überwiegt. Es ist diesfalls auch nicht irrational, wieder zur Zigarette zu greifen. Man hat sich durch die Ausführung des ursprünglichen Plans in einen Zustand versetzt, dessen psychische Konsequenz man nicht hatte vorhersehen *können*. Das morgendliche Selbst hält die durch das Rauchen verkürzte Lebenserwartung für eine inakzeptable Konsequenz; das abendliche Selbst erachtet demgegenüber das freudlose Leben ohne Rauch für noch gravierender.[58] Durch einen zeitlich verzögerten, negativen endowment effect[59] wird der Wunsch des morgendlichen Selbst durch den des abendlichen Selbst ersetzt. Es gibt sichtlich nichts, was beide gemeinsam tun können, um beide zufrieden zu stellen.[60]

Nun ließe sich gewiss die Attraktivität des Guts, das durch Kooperation zustande kommen könnte, den zeitlich diskontinuierlichen Personen durch einen moralischen Appell ins Gewissen brennen.[61] Allerdings wäre dies keine von £1 für die intrapersonale Konstellation gebilligte Lösung. Eine solche zu finden, fällt allerdings schwer. Aus der temporär diskreten Perspektive von Personen lässt sich nicht bestimmen, was es bedeutet, dass, wenn wir gemeinsam wählten, für alle Stadien der Person das Beste herauskäme. Diese Perspektive wird unter der Annahme eingenommen, dass die Wünsche für die Aktoren selbst nur Daten sind.[62] Es scheint daher, als

57 Siehe Isaac Levi, *Hard Choices. Decision Making under Unresolved Conflict*, Cambridge 1985, 58-67.

58 Siehe McClennen, Pragmatic Rationality (oben Anm. 11), 220.

59 Siehe Sunstein, Behavioral Analysis (oben Anm. 39), 14.

60 Elster, *Ulysses* (oben Anm. 52), 38, hat für diese Aussichtslosigkeit eine wunderbare Parabel entdeckt: »Persons with periodically recurring mental illness may (but rarely do) bind themselves in advance, by issuing instructions that when the next episode occurs, the instructions that will be then issued (refusal to be hospitalised or extravagant orders of fast cars) are not to be obeyed.«

61 Siehe Sunstein, Social Norms (oben Anm. 29), 42-43.

62 Siehe Brennan/Buchanan, *Begründung* (oben Anm. 23), 100.

verbleibe angesichts der frustrierenden Aussicht, dass die künftige Person die Macht hat, die Pläne der gegenwärtigen Person aufgrund gewandelter Wünsche über den Haufen zu werfen, als Alternative bloß die gezielte Tyrannei der Vergangenheit über die Zukunft. Das Abweichen vom Plan der früheren Person für eine spätere Person zu einer kostspieligen Angelegenheit zu machen, ist aber nicht kostenfrei,[63] es sei denn, man setzte darauf, sich in Hinkunft zum Objekt neurotischer Zwänge zu machen. Aber letzteres wäre zumindest paradox.

Vergleichsweise empathischer und unter der Aufwendung von weniger Ressourcen[64] ließe sich an die Sache nur herangehen, wenn man auf die punktweise Maximierung verzichtete.[65] Ein solcher Verzicht könnte sich durch die Aussicht gedeckt erachten, dass trotz aller zu erwartender Wandlungen der Wünsche der Person(en) einige ihrer Wünsche gleich bleiben werden. Im wesentlichen wäre etwa an die kontinuierliche Metapräferenz für einen effizienten Ressourceneinsatz zu denken.[66] Zu bezweifeln ist allerdings kaum, dass bei einer Verhandlung über den wechselseitigen Verzicht zwischen der früheren und der späteren Person niemand Geringerer als Baron Münchhausen zu vermitteln hätte. Wie sonst ließe sich das nachfolgende Selbst an die Wunsch-Projektionen seines Vorgängers binden? Das Problem der Selbst-Bindung betrifft nicht nur die Zumutung, man könne sich durch sein eigenes vergangenes Wollen dahingehend determinieren, eine einmal etablierte Beschränkung nicht aufheben zu dürfen;[67] die Bindung scheitert schlicht am *aktu-*

63 So Brennan/Buchanan, *Begründung* (oben Anm. 23), 95: »Von daher wird der Betreffende aus planerischer Sicht im Zeitpunkt t_0 versuchen, ›subversive‹ Handlungen jener ›anderen Persönlichkeit‹, die in der Zukunft aus dem gleichen Hirn entspringen, so teuer wie möglich zu machen; in extremen Fällen mag er sogar versucht sein, ein derartiges Verhalten ganz und gar auszuschließen.« Siehe zu diesem »sophisticated chooser« auch McClennen, Pragmatic Rationality (oben Anm. 11), 224-225, 232.

64 Siehe McClennen, Pragmatic Rationality (oben Anm. 11), 233, 235.

65 Diese punktweise Maximierung wird von McClennen, Pragmatic Rationality (oben Anm. 11), 229, 239-242, 249, auf die von ihm verworfene »Separabilitäts-These« zurückgeführt (ebd., 229): »It disposes you to reconsider, at each new point of time, whatever plan you originally adopted, and to settle upon a new plan on the basis of whatever, *then and there,* you judge will maximize your present preferences with respect to outcomes still available.«

66 Siehe ebd., 242.

67 Siehe Stephen Holmes, Precommitment and the Paradox of Democracy, in: J. El-

ellen Konsens des späteren Selbst, das im Verhältnis zum früheren wohl nur der *Adressat* eines Offerts, aber nicht der *Gegenstand* eines Paktes sein kann. Verhielte es sich anders, wäre man nicht frei. Man fände sich durch ein Versprechen, das man abgab, als man noch nicht existierte, an den Willen einer Person gefesselt, die zum Erfüllungszeitpunkt bereits verschwunden ist. Man befriedigte den Wunsch des Gespenstes des vergangenen Ich. Man wäre der früheren Person, was die Antizipation des gemeinsamen Interesses angeht, im Wort, auch wenn diese Antizipation aus der Sicht der gegenwärtigen Person sich als falsch herausstellte. Deswegen vermag man in einem intrapersonalen Dilemma auch bloß zu dem zu gelangen, was die frühere oder spätere Person für das für beide gemeinsam Gute *hält*, und nicht zu diesem selbst.[68]

Das unbestimmte kollektive Subjekt

Diese Überlegungen lassen sich auf *inter*personale Dilemmata unschwer übertragen. An die Stelle der unterschiedlichen Phasen des Selbst treten strategisch handelnde Personen, die ihren Nutzen maximieren und deswegen ihre jeweiligen Pläne wechselseitig vereiteln können.[69] Das gute Resultat, das *gemeinsam* durch alle für *jeden* erzielt werden könnte, lässt sich nur aus der Perspektive eines Beobachters von Entscheidungssequenzen erkennen.[70] An letzteren lässt sich ablesen, dass es *ex ante* für alle besser ist, wenn niemand an jedem Punkt, an dem sich Handlungsalternativen auftun, die Erfüllung der eigenen Wünsche maximiert. Akteuren, die ihr Selbstinteresse wahrnehmen, ist es allerdings nicht zumutbar, diese Perspektive dauerhaft einzunehmen. Sie sind dazu angehalten, an *jedem* Punkt ihr Eigeninteresse zu verfolgen. Deshalb lässt sich auch nicht von dem, was jeder einzelne zu tun Grund hat, zu dem gelangen, was alle gemeinsam für jeden tun können. In einer Abwägungsregel wie £1 stellt sich das soziale Ausgangsproblem als »Each-We-Dilem-

ster/R. Slagstad (Hrsg.), *Constitutionalism and Democracy*, Cambridge 1988, 195-240, hier: 210-212.

68 Auf unser Problem umgelegt bedeutet dies: Das höhere Gewicht von P1 ist nur der Ausdruck einer perspektivischen Negation von P2.

69 Siehe McClennen, Pragmatic Rationality (oben Anm. 11), 243-246.

70 Dieser externe Beobachter ist dem hypothetisch kontinuierlichen Selbst äquivalent.

ma« dar. Um die Perspektive eines jeden, der sein Eigeninteresse verfolgt, in die Perspektive aller, die ihren gemeinsamen Vorteil suchen, überführen zu können, wäre zu zeigen, weshalb P2 *kollektiv* erfolgreich sein sollte. Aber die allseitige Wünschbarkeit von P2 impliziert nicht die kollektive Wünschbarkeit von P1. Der kollektive Mehrwert, der durch den allseitigen Verzicht auf die Verfolgung des Selbstinteresses (also auf P2) geschaffen wird, setzt eine *Identitätsattribution* voraus, die es allen zumutet, von ihren personen-relativen Handlungsgründen *allgemein* abzusehen. £1 verdeckt die Unbestimmtheit eines kollektiven Subjekts, das daran ein Interesse haben könnte. Abermals ist verdeckte Normativität im Spiel. Die Anwendung der Abwägungsregel setzt voraus, dass sich die atomisierten Subjekte als Angehörige einer Gemeinschaft begreifen.[71]

Die Selbstüberlistung, vermöge derer öffentlichen Gütern ein vorgeblich ausschließlich personen-relativer Erfolg verschafft werden kann, beruht also auf einer erschlichenen Prämisse. Sie besagt, dass öffentliche Güter (wie P1 im Verhältnis zu Z) ihrem Grunde nach nichts anderes als private Güter sind.[72] Sunstein[73] trifft den Kern der Sache, wenn er feststellt, dass die Auflösung eines sozialen Dilemmas nicht zu einem pareto-superioren Resultat führt. Im Vergleich zum günstigen Verlauf, den die strategische Koordination für den einen oder anderen nehmen *kann*, wird es bei der Realisierung von P1 immer den einen oder anderen Verlierer geben. Die Behauptung, dass ein Votum für das öffentliche Gut im Eigeninteresse der Akteure liegt, beruht auf der Unterstellung einer sozialen Norm, welche die Wahl des öffentlichen Guts als Betätigung des Eigeninteresses *ausgibt*. Es muss aber bereits gewusst werden, was für alle gemeinsam gut ist, damit die Vorzugswürdigkeit des öffentlichen Guts in den Blick kommt. Der Begriff des »Marktversagens« beruht auf normativen Voraussetzungen. Die individuelle ökonomische Rationalität geht keineswegs fehl, wenn sie im Gefangenendilemma[74] nur nach dem Zweitbesten greift. Für sie ist das Zweitbeste das Optimum. Das Gefangenendilemma ist auch nur deswegen ein

71 Zum Zusammenhang von Normativität und Identität siehe Christine M. Korsgaard, *The Sources of Normativity*, Cambridge 1996, 102.

72 Siehe Parfit, *Reasons* (oben Anm. 30), 64-65.

73 Siehe Sunstein, *Social Norms* (oben Anm. 29), 41-42.

74 Siehe dazu bloß Daniel M. Hausman/Michael S. McPherson, *Economic analysis and moral philosophy*, Cambridge 1996, 183-184.

Sinnbild für das Marktversagen, weil sich in der mit ihm bezeichneten Situation nicht einstellt, was wir *unabhängig* von unserem Verhalten als Marktteilnehmer *gemeinsam* für gut heißen.[75] Als Abwägungsregel scheitert £1 daran, dass sie die Perspektive, aus der P1 ein höheres Gewicht erhält, nicht aufklärt.

Der demokratisch anständig auftretende Formalismus

Unsere bisherige Diskussion lässt weder zufriedenstellende Schlussfolgerungen noch weiterführende Vermutungen zu. Bislang kann bloß *nicht ausgeschlossen* werden, dass die Vorrangigkeit eines Prinzips daraus folgt, dass wir alle gemeinsam etwas für besser als etwas anderes halten. Damit wäre das intuitive Abwägen allerdings bloß auf die Ebene kollektiven Wollens gehoben, ohne dass wir wüssten, weshalb das gemeinsame Wollen auch das bessere Wollen ist.

Diese *unbestimmte Aussicht* (UA) auf den Vorrang von Prinzipien bildet indessen eine der Prämissen eines Grundrechtsverständnisses, das deswegen als »formalistisch« zu bezeichnen ist, weil es ein grundrechtliches Schutzgut letztlich bloß durch den formellen Gesetzesvorbehalt garantiert sehen kann.[76] Im Rahmen des formalistischen Grundrechtsverständnisses tritt die unbestimmte Aussicht über den Vorrang des kollektiven Wollens in Kombination mit funktionellrechtlichen Erwägungen auf. Deren erklärtes Ziel ist es, die richterliche Kompetenz zur Korrektur der verfassungsrechtlich institutionalisierten demokratischen Willensbildung in enge Schranken zu verweisen. Unter der Prämisse, dass das richterliche Werturteil gegenüber dem demokratisch legitimierten kollektiven Wollen zurückzutreten habe, gelangt man dann allzu leicht zu einer Abwägungsregel, die in letzter Konsequenz dem grundrechtlichen Gesetzesvorbehalt seine materielle Dimension entzieht.[77] Der demokratisch anständige Formalismus wäre indes durch eine Serie von

75 Siehe Parfit, *Reasons* (oben Anm. 30), 92.

76 Siehe Hans Kelsen, *Sozialismus und Staat. Eine Untersuchung der politischen Theorie des Marxismus*, 2. Aufl. Leipzig 1923, 59.

77 Siehe Gertrude Lübbe-Wolf, *Die Grundrechte als Eingriffsabwehrrechte. Struktur und Reichweite der Eingriffsdogmatik im Bereich staatlicher Leistungen*, Baden-Baden 1988, 26-27. Zur Kritik am Verlust der materiellen Dimension siehe nur Karl Korinek, Gedanken zur Lehre vom Gesetzesvorbehalt bei Grundrechten, in: *Merkl-FS*, hrsg. v. M. Imboden et al., München/Salzburg 1970, 171-186; Manfred

Schlussfolgerungen zu vermitteln, um von der unbestimmten Aussicht zum formalen Verständnis des Gesetzesvorbehalts fortschreiten zu können. Die Zurechnungsregel, wonach wir eine demokratisch legitimierte Mehrheitsentscheidung als das gelten lassen müssen, was wir alle gemeinsam wollen, versteht sich keineswegs von selbst.[78] Es ist evident, dass der Abstand zwischen der Prämisse und der konkreten Schlussfolgerung kaum größer sein könnte, und es muss von vornherein fraglich erscheinen, ob sich überhaupt ein Pfad finden lässt, der von der einen zur anderen führt.

(UA) Es kann *nicht ausgeschlossen* werden, dass die Vorrangigkeit eines Prinzips daraus folgt, dass wir alle gemeinsam etwas für besser als etwas anderes halten.

(£2) Ein Prinzip P1 genießt Vorrang vor einem anderen Prinzip P2, wenn es von der gesetzgebenden Körperschaft gewollt wird.

Der demokratisch anständig auftretende Formalismus lässt sich auf materielle Vorbehalte ausdehnen, wenn man diese als Grenzen der Ermächtigungen versteht, ein öffentliches Interesse zu verfolgen.[79] So führte der österreichische Verfassungsgerichtshof einst in seiner Entscheidung zum Atomsperrgesetz aus, dass das gesetzliche Verbot, ein Atomkraftwerk zu betreiben, zwar in das im Art. 1 des Ersten Zusatzprotokolls zur EMRK geschützte Eigentumsrecht eingreife, dieser Eingriff aber deswegen gerechtfertigt sei, weil das Verbot sowohl der Sorge der Öffentlichkeit über den Betrieb solcher Kraftwerke gerecht werde als auch der öffentlichen Sicherheit diene. Beide Regelungsziele seien als öffentliche Interessen im Sinne des Gesetzesvorbehalts des Art. 1 Abs. 2 zu betrachten[80] und *daher* dazu angetan, den Eingriff zu rechtfertigen. Was wir in unserer Eigen-

Stelzer, *Das Wesensgehaltsargument und der Grundsatz der Verhältnismäßigkeit*, Wien/New York 1992, 4-8.

78 Siehe dazu näher Somek, Mehrheitsprinzip (oben Anm. 12).

79 Die Güterabwägung zu vermeiden und die Beurteilung der Zulässigkeit eines Grundrechtseingriffes allein auf die Beobachtung der Legitimität oder Illegitimität des öffentlichen Interesses zu stützen, macht übrigens den klassischen »Lochnerism« aus. Siehe T. Alexander Aleinikoff, Constitutional Law in the Age of Balancing, in: *Yale Law Journal* 96 (1987), 943-1005, hier: 951-952.

80 Siehe VfSlg. 9911/1983.

schaft als Volk vermittels eines Gesetzgebungsverfahrens, das in diesem Fall sogar eine Volksabstimmung einschloss, gemeinsam für gut halten, genießt einen höheren Rang als ein grundrechtliches Schutzgut, wenigstens solange wir uns, vertreten durch die gesetzgebende Körperschaft, im Rahmen dessen halten, was die expliziten materiellen Vorbehalte der EMRK als legitime öffentliche Interessen zulassen.

Der demokratisch anständig auftretende Formalismus laboriert an dem Problem, dass er die Vermutung, beim Vorrang von Prinzipien habe kollektives Wollen im Spiel zu sein, im Verhältnis zum richterlichen Intuitionismus nicht zu begründen vermag. Die Idee, die demokratische Entscheidungsfindung garantiere als Ersatz des einstimmigen kollektiven Wollens wenigstens die politische Autonomie der Mehrheit,[81] lässt sich angesichts der Analysen der Public Choice Theorie[82] nicht aufrechterhalten. Abstimmungsverfahren aggregieren weder Wünsche noch Wertentscheidungen. Sie sind paradoxerweise gerade deswegen eine Stabilitätsbedingung der politischen Ordnung. In pluralistischen Demokratien machen sie es unwahrscheinlich, dass eine Gruppe langfristig den Eindruck gewinnt, den anderen permanent zum Opfer zu fallen.[83] Aber selbst wenn man zugestehen sollte, dass sogar die parlamentarisch-repräsentative Mehrheitsentscheidung für P1 in der Tat sich als Manifestation der Autonomie der Mehrheit verstehen lässt, vermag der demokratisch anständig auftretende Formalismus nicht anzugeben, weshalb sich die für P2 votiert habende, aber leider unterlegene Minderheit der Mehrheit unterordnen soll. Der demokratisch anständig auftretende Formalismus vermag vom Ansatz her nicht zu begründen, weshalb das gemeinsame Wollen von höherer Autorität ist als ein individueller Wunsch. Auch enthält er sich einer Stellungnahme dazu, weshalb eine Abwägung, die einer Abstimmung mehrerer Personen entspringt, zu einem sachlich besseren Resultat führen sollte als das intuitiv getroffene Urteil einer Einzelperson. Denn die Aggregation von Wünschen (Präferenzen) scheidet als einzig plausibler Kandidat aus.

81 Siehe Hans Kelsen, *Vom Wesen und Wert der Demokratie*, 2. Auflage 1929, Neudruck: Aalen 1963.

82 Siehe bloß Hardin, *Public Choice* (oben Anm. 32).

83 Siehe Robert A. Dahl, *Democracy and Its Critics*, New Haven/London 1989, 290-299; Ian Shapiro, *Democracy's Place*, Ithaca/London 1996, 44.

Es ist unschwer zu ersehen, dass die Untersuchung von Abwägungsregeln nicht zufällig mit dem Gehorsamsanspruch politischer Herrschaft verknüpft ist.[84] Die Theorie der Abwägung ist Demokratietheorie aus der Perspektive der richterlichen Instanzen. Damit aber die richterliche Güterabwägung gegenüber einem gesetzlichen Grundrechtseingriff sich sachlich Respekt verschaffen kann, *darf* sie sich nicht damit begnügen, den schwarzen Peter des Intuitionismus an den gesetzlichen Kompromiss zurückzuspielen. Sie muss eine Abwägungsregel konstruieren, die begründet, weshalb sie dem Intuitionismus überlegen ist.

Liberale Neutralität

Wenn Michael Sandels Diagnose zutrifft, dann sollte sich unter dem Titel der »liberalen Neutralität« eine Abwägungsregel rekonstruieren lassen, aufgrund derer die moderne richterliche Gesetzesprüfung gleichsam von sich aus mit dem Anspruch auf die sachliche Überlegenheit ihrer Entscheidungen auftritt:[85]

> The version of liberalism that puts the right before the good finds its clearest expression in constitutional law. More explicitly than any other institution, the Supreme Court presides over the priority of right, in both senses of that priority. First, it defines the rights that constrain the majority rule. Second, it tries to identify these rights in a way that does not presuppose any particular conception of the good life.

Vermöge der liberalen Neutralität könnte der Anwendungsbereich von UA eingeschränkt werden. Die Vorrangigkeit eines Prinzips P1 vor einem Prinzip P2 wäre demnach dann ausgeschlossen, wenn sie die Erfüllung von Wünschen verhinderte, die Bestandteil eines gelungenen Lebensplans sein *dürfen*.[86] Jegliche Wunscherfüllung, die

84 Siehe Ronald Dworkin, *Freedom's Law: The Moral Reading of the American Constitution*, Cambridge (Mass.)/London 1996, 18.

85 Siehe Michael Sandel, *Democracy's Discontent. America in Search of a Public Philosophy*, Cambridge (Mass.) 1996, 28.

86 In diesem Sinne kann man mit Rawls festhalten, dass die Regeln der Gerechtigkeit der Entfaltung von Lebensplänen durchaus Grenzen ziehen. Siehe John Rawls, *Political Liberalism*, New York 1993, 174. (Dt.: *Politischer Liberalismus*, Frankfurt/M. 1998.)

zur Entfaltung eines solchen Lebensplans erforderlich ist, ist *prima facie* durch die Grundrechte gewährleistet. Diese dürfen nur unter der Bedingung eingeschränkt werden, dass die Erfüllung jeweils anderer zulässiger Wünsche *in einem bestimmten Sinne* nicht beeinträchtigt wird. Dieser hier noch unbestimmte bestimmte Sinn wäre, wenn er bestimmt werden könnte, der Sinn der liberalen Neutralität.

Sandel[87] weist zu Recht darauf hin, dass eine liberal-neutrale Interpretation der Grundrechte wenigstens zwei Varianten kennt. Einerseits fordert die Neutralität, der Verfassung nicht den Sinn beizulegen, ein bestimmtes Ordnungsmodell (etwa der Beziehungen zwischen Arbeitgebern und Arbeitnehmern) zu enthalten;[88] andererseits kann die Neutralitätsforderung dahingehend verstanden werden, dass der Staat die *zulässigen* Wünsche, die von Menschen erfüllt sein wollen, auf Äquidistanz zu halten und nicht zu bewerten habe.[89] Was letzteres angeht, lässt sich der Neutralität ein schwächerer und eine stärkerer Verstand beilegen. Der Staat hat es demnach entweder bloß zu unterlassen, Beschränkungen zu verhängen, während er ansonsten frei ist, zu unterstützen, was ihm gefällt;[90] oder aber der Staat hat sich auch der Förderung bestimmter Wünsche zu enthalten und demgemäß Benachteiligungen zu vermeiden, die auf dem Ausschluss von positiven Leistungen beruhen.[91] Die liberale Neutralität schließt aber weder in ihrem starken noch in ihrem schwachen Verstand aus, dass der Staat Maßnahmen setzen kann, um allen dazu zu *verhelfen*, ihre Wünsche unter Bedingungen willentlich zu bejahen und zu erfüllen, die einer autonomen Lebensführung zuträglich sind. Die liberale Neutralität lässt sich daher als konsequente Weiterführung des alten liberalen Gedankens verstehen, dass die Menschen freiwillig darüber entscheiden sollen, was sie tun wollen. Unter Abwesenheit von Not und Zwang sollen sie selbst bestimmen, was sie zu tun Grund haben.[92]

87 Siehe Sandel, *Democracy's Discontent* (oben Anm. 85), 46.
88 Es wird sich noch zeigen, weshalb eine solcherart verstandene liberale Neutralität gänzlich unerreichbar ist.
89 Siehe Will Kymlicka, *Politische Philosophie heute*, Frankfurt/M. 1997, 175.
90 Siehe ebd., 187; Charles Larmore, *Patterns of Moral Complexity*, Cambridge 1987, 47.
91 Siehe Larmore, *Patterns* (oben Anm. 90), 45.
92 Siehe George Sher, Liberal Neutrality and the Value of Autonomy, in: E. F. Paul et

Was die liberale Neutralität bedeutet, wenn man sie in der Form einer Abwägungsregel fasst, erschließt sich am besten aus ihrer Verneinung. Man denke an folgendes nicht-neutrale Prinzip:[93]

(NN) Ein Prinzip P1 hat Vorrang vor einem Prinzip P2, wenn durch seine Realisierung Wünsche erfüllt werden, die auch unabhängig davon wertvoll sind, dass sie von Menschen gewollt werden.

Ein nicht-neutraler Grundsatz stellt darauf ab, dass der Wert von Wünschen unabhängig davon ist, ob Menschen sie wollen.[94] Im Vergleich dazu hält sich die liberale Neutralität zu Wünschen nicht bloß deswegen auf Distanz, weil es politisch klüger ist, sich einer Bewertung zu enthalten.[95] Von ihrem Standpunkt aus haben Wünsche überhaupt keinen vom Wollen unabhängigen Wert. Wünsche sind vielmehr deswegen gleichmäßig zu respektieren, weil sie von Menschen aus irgendeinem Grund gewollt werden. Die liberale Neutralität ist ein Ausdruck der Anerkennung der gleichen Freiheit aller.[96] Nur wenn man der Neutralität dieses Verständnis beilegt, ist ersichtlich, weshalb NN keinen liberalen Grundsatz formuliert. Denn unter seinem Vorzeichen kann die Entscheidung für das, was für gut zu halten ist, bestenfalls als Reflex einer kognitiv zu fassenden Selbstfindung gedeutet werden. Das Gute, das unabhängig vom Wollen existiert, ist bloß noch zu »entdecken«.[97]

al. (Hrsg.), *Contemporary Political and Social Philosophy,* Cambridge 1995, 136-159, hier: 145.

93 Siehe Sandel, *Democracy's Discontent* (oben Anm. 85), 47.

94 Siehe Kymlicka, *Politische Philosophie* (oben Anm. 89), 171.

95 So aber Larmore, *Patterns* (oben Anm. 90), 59.

96 So ebenfalls Larmore, *Patterns* (oben Anm. 90), 64.

97 Siehe Charles Taylor, *Negative Freiheit. Zur Kritik des neuzeitlichen Individualismus*, Frankfurt/M. 1988, 23-25, 36-37.

Im Fall *PruneYard Shopping Center v. Robins*[98] hat der amerikanische Supreme Court dem Betreiber eines Einkaufszentrums zu verstehen gegeben, er müsse es dulden, wenn auf seinem Gelände eine Gruppe für ihre politische Angelegenheit werbe. Was sich aus der Sicht eines Libertären wie ein enteignungsgleicher Eingriff (»regulatory taking«) ausnimmt,[99] lässt sich aus der Sicht einer Abwägungsregel wie NN als Manifestation des Vorrangs der politischen Freiheit vor dem kommerziellen Interesse deuten. So stehen etwa auf der Basis einer nicht-neutralen Theorie wie jener des bürgerlichen Republikanismus die Rechte der Bürger in einem funktionalen Zusammenhang mit dem Gut der gemeinsamen politischen Selbstbestimmung.[100] Wie in ständischen Gesellschaften werden Freiheiten als Mittel betrachtet, bestimmte Aufgaben wahrzunehmen.[101] Je enger der Zusammenhang zwischen den als Mittel der Zielerreichung verstandenen Rechten und den als vergleichsweise wertvoller erachteten Wünschen ist, desto höher bestimmt sich das komparative Gewicht der Prinzipien. Nach republikanischer Auffassung ist die politische Willensäußerung ein höherwertigeres Gut als der bloße Kommerz.[102] Für ihre Vertreter muss auf der Hand liegen, dass der Supreme Court in *PruneYard* richtig entschieden hat. Er hat richtig entschieden, nicht weil Menschen eine Demonstration abhalten *wollten*, sondern weil Demonstrationen *wichtiger* sind als das Einkaufen.

Aus der Sicht der liberalen Neutralität ist eine solche Rekonstruktion von *PruneYard* abzulehnen. Sie beruht auf einer Bewertung von Wünschen, in welcher die demokratische Politik als eine gegenüber dem (schnöden) Kommerz bevorzugte Variante des gelungenen Lebens fungiert.[103] Eine solche Bewertung darf nicht vorgenommen werden. Wünsche verdienen nicht unabhängig davon

98 447 US 74 (1980).

99 Siehe Richard Epstein, Takings, Exclusivity, and Speech: The Legacy of PruneYard v Robbins, in: *University of Chicago Law Review* 64 (1997), 21-56, hier: 42.

100 Siehe Sandel, *Democracy's Discontent* (oben Anm. 85), 25.

101 Siehe Dieter Grimm, *Die Zukunft der Verfassung*, Frankfurt/M. 1991, 69-70.

102 J.G.A. Pocock, *Die andere Bürgergesellschaft. Zur Dialektik von Tugend und Korruption*, Frankfurt/M. 1993, 75-76.

103 Siehe Rawls, *Political Liberalism* (oben Anm. 86), 106.

öffentliche Anerkennung, *dass* sie von Menschen zum Inhalt ihres Wollens gemacht werden. In diesem Sinne hält Larmore fest:[104]

> The state should not seek to promote any particular conception of the good life because of its presumed *intrinsic* superiority – that is, because it is supposedly a *truer* conception.

Es ist vielmehr von der Gleichwertigkeit im Verhältnis von kommerziellen Interessen und politischer Willensäußerung auszugehen. Eine in einem liberalen Sinne neutrale Abwägung muss sich daher die schwierige Frage vorlegen, ob eine Beschränkung der Erfüllung von Wünschen (bzw. eine Einschränkung der sie autorisierenden Prinzipien) aus Gründen möglich ist, die keine innere (»intrinsic«) Bewertung von Wünschen einschließt. Sie dürfte bloß Bedingungen beachten, unter denen kollidierende Prinzipien *gleichwertig* realisiert werden können. Im Verhältnis zu einer nicht-liberalen Stellungnahme zum »inneren Wert« eines Wunsches wären solche Gründe als *externe Gründe* der Beschränkung zu betrachten.[105]

Um intuitiv einleuchtende Beispiele für externe Gründe muss man nicht verlegen sein. Im Verhältnis zum Schutz der körperlichen Integrität verträgt die Freiheit, sich mit Schusswaffen zu vergnügen, gewiss Einschränkungen. Die Gründe, die solche Einschränkungen tragen, beruhen nicht auf dem Unwert des Schießens mit Schusswaffen, sondern auf der Bedeutung der körperlichen und seelischen Integrität anderer. Diese unsere Intuition lässt sich allerdings nur schwer an jenem Punkt in eine Begründung transformieren, an dem deutlich zu machen wäre, unter welchen Umständen eine Einschränkung dieser Freiheit den Verdacht aufkeimen lässt, ihr werde ein geringerer Wert als anderen Freiheiten beigemessen.[106]

Verzichtszumutbarkeit

Unter dem Vorzeichen der liberalen Neutralität stellt sich bei der Abwägung das Problem, wie sich diejenigen Wünsche zueinander in ein Verhältnis setzen lassen, die zwar im Prinzip erlaubt sind, aber

104 Larmore, *Patterns* (oben Anm. 90), 43.

105 Siehe ebd., 43.

106 Siehe Dan M. Kahan/Donald Braman, More Statistics, Less Persuasion: A Cultural Theory of Gun-Risk Perception, in: *University of Pennsylvania Law Review* 151 (2003), 1291-1325.

nicht *gemeinsam*[107] realisiert werden können. In bestimmten Konstellationen ist nur der eine auf Kosten des andern zu erfüllen.[108] Die politische Freiheit beeinträchtigt den Kommerz. Darf das sein? Warum darf das sein?

Das durch *PruneYard* aufgeworfene Problem lässt sich damit klarer fassen. In Frage steht, unter welchen Bedingungen Verzichte auf Wünsche zugunsten der Erfüllung anderer oder der Realisierung kollektiver Güter zumutbar sind. Die Beachtung liberaler Neutralität setzt die Lösung eines Verzichtszumutbarkeitsproblems voraus. In seiner Diskussion von *PruneYard* trägt Michelman folgende Erwägung vor:[109]

> Lawmakers may conclude with good reason that processes of suburban and exurban development have been a direct contributing cause of the socially costly degradation suffered by urban-centred spaces. Furthermore, these destructive exurbanizing processes [...] have been fuelled by the private provision of shopping malls, which have contributed to the destruction of urban-centre civic commons and their attendant social capital. [...] Why, indeed, should judges or other lawmakers not be free to identify as a public nuisance actions contributing to the degradation of pre-existing, urban-centre social capital.

Diese Überlegung ist mit der liberalen Neutralität insofern kompatibel, als sie darauf abstellt, inwieweit die Erfüllung von Wünschen sich nicht *wechselseitig* ausschließen darf. Michelman appelliert in-

107 Siehe Rawls, *Political Liberalism* (oben Anm. 86), 196.

108 Die liberale Neutralität ist auf ein Gebiet bezogen, das man als das des »Rechten« bezeichnet. Ihre Pointe hat sie darin, das »Gute« innerhalb dieses Bereichs gleichwertig zu achten. Von vornherein scheiden jene Wünsche als *ungerecht* aus, auf die zu verzichten wechselseitig im Interesse aller einzelnen auch allen zumutbar ist (siehe Rawls, *Political Liberalism* [oben Anm. 86] 1993, 196). Sie sind für die liberale Neutralität nicht von Interesse. Unter dem Titel des »Guten« stellt sich die Frage, welche Wünsche von Wert im menschlichen Leben sind. Siehe statt vieler anderer nur Christine M. Korsgaard, *The Sources of Normativity*, Cambridge 1996, 114. Ich will die kontroverse Frage, ob die Unterscheidung zwischen dem, was aus Gründen der Gerechtigkeit ausgeschlossen ist, und den Wünschen, die erlaubt sind, nicht erörtern, sondern davon ausgehen, dass beispielsweise eine Karriere als Terrorist als ungerechte Lebensform ausgeschlossen ist und nicht einmal die Relevanzschwelle der liberalen Neutralität erreicht.

109 Siehe Frank Michelman, The Common Law Baseline and Restitution for the Lost Commons: A Reply to Professor Epstein, in: *University of Chicago Law Review* 64 (1997), 57-69, hier: 64.

direkt an die mangelnde Verfügbarkeit von Alternativen, weil er meint, der Niedergang urbaner Zentren habe durch die Erlaubnis der politischen Meinungsäußerungen in Shopping Malls kompensiert zu werden.[110] Andernfalls liefe die Meinungsäußerung leer, zumal Shopping Malls in gewisser Hinsicht – und zwar: was die Ansammlung von Menschen betrifft – in die Funktion solcher Zentren eingerückt seien. Es wäre also angesichts verschwundener Voraussetzungen einerseits und einer entstandenen Alternative andererseits unzumutbar, die Chance auf eine politische Meinungsäußerung vom Wohlwollen des Betreibers des Einkaufszentrums abhängig zu sehen. Die Verzichtsunzumutbarkeit der Meinungsäußerung ergäbe sich so – in bester kantischer Manier – aus der Verhinderung eines Hindernisses der Freiheit.[111] Freiheitshindernisse durch den Grundrechtsträger nicht aus dem Weg räumen zu lassen, wäre nicht neutral. Die Abwertung der politischen Freiheit im Verhältnis zum Kommerz würde durch das Recht bestätigt und verstärkt. Für die wechselseitige Beziehung zwischen Wünschen dürfte es sich also so verhalten, dass eine unzulässige Benachteiligung nicht vorliegt, wenn ein Wunsch zurückzutreten hat, damit ein anderer erfüllt werden kann, solange der zurücktretende Wunsch auf andere Art befriedigt werden kann. Die Opportunitätskosten des Wunschverzichts dürften nicht höher sein als der Zugewinn an Neutralität. Würde diese Bedingung verletzt, dann läge eine externe Rechtfertigung nicht vor. Würde dieser Bedingung genügt, dann könnte man die Einschränkung als zumutbar erachten. Sie genügte einer Verzichtszumutbarkeitsbedingung.

Die soziale Teilung der Verantwortung

Die Bedingungen der Neutralität müssen sich also als Bedingungen der Verzichtszumutbarkeit darstellen lassen. Damit stellt sich die Frage nach den Grundlagen von »trade offs«. Es liegt auf der Hand, dass es dabei nicht um ein Nullsummenspiel geht. Durch verhängte oder zugelassene Einschränkungen der Ausübung einer Freiheit geht diese nicht verloren. Es mag bloß anstrengender werden, sie in

110 Siehe zu dieser Überlegung im Allgemeinen bei Raz, *Morality* (oben Anm. 16), 116.

111 Siehe Immanuel Kant, *Die Metaphysik der Sitten*, in: ders., *Werkausgabe*, hrsg. v. W. Weischedel, Frankfurt/M. 1968, Bd. 8, 338 (B 35).

Anspruch zu nehmen. Pressefreiheit gibt es. In einer marktwirtschaftlich fundierten Medienkultur lässt es der Staat zu, dass es die Pressefreiheit zunächst für all jene gibt, die genügend Geld haben, um sie in Anspruch zu nehmen. Und dieses Geld muss man verdienen. Wer zu wenig Geld hat, gibt eben keine Zeitung heraus. Wieso ist dieser Verzicht zumutbar?

Ich meine, der Schlüssel zum angemessenen Verständnis der Verzichtszumutbarkeit liegt in einer einfachen Überlegung. Unzumutbares fordert man dann nicht, wenn man nicht zu große Verzichte fordert. Zu viel wird nicht gefordert, wenn genug übrig bleibt. Die Frage, wieviel von dem, was übrig bleibt, gegeben sein muss, damit es »genug« ist, berührt die soziale Teilung der Verantwortung. Zu ihr gelangt man von der liberalen Neutralität, nachdem man den Zwischenschritt der Verzichtszumutbarkeit eingelegt hat.

Grundrechte gewährleisten die Disposition über Grundgüter.[112] Es handelt sich bei ihnen um Zustände, Positionen und Optionen, die man besser hat als nicht hat. Man kann sie auch als Ausfluss »transzendentaler« Interessen[113] oder als »konditionale Güter«[114] deuten. Die Deutungen stimmen nicht ganz überein. Gemeint ist aber im Kern immer dasselbe. Man braucht Grundgüter, weil sie einem geben, was man braucht, unabhängig davon, was man in seinem Leben mit seinem Leben anfangen will. Sie sind ein verallgemeinerter Ausdruck der Bedürfnisse der Menschen. Sie sind Lebensmittel.[115] Und da es im Leben, worum immer es sonst noch geht, um die Erfüllung von Wünschen geht, sind sie Mittel der Wunscherfüllung.

Im Hinblick auf die Funktion der Grundrechte, die Disposition über Grundgüter zu gewährleisten, reguliert die soziale Teilung der Verantwortung, was von Menschen erwartet werden darf, damit sie über diese Güter verfügen können. Die soziale Teilung der Verantwortung besteht aus einem Geflecht an Erwartungen, aufgrund derer sich bestimmt, was Menschen einerseits zu tun in der Lage sein müssen, um sich Grundgüter selbständig zu sichern, und unter wel-

112 Siehe Rawls, *Theorie* (oben Anm. 9), 435.

113 Siehe Otfried Höffe, Sieben Thesen zur Anthropologie der Menschenrechte, in: ders. (Hrsg.), *Der Mensch – ein politisches Tier?*, Stuttgart 1992, 188-211, hier: 199.

114 Siehe Wolfgang Kersting, Gerechtigkeit und Medizin, in: ders., *Recht, Gerechtigkeit und demokratische Tugend*, Frankfurt/M. 1997, 170-212, hier: 185.

115 Siehe Rawls, *Political Liberalism* (oben Anm. 86), 187-190.

chen Bedingungen andererseits es ihnen nicht zumutbar ist, der Unterstützung anderer oder des Beistands des Staates zu entraten.[116] Die liberale Neutralität formuliert in diesem Zusammenhang eine Gleichheitsbedingung. Das Rechtssystem darf nicht so ausgestaltet sein, dass die Erfüllung bestimmter zulässiger Wünsche systematisch unzumutbar erschwert wird. Indem die soziale Teilung der Verantwortung darüber den Ausschlag gibt, was wir voneinander wechselseitig fordern dürfen, damit uns für die Partizipation an Grundgütern nicht übermäßige Verzichte auferlegt werden, ist sie für die Gestaltung von Rechtsverhältnissen durchgängig relevant. Sie ist, so gesehen, ein universelles deontologisches Element des Rechts. Sie impliziert aber nicht, dass alles, worauf wir besonderen Wert legen, von der Gemeinschaft bereitzustellen ist. Der Selbstrespekt wird oftmals fordern, dass man Ziele selbst auswählt und sich zu ihrer Erreichung verausgabt,[117] gerade wenn Dinge anstehen, die uns so wichtig sind wie das berufliche Fortkommen.

Die mit der sozialen Teilung der Verantwortung bezeichneten Erwartungen betreffen die liberale Neutralität *direkt*. Sie sind auf einzelne *Modalitäten* bezogen, an den Grundgütern zu partizipieren. Ob man gegen eine Demonstration eine Gegendemonstration durchführen darf, entscheidet darüber, ob man in einem bestimmten Fall Versammlungsfreiheit hat. Angesichts ihrer Funktion, die Distribution von Handlungsmöglichkeiten anzuleiten, impliziert die soziale Teilung der Verantwortung umgekehrt, dass die Autonomie der Personen nicht angetastet wird, wenn diese ihre *konkreten* Wünsche an ihre rechtlich gebilligte soziale Handlungsmacht anzupassen haben. Wenn die Abwägung ergibt, dass die öffentliche Sicherheit größeres Gewicht hat als die Freiheit, eine Gegendemonstration auszuführen, dann wird implizit der Anspruch erhoben, dass es Menschen zuzumuten ist, auf ihren Demonstrationswunsch zu verzichten. An diesem Punkt stößt man auf das normative Kriterium, das die soziale Teilung der Verantwortung einzuführen verspricht. Es betrifft die Frage, ob die *Autonomie* der Grundrechtsträger Schaden nimmt, wenn man ihnen zumutet, auf diesen Wunsch

116 Siehe ebd., 189.

117 Siehe T. M. Scanlon, The Significance of Choice, in: S. Darwall (Hrsg.), *Equal Freedom. Selected Tanner Lectures on Human Values*, Ann Arbor 1995, 39-104, hier: 68; Raz, *Morality* (oben Anm. 16), 306.

zu verzichten.[118] Ließen sich die Bedingungen angeben, unter denen die Beschädigung der Autonomie durch die Anpassung des grundrechtlich geschützten Wünschens vermieden wird, weil Menschen zugemutet werden darf, auf einen Wunsch (oder seine Erfüllung) aus Rücksicht auf öffentliche Interessen zu verzichten, dann wäre die gesuchte Abwägungsregel gefunden. Würde sie gleichmäßig angewandt, dann wäre das System der Grundrechte in einem liberalen Sinne »neutral«.

Philiströse Autonomie

Durch ihre Funktion, Mittel der Wunscherfüllung zu gewährleisten, über deren Gebrauch die Menschen selbst entscheiden, sind Grundrechte ein Ausdruck der öffentlichen Achtung von individueller Autonomie. Aber es ist nicht klar, welches Verständnis von Autonomie von einem System der Grundrechte vorausgesetzt wird. Die für die Möglichkeit einer sozialen Teilung der Verantwortung notwendige Bedingung, dass die Autonomie von Menschen nicht beschädigt wird, wenn sie auf bestimmte Wünsche oder deren Erfüllung verzichten, dürfte eine bestimmte Konzeption des menschlichen Selbstverhältnisses voraussetzen.[119] Demnach sind wir die Herren unserer Wünsche. Diese Vorstellung von unserem Verhältnis zu uns selbst mag fehlerhaft sein. Diesfalls wäre sie für ein System der Grundrechte, das antritt, Autonomie zu ermöglichen, nicht zu gebrauchen. Sie mag aber auch mit einem bestimmten, kulturell geprägten Lebensideal verbunden sein. Im letzteren Fall wäre die Ausbuchstabierung liberaler Neutralität in den Begriffen der sozialen Teilung der Verantwortung *insgesamt* nicht neutral.

Die Überlegungen Menkes dürften sich auf beide Varianten beziehen. Nach Menke[120] beruht die Vorstellung, wonach Menschen,

118 Siehe Harry Frankfurt, *The Importance of What We Care About*, Cambridge 1988, 109.

119 Die soziale Teilung der Verantwortung begrenzt zwar den Umfang der erfüllbaren Wünsche, indem sie deren Erfüllung erschwert oder zu Substitutionen nötigt. Sie beruht aber auf dem Gedanken, dass die Autonomie der Menschen auch dann unberührt bleibt, wenn sie sich dazu herausgefordert sehen, angesichts der gegenseitigen Aufteilung von Handlungsmöglichkeiten und Handlungslasten ihre Aspirationen an die Umstände anzupassen.

120 Siehe Christoph Menke, *Liberalismus im Konflikt*. Zwischen Gerechtigkeit und Freiheit, in: M. Brumlik/H. Brunkhorst (Hrsg.), *Gemeinschaft und Gerechtigkeit*,

indem sie ihr Leben *bestimmen*, in der Anpassung an die normativen Vorgaben der sozialen Teilung der Verantwortung über ihre Wünsche *verfügen*, auf einer zweifelhaften und engen Deutung der Autonomie. Die »Normalisierung« der Menschen zu Wesen, die den Inhalt ihres Wollens gemessen an den jeweiligen Umständen optimieren und also in Distanz zu ihren Bestrebungen über ihre Ziele disponieren, ist die nicht-neutrale Kehrseite der liberalen Neutralität. Sie drückt sich in der Idee aus, dass Forderungen der Gerechtigkeit zwar mit autonom angenommenen Wünschen in Konflikt geraten können, nicht aber gegen »[...] die Freiheit des selbstgewählten Planens verstoßen«.[121] Nach Menke kennt dieses moderne »individualistische« Freiheitsverständnis nicht die unkluge Hingabe an schöne Ideale.[122] Es kennt sie ebenso wenig wie jene romantischen Versionen der Freiheit, für welche die Unverfügbarkeit der kommunalen Charakterprägung oder der kontingente Verlauf unkontrollierbarer Lebensexperimente wesentlich sind.[123]

An dieser Beobachtung trifft zu, dass nach liberalem Verständnis die autonome Lebensführung, selbst wenn man bloß auf die Abwesenheit von äußeren und inneren Zwängen abstellt, mit der Rationalität des Handelns verknüpft ist.[124] Unter dem Vorzeichen lebenspraktischen Strebens wird, wer frei handeln kann, das tun, was unter gegebenen Umständen *für ihn* das Beste ist. Wer sich selbst schadet, ist von Zwängen beherrscht. Indes wird die Problematik des »individualistischen« Verständnisses von Autonomie bei Menke zu eng gefasst. Der über Interessen disponierenden Autonomie lässt sich nicht jene Autonomie gegenüberstellen, die sich den Luxus der kompromisslosen Hingabe an Ideale gönnt, als wäre sie das große Andere des philiströsen Opportunismus. Beide Arten von Autonomie lassen sich nur bestimmen mit Blick auf die *Qualität des Wollens*.[125] Das Wollen kann für eine Person disponibel oder indisponi-

Franfurt/Main 1993, 218-243, hier: 234, 236; ders., Despotie, Individualismus, Vereinheitlichung. Tocqueville über Freiheit und Gleichheit, in: Ch. Demmerling/Th. Rentsch (Hrsg.), *Die Gegenwart der Gerechtigkeit. Diskurse zwischen Recht, praktischer Philosophie und Politik*, Berlin 1996, 142-154, hier: 150-151.

121 Siehe Menke, Liberalismus (oben Anm. 120), 236.

122 Siehe Menke, Despotie (oben Anm. 120), 147.

123 Siehe Menke, Liberalismus (oben Anm. 120), 237-238.

124 Siehe Stefan Gosepath, *Aufgeklärtes Eigeninteresse. Eine Theorie theoretischer und praktischer Rationalität*, Frankfurt/M. 1992, 42-43.

125 Siehe Frankfurt, *Importance* (oben Anm. 118), 107.

bel sein. Disponibles Wollen zeichnet sich dadurch aus, dass das Wohlergehen einer Person nicht davon abhängt, ob sie einen Wunsch befriedigt erhält oder sich dazu entschließen muss, den Wunsch aufzugeben.[126] Indisponibles Wollen ist auf Wünsche bezogen, die nicht zu haben eine Person aus ihrer Binnenperspektive nicht wollen kann. Es erstreckt sich auf Wünsche, die eine Person wollen muss, damit sie die Person sein kann, die sie ist.[127]

Die Unterscheidung zwischen disponiblem und indisponiblem Wollen macht deutlich, dass sich die liberale Neutralität nur gewährleisten lässt, solange sich Freiheitsbeschränkungen im Bereich des disponiblen Wollens bewegen. In diesem Fall bleibt die Autonomie unbeschädigt. Unter dieser Bedingung darf man Menschen zumuten, ihre Wünsche zu ändern oder unerfüllt zu lassen. Beschädigt würde die Autonomie umgekehrt immer dann, wenn nicht-disponibles Wollen betroffen wäre. Es beträfe die Identität von Personen. Das Recht ist mit diesem Problem vertraut. Die Disposition über die religiöse Überzeugung oder das politische Bekenntnis ist nicht zu fordern.

Irgendein Grund

Damit liberale Neutralität möglich sein kann, müsste sich die Verzichtszumutbarkeit aus der Qualität des Wollens ableiten lassen. Das indisponible Wollen wäre der normative Maßstab. Die soziale Teilung der Verantwortung wäre nur dann neutral, wenn das normative Kriterium der Zumutbarkeit von der Qualität des individuellen Wollens abhinge, entweder disponibel oder indisponibel zu sein. Sie wäre umgekehrt nicht neutral, wenn dem Adressaten zu verstehen gegeben würde, dass man sich bestimmte Dinge nicht wünschen müsse, selbst dann, wenn der Adressat seinen Wunsch als Ausdruck einer Lebensnotwendigkeit verstünde. Darin läge eine Bewertung der Wichtigkeit des Wunsches.

Ich meine, dass sich die soziale Teilung der Verantwortung von der Qualität des individuellen Wollens nicht inhaltlich das Maß vorgeben lassen kann. Die Paradoxie der Freiheit, das tun zu können, von dem man *überzeugt* ist, es nicht *nicht* tun zu können, die

126 Siehe ebd., 114.
127 Siehe ebd., 15, 86.

Bejahung der Notwendigkeit, mit der wir als freie Wesen handeln,[128] zeigt sich an der *Spontaneität* der individuellen Gründe für indisponibles Wollen. Sie fällt damit *zusammen*, dass wir als einzelne sind, was wir als einzelne sind. Auf intersubjektiver Ebene müsste die liberale Neutralität folglich zulassen, dass Menschen *irgendeinen* unbestimmten Grund haben dürfen, ihr Wollen für indisponibel zu halten.

Die Erfahrung der idiosynkratischen Unverfügbarkeit des Wollens lässt sich moralisch respektieren. Über das *Dass* des unverfügbaren Wollens lässt sich Gegenseitigkeit herstellen. Es ist aber nicht möglich, das *Was* dieses Wollens – also seinen Inhalt – in diese Gegenseitigkeit einzubeziehen. Es lässt sich also nicht grundrechtlich garantieren.[129]

Auf der Ebene des moralischen Respekts herrscht vollständige Reversibilität. Aus der Perspektive der anderen bestimme ich mich, wie mich die anderen sehen, nämlich als unbestimmter Grund meiner selbst. Unbestimmtheit ist radikale Individualität, Einzelheit. Sie steht für den absoluten Unterschied, der uns zu Gleichen *macht*.[130] Uns zeichnet gemeinsam aus, dass wird uns gegenseitig, indem wir uns als frei bestimmen, als darin gleich erachten, durch das Eingreifen eines unbestimmten Grundes verschieden zu sein.[131]

128 Siehe ebd., 91-92.

129 In die Nähe dieser Auffassung gelangt Larmore, *Patterns* (oben Anm. 90), 63-64, wenn er den Unterschied zwischen »sympathy« und Respekt folgendermaßen fasst. Die »sympathy« beruht – wie er in Anlehnung an Hume und Smith festhält – darauf, sich vollständig in die Lage und die Präferenzen einer anderen Person hineinzuversetzen, also so zu empfinden wie diese selbst; demgegenüber bedeutet der Respekt, anzuerkennen, dass eine andere Person plausibler Weise bestimmte Wünsche und Forderungen erheben kann, gerade weil sie eine von mir verschiedene Person ist.

130 Siehe Gerhard Gamm, *Nicht nichts. Studien zu einer Semantik des Unbestimmten*, Frankfurt/M. 2000, 212-213. Ich kann Menke (*Liberalismus* [oben Anm. 120], 237) nicht folgen, wenn er dem liberalen Verständnis der Freiheit als Selbstverfügung jene romantischen Freiheitsverständnisse gegenüberstellt, in denen die Unverfügbarkeit der kommunal geprägten Charaktereigenschaften, die »uns haben«, und die unkontrollierbare Eigensinnigkeit von Lebensexperimenten eine konstitutive Rolle spielen. Auch ein Leben in Selbstverfügung kann als unverfügbar erfahren werden.

131 Banale Beispiele hierfür sind: Den Musikgeschmack der Mehrheit der Österreicher vermag ich nicht bloß nicht nachzuvollziehen, er ist mir auch unheimlich. Oder: Bei der Lektüre stutzt man oftmals, dass ein Autor sein Argument bereits

Die Anerkennung unbestimmt bestimmten, indisponiblen Wollens lässt sich nicht inhaltlich ausbuchstabieren. Der Respekt vor der Erfahrung unverfügbarer Individualität verbietet es, deren Gehalt öffentlich identifizierbar, geständig oder ausforschbar zu machen. Beglaubigungen lassen sich dafür nicht beibringen. Selbst wenn das möglich wäre, würde durch nichts die Verallgemeinerung garantiert sein. Es besteht kein Grund anzunehmen, über das indisponible Wollen herrsche prästabilierte Harmonie. Viel eher ist es eine Quelle des Konflikts. Die soziale Teilung der Verantwortung kann deswegen nicht vom individuellen indisponiblen Wollen ihre normative Gestalt erhalten. Es muss unbestimmt bleiben, was von Menschen als indisponibel erfahren wird.

Daraus lässt sich ein Umkehrschluss ziehen. Die normativen Muster der sozialen Teilung der Verantwortung beruhen auf historisch erfolgreichen und sozial dominierenden Bewertungen von Wünschen und Bestrebungen. Solchen Mustern gebricht es an liberaler Neutralität. Aus der Sicht der Unterscheidung zwischen disponibler und indisponibler Autonomie bedeutet dies, dass sich jegliche soziale Teilung der Verantwortung *systematisch* in ein Korsett verwandelt. Sie verhält manche dazu, ihr indisponibles Wollen als disponibel zu behandeln und ihr Sosein durch soziale Anpassungszwänge beschädigen zu lassen.

Gleichwohl ist es unvermeidlich, die soziale Teilung der Verantwortung bei der Begründung von Verzichtszumutungen in Anspruch zu nehmen. Es ist aber auch unmöglich, sie in neutraler Form anzuwenden. Sie muss stets implizit eine Bewertung von Wünschen enthalten, die nicht durch die Einzelheit indisponiblen Wollens autorisiert sein kann. Die soziale Teilung der Verantwortung sollte daher stets gesehen werden vor dem Hintergrund jenes Überschusses an Autonomie, der jede Gesellschaft mit dem Verdacht belasten *muss*, repressiv zu sein.

Gesellschaftsordnungen haben aus diesem Grund einen bemerkenswerten Effekt. Sie fordern systematisch zur Revolte heraus.

Deswegen haben sie eine Geschichte.

für durchgeführt hält, obwohl man meint, es habe gerade erst begonnen. In beiden Fällen bleibt unbestimmt, was eine Überzeugung zur Überzeugung macht.

Die soziale Teilung der Verantwortung soll ihrer Form nach neutral sein. Wegen der in ihrer Form enthaltenen Gegenseitigkeitsbedingung gerät sie mit ihrem Inhalt, der unversehrten Autonomie, in Konflikt. Autonomie ist Ausdruck unbestimmter Einzelheit. An diesem Punkt ist einzusehen, dass die Güterabwägung *für uns* ein Dauerproblem nicht deswegen ist, weil es uns an Urteilskraft mangelt. Vielmehr sind die Linien der sozialen Teilung der Verantwortung derart konstituiert, dass der Konflikt über sie in sie aufgenommen ist. Indisponibles Wollen lässt sich nicht normativ beobachtbar stellen. Wenn jeder Grundrechtseingriff die Autonomie eines Menschen beschädigen *könnte*, ist eine verallgemeinerungsfähige Abwägung unmöglich.

Man mag angesichts diese Befundes überlegen, ob die Autonomie, um die es bei den Grundrechten geht, nicht weniger anspruchsvoll angesetzt werden sollte. Die Beobachtung von Unbeobachtbarkeit könnte auf einen anderen Beobachtungsmechanismus umstellen. An die Stelle der Unterscheidung zwischen Disponiblem und Indisponiblem könnte ein graduell Vermehr- oder Verminderbares treten. Die Neutralität hätte dann ebenso wie die Autonomie, auf die sie bezogen ist, Abstufungen.[132] Gemessen an dem, was Menschen als Zumutung erachten, könnte die Realisierung des einen oder des anderen Prinzips im Verhältnis zur Behinderung oder Beförderung der Erfüllung von Wünschen vergleichsweise »neutraler« erscheinen. Dies gälte, auch wenn die kardinale Skala fehlte, auf der sich Neutralität messen ließe.

Zu erwägen ist daher folgende Abwägungsregel:

(£3) Ein Prinzip P1 hat Vorrang vor einem Prinzip P2, wenn es die Erfüllung von Wünschen vergleichsweise weniger hindert oder vergleichsweise weniger fördert.

Die komparative Ausrichtung der liberalen Neutralität, wonach gewissen Wünschen kein geringerer Wert als anderen beigemessen werden darf, bliebe wenigstens in der teleologischen Einkleidung eines »Optimierungsgebotes« erhalten. Die Erfüllung von Wünschen

132 Siehe Raz, *Morality* (oben Anm. 16), 155-156.

ist bestmöglich zu fördern oder wenigstens am geringsten zu hindern. Zu achten ist freilich auf den Unterschied zwischen Abwägungsregeln, die auf die Wahl zwischen einer Alternative zugeschnitten sind, und solchen komparativen Prinzipien, welche die »Würdigkeit« zur Erlangung eines Vorteils an den Grad der Realisierung einer Eigenschaft binden. Die letzteren enthalten einen proportionalen Maßstab. Für erstere gilt bloß, dass jene Prinzipien zu wählen sind, die sich nach Lage der Umstände vernünftigerweise nicht ablehnen lassen. Ein proportionaler Maßstab der Würdigkeit ist nicht im Spiel. Der Vergleich bezieht sich auf alle denkbaren Auswirkungen von Prinzipien.[133]

Man könnte sich beispielsweise die Frage vorlegen, welches der folgenden Prinzipien nach £3 den Vorrang zu genießen hat:

(X) Der Staat soll an die Eheschließung vergleichsweise günstigere Rechtsfolgen knüpfen als an das Eingehen einer nicht-ehelichen Lebensgemeinschaft.
(Y) Der Staat soll verheiratete Paare nicht anders behandeln als andere Paare auch.

Auf den ersten Blick wird man annehmen, dass £3 die Selektion von Y fordern wird. Im Vergleich zu X stellt es ein Prinzip dar, das die Erfüllung von Wünschen vergleichsweise weniger hindert oder vergleichsweise weniger fördert. Noch deutlicher dürfte dies bei folgendem Prinzip der Fall sein:

(Z) Schwule und Lesben können heiraten.

X dürfte mindestens ebenso neutral oder nicht-neutral sein wie Z. Schwule und Lesben dürften an den Vorteilen aller Ehegatten partizipieren, denn durch X wird die Eheschließung von Schwulen und Lesben nicht explizit ausgeschlossen. Man ist geneigt, die Transitivität der Beziehung anzunehmen. Y müsse also neutraler sein als Z. Es würde demnach dem Grundsatz der liberalen Neutralität eher

133 Siehe Scanlon, Contractualism (oben Anm. 21), 226: »Whether it would be unreasonable for me to reject a certain principle, given the aim of finding principles which no one could reasonably reject, depends not only on how much actions allowed by that principle might hurt me in absolute terms but also on how that potential loss compares with other potential losses to others under this principle and alternatives to it.«

entsprechen, für keine Form der Lebensgemeinschaft Vergünstigungen zu gewähren. Dies wäre neutraler, als Vergünstigungen bestehen zu lassen und Schwule und Lesben zur Eheschließung zuzulassen. Aber das ist zweifelhaft. Was in den Augen der liberalen Neutralität in der Tat besser ist – die Gleichstellung der nicht-ehelichen und ehelichen Lebensgemeinschaften einerseits oder die Ausdehnung der ehelichen Lebensgemeinschaft auf Lesben und Schwule andererseits – lässt sich nicht beantworten, ohne in Betracht zu ziehen, was aufgrund der sozialen Teilung der Verantwortung als zumutbare Hürde gilt. Manche werden nichts dabei finden, wenn auf die Ehe verzichtet wird, und die Gleichstellung der gleichgeschlechtlichen Partnerschaft mit der Ehe fordern. Andere werden die spezielle Qualität der Ehe erhalten und sie auf Lesben und Schwule ausdehnen wollen. Was zu gelten hat, lässt sich aufgrund von £3 nicht angeben.

Damit hat sich zunächst bestätigt, dass £3 mangels Transitivität keine komparative Regel mit einem proportionalen Maßstab darstellt. Es hat sich aber auch gezeigt, dass die Wahl zwischen X und Y nicht neutral durchzuführen ist. Sie setzt nämlich die Beantwortung der Frage voraus, ob es gut ist, dass die Ehe als spezielle Partnerschaftsform weiter besteht. Darüber lässt sich keine neutrale Aussage treffen. Es kommt darauf an, was man politisch *will*.

Die Sparvariante der Sparvariante

Mit dem komparativen Autonomieverständnis kommt man also ebenfalls nicht weiter. Autonomieoptimierung lässt sich nicht neutral durchführen. Es bleibt aber noch zu erwägen, ob sich mit liberaler Neutralität operieren ließe, wenn man von Optimierung auf Normalisierung umstellt. Das wäre mit der grundlegenden Prämisse der Eingriffsdogmatik kompatibel, wonach es zu jedem Tun oder Unterlassen des Staates wenigstens ein bestimmbares Gegenteil geben muss.[134] Wenn dieses neutral ist, dann lässt sich liberale Neutralität realisieren. Die Neutralität ist, wie Raz feststellt,[135] »baseline-

134 Unter dem Vorzeichen einer Eingriffsabwehrdogmatik wäre freilich mehr, nämlich ein definitives verfassungsrechtliches Gegenteil, zu fordern. Siehe Lübbe-Wolf, *Grundrechte* (oben Anm. 77), 122-126, und Alexy, *Theorie der Grundrechte* (oben Anm. 1), 420-422.

135 Siehe Raz, *Morality* (oben Anm. 16), 121-122.

dependent«, also von einer *Normalebene* abhängig. Wenn der Staat bestimmte Formen der Kunst unterstützt, während er andere, die auf dem Markt erfolgreich sind, leer ausgehen lässt, dann könnte man unter Annahme unterschiedlicher Normalebenen eine solche Praxis unterschiedlich bewerten.[136] Man könnte die Ungleichbehandlung kritisieren, wenn man meint, dass der Staat entweder keine oder aber alle Formen von Kunst zu unterstützen habe. In dem einen Fall fungierte die Konkurrenz auf dem Kunstmarkt, in dem anderen Fall die gleiche staatliche Unterstützung als Normalebene der Neutralität. Man könnte aber auch davon ausgehen, dass der Staat gerade aufgrund seiner Verpflichtung zu Neutralität sich als Treuhänder einer reichhaltigen Kultur[137] verstehen solle und daher nach Kräften der Auslöschung der Kunst durch Kitsch und Kommerz entgegenzuwirken habe. Von dem durch die Normalebene definierten gegenteiligen Verhalten des Staates hängt es also ab, ob etwas als Unterstützung oder als Verhinderung gilt.

Wie ließe sich die Normalebene bestimmen? Aus der Form der sozialen Teilung der Verantwortung lässt sie sich nicht ableiten. Die Dialektik von Form und Inhalt hat gezeigt, dass die soziale Teilung der Verantwortung einem geschichtlichen Wandel unterliegt. Dass das Recht eine Geschichte hat, kommt diesem nicht äußerlich zu. Vermöge von Deutungen – oder hegemonialen Interpretationen – der Handlungsmacht jedes einzelnen konstituiert sich die Normalebene. Von ihr aus lässt sich dem *gegenwärtigen* Verfassungsrecht ein Recht auf ein arbeitsloses Grundeinkommen als verfassungskonformes Gegenteil nicht entnehmen. Aber das ist keine Frage des Norminhalts. Es ist ein Anzeichen für die Geschichtlichkeit des Rechts.

Es ist also unschwer einzusehen, weshalb £3 keine taugliche Abwägungsregel formuliert. Ob X oder Y oder Z von der Normalebene abweichen, lässt sich aufgrund von £3 nicht entscheiden, weil £3 keine Auskunft über das Gegenteil enthält, gemessen an dem X oder Y oder Z als Förderung oder Hinderung einer Wunscherfüllung zu betrachten sind. Im Gegenteil, in £3 treten X, Y und Z als *Kandidatinnen* der Normalebene auf, ohne dass sichtbar würde, wie eine Wahl zwischen ihnen zu treffen wäre. Sie werden einander unvermittelt gegenüber gestellt. Die liberale Neutralität kann also nur in

136 Siehe Lübbe-Wolf, *Grundrechte* (oben Anm. 77), 226.
137 Siehe Ronald Dworkin, *A Matter of Principle*, Cambridge (Mass.) 1985, 231-232.

perspektivisch gebrochenen, geschichtlichen Ausdeutungen, niemals aber »als solche« eine Abwägungsregel sein. Es hat ein von der liberalen Neutralität Verschiedenes zu intervenieren, um die Selektion der Normalebene anzuleiten.

Ordnungsmodelle

Als formales Prinzip der sozialen Teilung der Verantwortung ist die liberale Neutralität noch nicht deren Inhalt. Ihr Inhalt sind die normativen Bedingungen unversehrter Autonomie. Die Normalebene für grundrechtliche Gewährleistungen, die es gestattet, zwischen Behinderungen und Förderungen zu unterscheiden, ist noch kein rationaler Abwägungsgesichtspunkt, wenn man sie für einzelne Rechte isoliert betrachtet. Ihre normative Bedeutung erhellt sich vielmehr erst, wenn sie als integraler Bestandteil von Ordnungsmodellen verstanden wird.[138] Auf deren Grundlage dürfte es nun in der Tat möglich sein, Prinzipien ein unterschiedliches Gewicht zuzuschreiben. Ordnungsmodelle lassen sich als geschichtlich kristallisierte Relationen von komparativen Prinzipien für einzelne Sachbereiche beschreiben. Durch ihr Vorwalten dürfte das Problem des Intuitionismus zum Verschwinden gebracht werden:

(£4) Ob ein Prinzip P1 Vorrang vor einem Prinzip P2 genießt, ergibt sich aus dem relevanten Ordnungsmodell.

Ein instruktives Beispiel dafür bietet die jüngere Rechtsprechung des österreichischen Verfassungsgerichtshofs zu Art. 6 StGG, die auf einer Übernahme der Rechtsprechung des BVerfG zu Art 12. GG beruht.[139] Im Rahmen des Ordnungsmodells des marktwirtschaftlichen Wettbewerbs werden an einen Eingriff in die Freiheit, jedem Erwerb nachzugehen, höhere Anforderungen gerichtet, je nachdem, ob es sich um eine bloße Ausübungs- oder aber um eine Antrittsbeschränkung handelt. Bei letzterer wird abermals zwischen objektiven, durch den Grundrechtsträger nicht zu beeinflussenden

138 Siehe dazu Robert Post, *Constitutional Domains. Democracy, Community, Management*, Cambridge (Mass.)/London 1995.

139 Siehe Hans D. Jarass, Art. 12, in: Jarass Hans D./Bodo Pieroth, *Grundgesetz für die Bundesrepublik Deutschland. Kommentar*, 3. Aufl. München 1995, 282-283.

Bedingungen und subjektiven, beeinflussbaren Voraussetzungen unterschieden. Objektive Antrittsvoraussetzungen gelten nur dann als erlaubt, wenn zwingende volkswirtschaftliche Interessen, wie die Bereitstellung öffentlicher Güter, dies rechtfertigen.[140]

Ordnungsmodelle sind weder mit dem Schutzbereich noch mit dem Garantiebereich von Grundrechten gleichzusetzen. Sie vermitteln vielmehr in der grundrechtlichen Güterabwägung den Schritt von ersterem zu letzterem.

Ordnungsmodelle *basieren* entweder auf reziproken Verhältnissen (wie das Synallagma) oder *substituieren* mangelnde Reziprozität bei bloßer Komplementarität des Erwartens. Man kann daher zwischen *reziproken* und *komplementären* Ordnungsmodellen unterscheiden. Während bei ersteren die Legitimität von Beziehungen vorzugsweise aus der Gegenseitigkeit des unmittelbar geschuldeten Verhaltens (Kompensation, Tausch) gerechtfertigt wird, verlangen die letzteren die Erfüllung einer Pflicht, ohne dass diese durch eine korrespondierende Gegenleistung ausgeglichen würde. Auch wird eine Pflicht nicht damit begründet, dass kraft Gegenseitigkeit des Interesses bei allen anderen dieselbe Pflicht entsteht, was beispielsweise der Fall ist, wenn mein Verzicht, die körperliche Integrität anderer zu verletzen, eine Voraussetzung dafür ist, dass bei allen anderen dieselbe Verpflichtung entsteht, meine eigene körperliche Integrität unangetastet zu lassen. In diesem Fall hätte jeder *denselben* personen-relativen Grund, sich den Verzicht aufzuerlegen, weil er bei allen durch *denselben Vorteil* aufgewogen wird. Komplementäre Ordnungsmodelle sind davon verschieden. So schaffen etwa Beschränkungen des Eigentumsrechts aufgrund umweltrechtlicher Auflagen ein öffentliches Gut. Anders als beim allseitigen Verzicht auf Gewalt wird der betroffene Eigentümer mit etwas »entschädigt«, das mit der Nutzung oder Verwertung seines Eigentums in keiner unmittelbaren Beziehung steht und noch dazu positive Externalitäten schafft. Die Eigenschaft komplementärer Verhältnisse, Verzichte aufzuerlegen, die für alle, aber nicht für jeden einzelnen zum Vorteil sind, erinnert daran, dass hier jenes Subjekt ins Spiel kommt, dessen Funktion auf der Ebene von £1.1 nicht aufzuklären war.

140 Siehe Eva Schulev-Steindl, *Wirtschaftslenkung und Verfassung. Gesetzgebungskompetenz und grundrechtliche Schranken staatlicher Wirtschaftslenkung*, Wien/New York 1996.

Komplementäre Ordnungsmodelle erwecken im Vergleich zu reziproken Modellen[141] oftmals den Eindruck der *sozialen Generosität.* Unabhängig vom Each-We-Dilemma, das wir bereits anlässlich unserer Diskussion von £1 studieren konnten (und daher auch unabhängig von Entsagungen, die man hinnimmt, wenn man auf das Trittbrettfahren verzichtet), wird es in Verhältnissen der Komplementarität aus *personen-relativer* Perspektive immer wieder Gewinner und Verlierer geben. Im Kontext komplementärer Ordnungsmodelle wird sich verschiedentlich feststellen lassen, der eine werde durch den anderen subventioniert. Der eine zahlt eine höhere Versicherungsprämie als der andere, damit alle im Versicherungsfall dieselbe Leistung erhalten können. Die Risikoabdeckung für alle nach dem Bedürfnisprinzip wird bei der Prämiengestaltung mit dem Prinzip der finanziellen Leistungsfähigkeit kombiniert. Daran wird eine interessante Eigenschaft der komplementären Ordnungsmodelle sichtbar.[142] Sie lassen sich als Ganzes aus der Perspektive der vereinzelten Grundsätze, die das Modell in sich aufnimmt, kritisieren. Warum nicht auch Versicherungsleistungen nach dem Leistungsfähigkeitsprinzip? Das Ganze unterscheidet sich von seinen Teilen, indem es diese zu sich in einen Widerspruch bringt. Vereinzelte Prinzipien bringen eine partikulare Perspektive zur Geltung.

Unter Bedingungen der Komplementarität können unterschiedliche Prinzipien verknüpft werden, ohne dass diese für die Begründung des Ordnungsmodells eine Rolle spielen. Für die Begründung kommt es bloß auf den *Effekt* ihrer Kombination an. Folglich mag der gemeine moralische Verstand sich wegen solcher Prinzipien über die eigentliche Pointe eines Ordnungsmodells täuschen. Möglicherweise ist das Management moralischer Vorurteile sogar deren Erfolgsrezept. Das lässt sich, um das Paradebeispiel dafür zu wählen, an Rawls' Differenzprinzip zeigen. Es fordert, dass soziale Ungleichheiten so zu gestalten sind, dass diejenigen, die von den Ungleichheiten den geringsten Vorteil haben, im Vergleich zu einer vergleichsweise egalitäreren Verteilung besser dastehen.[143] Diese Grundregel greift unabhängig vom moralischen Wert des Arbeitens

141 Diese sind überwiegend vom Pareto-Prinzip regiert.
142 Siehe Rawls, *Theorie* (oben Anm. 9), 339.
143 Siehe ebd., 83.

ein. Allerdings müssen die Menschen davon ausgehen, dass die Arbeit etwas Gutes und der Lohn auch in einem moralischen Sinn verdient ist. Das ist unerlässlich, damit das Ordnungsmodell überhaupt praktisch funktionieren kann.[144] Das Instrumentalisieren moralischer Vorurteile mag Ordnungsmodelle tendenziell aber auch instabil machen. Diejenigen, die auf sich als die Anständigen, Fleißigen und Tüchtigen Bezug nehmen, könnten sich ja fragen, wie sie dazu kommen, die anderen zu unterstützen.

Komplementäre Ordnungsmodelle überbrücken die *Inkommensurabilität* von Gütern. Die Güter, die in einer Abwägung einander gegenüberstehen, sind oftmals nicht miteinander in eine transitive Beziehung zu bringen.[145] Weder ist eines besser oder schlechter als das andere, noch sind sie gleichwertig. Daraus folgt, dass das, worauf verzichtet wird, sich nicht in Einheiten dessen ausdrücken lässt, was gewonnen wird. Die Erzielung von Gewinnen durch die ungehemmte Produktion von Titandioxid ist mit der Aussicht, die Umwelt lasse sich erhalten, nicht zu vergleichen. Es besteht keine transitive Relation zwischen dem Weniger an Gewinn und der vermehrten Lebensqualität. Deswegen ist für die Bestimmung eines Vorrangs die *Autorisierung* durch das *demokratische Wollen* besonders wichtig. Sie übernimmt die Funktion der Neutralisierung von Inkommensurabilität, die in reziproken Ordnungsmodellen durch den Willen der Vertragsparteien oder bei individuellen Abwägungen durch die autonom gebildete Überzeugung erfüllt wird.[146] Bei der Übernahme dieser Funktion hat die richterliche Normenkontrolle ihr größtes Problem. Denn das richterliche Wollen verfügt bestenfalls über eine sehr indirekte demokratische Autorisierung.

Zwei Eigenschaften erklären also, weshalb komplementäre Ordnungsmodelle permanent Kritik auf sich ziehen. Aus der Sicht von partiellen Prinzipien, die sie in sich aufnehmen, kann ihnen ein sozial unausgewogenes Aussehen verliehen werden. Aufgrund der Neutralisierung von Inkommensurabilität haftet ihnen etwas Willkürliches an. Im Vergleich dazu haben reziproke Ordnungsmodelle,

144 Siehe ebd., 340-341.

145 Siehe Raz, *Morality* (oben Anm.), 325-327; John Gray, Agonisitic Liberalism, in: E. F. Paul et al. (Hrsg.), *Contemporary Political and Social Philosophy*, Cambridge 1995, 111-135, hier: 117; Joseph Raz, *Engaging Reason. On the Theory of Value and Action*, Oxford 1999, 46.

146 Siehe Raz, *Engaging Reason* (oben Anm. 145), 128.

weil sie auf *unmittelbarer* Reziprozität beruhen, den Anschein von Plausibilität. Allerdings verstellen reziproke Ordnungsmodelle wegen dieses Anscheins leicht den Blick auf die Leistungsfähigkeit der Partner beim *do ut des*. Bei komplementären Ordnungsmodellen entfällt der Anschein unmittelbarer Reziprozität. Reziprozität ist vermittelt nur über die unparteiliche Betrachtung der Funktionsweise und Wirkung des Ordnungsmodells. Im Rahmen von Ordnungsmodellen nimmt keine Person diese unparteiliche Sicht ein, weil diese Position von niemandem im Ordnungsmodell eingenommen wird. Sie wird eingenommen bloß zu seiner Rechtfertigung. Auch aus diesem Grund verschärft sich bei ihnen das Problem der Zumutbarkeit von Verzichten und Handlungslasten. Es fehlt die augenscheinliche Reziprozität. Dass einem Menschen zugemutet wird, was ihm zugemutet wird, wird nicht dadurch ausgeglichen, dass jemand Bestimmter zu seinen Gunsten auf etwas verzichtet.

Die rechtfertigende Beziehung

Ordnungsmodelle können mehrere Prinzipien umfassen, die auf miteinander inkommensurable Güter bezogen sind. Aus der Inkommensurabilität folgt, dass sich die Intensität eines Eingriffs nicht mit Blick auf den öffentlichen Vorteil *selbst* rechtfertigen lässt. Dies zu unterstellen, ist der Grundfehler der »Verhältnismäßigkeit im engeren Sinne«. Denn aus der bloßen Gegenüberstellung von Vor- und Nachteilen lässt sich nichts gewinnen. Das »Urbild« des Grundrechtseingriffs, die Enteignung, löst dieses Problem. Für die Enteignung ist in der Regel die Entschädigung als kommensurable Alternative vorgesehen. Aber die Enteignung ist ein irreführendes Urbild. Sie ist ein Sonderfall. Zwar besteht in *jeder* Abwägung eine Beziehung zwischen unterschiedlich erfüllten Prinzipien, allerdings handelt es sich um keine Beziehung der *Rechtfertigung*. Der bloße Kontrast des »Erfüllungsgrades« von Prinzipien konstituiert noch keinen einen Grundrechtseingriff rechtfertigenden Grund. Aus dem Vorhandensein des Kontrasts unvermittelt auf eine Beziehung der Rechtfertigung zu schließen, ist vielmehr das Kennzeichen des Intuitionismus. Nicht ohne Grund hat Schlink[147] daher aufgrund seiner Rekonstruktion der Rechtsprechung des BVerfGs einst emp-

147 Siehe Bernhard Schlink, *Abwägung im Verfassungsrecht*, Berlin 1976, 190-195, 219.

fohlen, auf die Güterabwägung zu verzichten und statt dessen nur auf eine »Mindestposition« des grundrechtlichen Schutzguts zu achten, die nicht beseitigt werden darf. Sie wäre ein anderer Name für die Normalebene, auf die es ankommt. Das Dilemma von Schlinks Vorschlag besteht freilich darin, dass sich eine solche Mindestposition nicht unabhängig vom Einzelfall angeben lässt.[148]

Eine Gewichtsbestimmung von Prinzipien wird sich nur durchführen lassen, wenn man die Rechtfertigung von Ordnungsmodellen *insgesamt* im Auge behält. Dazu bedarf es eines Grundsatzes. Durch ihn müsste die staatliche Zweckverfolgung *universell* eingeschränkt werden. Im Verhältnis zu Ordnungsmodellen müsste er *als Beurteilungsprinzip* fungieren. Er wird sich nur finden lassen, wenn man die Grenze bestimmt, die in der Realisierung von Ordnungsmodellen nicht überschritten werden darf. Der direkte Vergleich von Erfüllungsgraden oder Erfüllungsintensitäten führt nicht zum Ziel. Er ist nicht dazu angetan, den moralischen Intuitionismus zu überwinden. Daher wird man wohl einen indirekten Weg einschlagen wollen. An die Verfolgung öffentlicher Interessen ließe sich ein »side constraint« anlegen. Er wäre als das fehlende Glied zu betrachten, das aus einer beziehungslosen Gegenüberstellung von Nachteilen für jeden einzelnen und Vorteilen, die alle gemeinsam haben, eine Rechtfertigung machte.

Übergang zur Gleichheit

Im Weiteren werde ich versuchen, die Auffassung zu verteidigen, wonach die als Diskriminierungsverbot verstandene Gleichheit als kritisches Prinzip zur Beurteilung von Ordnungsmodellen dient. Zu diesem Zweck ist es zunächst angezeigt, eine der wichtigsten Eigenschaften der Prinzipien, die in eine Güterabwägung eingehen, unter egalitären Vorzeichen zu rekonstruieren.

148 Siehe Rainer Dechsling, *Das Verhältnismäßigkeitsgebot*, München 1989, 14.

Die Ausgangsthese

Im folgenden gehe ich davon aus, dass komparative Prinzipien,[149] wie jenes, wonach allen eine umso weiter gehende Beschränkung von Erwerbsaussichten aufgebürdet werden dürfe, je mehr eine solche sich unter Hinweis auf ein zu erreichendes Ziel rechtfertigen lasse, einen *verdeckten* und *indirekten* gleichheitsspezifischen Gehalt haben. Gegen diese These ist eingewandt worden, dass sie entweder einen einfachen Sachverhalt obskur erscheinen lasse oder aber den Unterschied verkenne zwischen dem, was die Gleichheit fordere, und dem, was in einem engeren Sinne verhältnismäßig sein müsse.

Der erste Einwand

Der Obskuritätseinwand wird von Raz folgendermaßen vorgetragen:[150]

> If one is concerned with the alleviation of hunger rather than with the accumulation of wealth, then if Bess and Bert are equally hungry it makes no difference who gets a slice of bread. But if Bess had it and there is a second slice to be had then Bert should have that one, for now his hunger is worse than hers. This means that diminishing principles lead to an approximately equal distribution in any case. But the equality they give rise to is a by-product of their concern with the alleviation of hunger, and not a reflection of a concern with equality. Is there any way of establishing whether there is an egalitarian principle at work in such cases, the existence of which is only masked by the fact that its results are the same as those of the underlying hunger-preventing principle? Arguments for the existence of the invisible are always suspect as well as intractable.

Nach Raz fügt der Gesichtspunkt der Gleichheit der Anwendung abnehmender Prinzipien nichts hinzu.[151] Bei abnehmenden Prinzipien wird die Stärke eines Anspruchs davon abhängig gemacht, ob eine Eigenschaft in einem bestimmten Grade vorhanden ist, wobei deren teilweise Erfüllung oder Nichterfüllung zur proportionalen Reduktion oder Zunahme des Umfangs des Anspruchs führt.[152]

149 Siehe Raz, *Morality* (oben Anm. 16), 219, 236.
150 Siehe ebd., 239.
151 Siehe ebd., 221, 240.
152 Siehe ebd., 219, 236-237. – Demgegenüber ist das Prinzip, wonach jemandem umso eher ein Stipendium in der Höhe einer bestimmten Summe zu verleihen

Wenn ein solches Prinzip also beispielsweise besagt, dass jemand umso eher einen Anspruch auf eine Scheibe Brot habe, je hungriger er sei, stelle sich die Gleichverteilung als Nebenprodukt ein. Außerdem meint Raz, bei der Verwendung von Prinzipien dieser Art sei der Rekurs auf die Gleichheit entbehrlich. Ein solcher könne bloß den *Anschein* der Plausibilität bei der Korrektur von nicht abnehmenden (und zumeist auch unersättlichen) Prinzipien erwecken. Da nach Raz nicht abnehmende Prinzipien überhaupt zu verwerfen sind, erübrige sich auch deren egalitaristische Korrektur.[153] Ein Grundsatz der aggregierten Wohlstandsmaximierung, der eine bei Personen bereits vorhandene unterschiedliche Ausstattung ignoriert, ist seines Erachtens nicht deswegen abzulehnen, weil er Ungleichheiten zulässt, sondern weil der Anspruch auf Zuteilung bei denjenigen nicht abnimmt, die über einen höheren Wohlstand als andere verfügen. Eine solche Absenkung würde bei Raz nicht von der relativen Besserstellung, sondern von einem absoluten Wohlstandsniveau abhängen.

Diese Argumentation beruht auf einem Missgriff. Er besteht darin, die Gleichheit als Verteilungsziel zu verstehen.[154] Die Gleichheit schließe demnach von der Tatsache, dass die Angehörigen einer

ist, je besser sein Studienerfolg ist, zwar *komparativer*, aber nicht abnehmender Art. Denn obwohl die Stärke des Anspruchs mit dem Studienerfolg variiert, handelt es sich dennoch um einen Anspruch auf das Ganze. Im Vergleich dazu sehen abnehmende Prinzipien eine proportionale Zuteilung vor. Jene Prinzipien, die *nicht »unersättlich«* sind, sondern angeben, unter welchen Umständen sie mehr, weniger oder *gänzlich* erfüllt sind, sind ebenfalls abnehmende Prinzipien, wenn der Umfang des Anspruchs von der proportionalen Erfüllung einer Eigenschaft abhängig gemacht wird. Davon sind die »unersättlichen« Prinzipien selbst zu unterscheiden. Solche Prinzipien, wie beispielsweise das Prinzip der Wohlstandsmaximierung, sind niemals vollständig zu erfüllen. Allerdings kann man zwischen abnehmenden und nicht abnehmenden unersättlichen Prinzipien unterscheiden, je nachdem, ob die Stärke eines Anspruchs umso geringer wird, je mehr das Prinzip erfüllt ist oder nicht. Die Wohlstandsmaximierung als solche ist ein unersättliches und nicht abnehmendes Prinzip.

153 Siehe Raz, *Morality* (oben Anm. 16), 235, 241-244.

154 Wenn man davon einmal Abstand genommen hat, Gleichheit als Verteilungsziel zu begreifen, dann kann man auch sehen, dass es weder ein »egalitaristisches« politisches Ideal noch einen »egalitaristischen« Gemeinschaftsentwurf geben kann. Siehe dazu die Beobachtungen bei Christian Hiebaum, Gleichheit als Eigenwert, in: H. Pauer-Studer/Herta Nagl-Docekal (Hrsg.), *Freiheit, Gleichheit und Autonomie*, Berlin 2003, 21-48, hier: 46.

Gruppe weniger haben als andere, darauf, dass diese deswegen einen Anspruch auf ebensoviel wie die anderen haben.[155] Damit fasst Raz aber nur den speziellen Fall der Vermutung der Gleichbehandlung ins Auge und übersieht, dass die Gleichheit als (negative) Bedingung fungiert, der unterschiedliche Verteilungsregeln zu genügen haben und auch genügen können. Daher vermag seine Analyse des vorgeblich trivialen egalisierenden Effekts des abnehmenden Prinzips, wonach den Hungernden zu essen zu geben ist, auch nicht aufzudecken, dass sich dieses komparative Prinzip selbst aus einem Verteilungsziel einerseits und einem Kriterium andererseits zusammensetzt, das der Gleichheit genügt. Das Ziel besagt, dass der Hunger der Menschen zu stillen ist. Die Bedingung verlangt, dass im Verhältnis zum Hunger zuzuteilen ist. Auch wenn sich der Hunger extensiv nicht quantifizieren lässt, genügt das daraus resultierende proportionale Prinzip deswegen der Gleichheit, weil es im Verhältnis zum verfolgten Ziel an *kein diskriminierendes* Merkmal anknüpft. Wenn die Regel über die Beseitigung des Hungers dieser Bedingung nicht genügte, etwa weil man zunächst die schöne Bess sättigte, bevor man den hässlichen Bert zum Zug kommen ließe, wäre die Regel unter dem Gesichtspunkt der Gleichheit zu verwerfen. Raz könnte daher umgekehrt seinem abnehmenden, aber nicht unersättlichen Prinzip keine Plausibilität vindizieren, wenn dieses nicht einer Bedingung genügte, welche der Gleichheit nicht zuwiderläuft (wie »Jedem nach seinem Hunger«).

Damit soll *nicht* behauptet werden, dass sich komparative Prinzipien aus der Gleichheit *ableiten* lassen. Wenn man die Gleichheit als Bedingung versteht, der distributive Prinzipien zu genügen haben, kommt dies ohnedies nicht in Betracht. Den komparativen Prinzipien ist aber dennoch anzusehen, inwiefern und weshalb sie dieser Bedingung genügen.

155 Siehe ebd., 225-226. Wenn man die Gleichheit als Verteilungsziel versteht, gerät man in die Verwicklungen der modernen Gleichheitsdiskussion, die damit ringt, unterschiedlichste distributive Gesichtspunkte immer als Ausdruck von Gleichheit darstellen zu müssen. Siehe dazu das beeindruckende Werk von Larry Temkin, *Inequality*, Oxford/New York 1993. Die am wenigsten interessante Frage bei der Gleichheit ist die vieldiskutierte Frage des »equality of what?«. Das Bemerkenswerte an der Gleichheit ist, dass sie als Norm anwendbar ist »no matter what«.

Bevor auf den zweiten Einwand gegen die Ausgangsthese einzugehen ist, wonach komparative Prinzipien einen verdeckten und indirekten gleichheitsspezifischen Gehalt haben, ist an eine Fehlinterpretation zu erinnern, die bei der Ausdeutung des Gleichheitssatzes wiederholt auftritt. Sie besteht in der Umwandlung der Vermutung zugunsten der Gleichbehandlung in den Grundsatz, wonach Gleiches gleich und Ungleiches ungleich zu behandeln ist. Daraus wird wiederum gefolgert, dass die Gleichheit nur dann, diesfalls aber auch unselbständig, anwendbar sei, wenn sie mit Kriterien der Gerechtigkeit verbunden werde.[156]

(G) Wenn nichts dagegen spricht, dann ist eine Gleichbehandlung geboten.

(F) Die widerlegbare Vermutung zugunsten der Gleichbehandlung (G) bedeutet, dass Gleiches gleich und Ungleiches ungleich zu behandeln ist.

Auf den ersten Blick mag es so anmuten, als ob G in der Tat auf F hinauslaufen müsse. Denn immerhin dürfte sich G so verstehen lassen, dass wenigstens dann, wenn eine Ungleichbehandlung nicht geboten ist, die Gleichbehandlung den Vorrang genießt.[157] Wenn aber gezeigt werden kann, dass Gleiches, das gleich zu behandeln wäre, nicht vorliegt, weil eine Situation nicht wie die andere ist, dann impliziert dies die Ungleichbehandlung, weil der Mangel an Gleichheit gegen die Anwendung des Gebots der Gleichbehandlung spricht.[158] Freilich können die Kriterien, die über die Relevanz jener Merkmale entscheiden, die Gleiches zu Gleichem und Un-

156 Siehe Peter Westen, The Empty Idea of Equality, in: *Harvard Law Review* 95 (1982) 537-597, hier: 571-577; Stefan Huster, *Rechte und Ziele. Zur Dogmatik des allgemeinen Gleichheitssatzes*, Berlin 1993, 226-227.

157 Näher Alexy, *Theorie* (oben Anm. 1) 371-373.

158 Hier liegt natürlich ein Schluss von der Unanwendbarkeit des Gebots der Gleichbehandlung auf das Gebot der Ungleichbehandlung vor. Dieser Schluss ist insofern voreilig, als bei der Unanwendbarkeit des Gebots zunächst nur feststehen kann, dass sowohl die Gleichbehandlung als auch die Ungleichbehandlung erlaubt sind. Siehe dazu Alexy, ebd., 374-375. Aber diesen augenscheinlichen Sprung zu enthalten, wollen wir der Umwandlung von G in F an dieser Stelle sogar nachsehen.

gleiches zu Ungleichem machen, G selbst nicht entnommen werden. Sie sind in Standards der Gerechtigkeit enthalten.[159] Der Gleichheitssatz verlangt also die Sachgerechtigkeit der Regelung.

Durch diese Umdeutung wird ein bedeutsamer Unterschied zwischen G und F verwischt. Ein Beispiel möge dies zeigen:

> *Familienprobleme.* Isaak hat zwei Söhne, Jakob und Esau. Jakob will Arzt werden. Die mit seiner Ausbildung verbundenen Kosten betragen voraussichtlich € 100.000,–. Esau hat einen moderateren Wunsch. Er will Richter werden. Die mit seiner Ausbildung voraussichtlich verbundenen Kosten betragen nur € 50.000,–. Isaak kann es sich nicht leisten, für die Ausbildung beider Söhne zusammen mehr als € 90.000,– aufzuwenden. Wer bekommt wie viel?

Wenn man von G ausgeht, spricht nichts dagegen, beiden jeweils € 45.000,– zu geben und es ihnen zu überlassen, den jeweiligen Fehlbetrag selbst aufzubringen. Denn keiner von beiden ist einer höheren Unterstützung *würdig*. Dies ist nicht das einzige mit G verträgliche Resultat. Legt man allerdings der Beurteilung des Sachverhalts F als Prinzip zugrunde, gerät die Überlegung auf eine gänzlich andere Bahn. Die Anwendung von F nötigt zur Frage, ob Gleiches oder Ungleiches vorliege. Da alles, was existiert, insofern es existiert, allem anderen gleicht und von ihm verschieden ist, lässt sich die Komplexität der Menge von Vergleichsgesichtspunkten nur dann reduzieren, wenn man einen Vergleichsmaßstab anlegt, aufgrund dessen sich ein Kriterium der Gerechtigkeit anwenden lässt. In diesem Fall wird man intuitiv nach dem Bedürfnisprinzip greifen. Man wird also annehmen, die Gleichheit fordere, Jakob mit € 60.000,– und Esau mit € 30.000,– zu unterstützen. Aus der Perspektive von G lassen sich dagegen zwei Einwände erheben. Erstens wird nicht gezeigt, weshalb das Bedürfnisprinzip in diesem Fall anwendbar ist. Zweitens ist unklar, ob es sich Esau gefallen lassen muss, dass Jakob teurere Wünsche hat als er selbst.

Der erste Einwand lässt sich nicht aufrechterhalten. Um dies einzusehen, ist bloß zu bedenken, dass Isaak sich selbst dafür entschei-

159 Siehe z. B. Werner Heun, Art. 3, in: H. Dreier (Hrsg.), *Grundgesetz. Kommentar*, Bd. 1, Tübingen 1996, 228-293, hier: 239, 242.

den *darf*, das Bedürfnisprinzip anzuwenden. Auf den ersten Blick lässt sich aus der Sicht von G dagegen kein Einwand erheben, denn immerhin ist Isaak frei, mit seinem Geld zu machen, was er will. Man wird es doch wohl auch nicht beanstanden wollen, wenn Isaak meint, immer bei demselben Lebensmittelhändler seine Einkäufe tätigen zu müssen, um diesen in einer ökonomisch bedrängten Situation zu unterstützen. Gegen die Gleichbehandlung von Jakob und Esau spricht also, dass Isaak es eben für wichtig und richtig hält, sein Geld an seine Söhne im Verhältnis zu ihren Bedürfnissen zu verteilen.

G dürfte also, so betrachtet, eine sehr nachgiebige Einschränkung formulieren. An ihr wird aber immerhin sichtbar, dass der Gleichheitssatz nicht erst einen »Gestaltungsspielraum« für die Operation mit Verteilungskriterien freigeben muss, sondern immer schon unter der Bedingung eines solchen formuliert ist. Ich werde darauf zurückkommen, weshalb man die Gleichheit deswegen am besten als »side constraint« für die Operation mit denjenigen Kriterien versteht, die uns intuitiv in den Sinn kommen, wenn wir die Frage beantworten wollen, was jemandem zukommt.

Allerdings stößt Isaak an die Grenze dieses seines Gestaltungsspielraums, wenn er einen seiner beiden Söhne diskriminiert. Das wäre etwa dann der Fall, wenn er Jakob die gesamte Summe deswegen überließe, weil er Esau, der zweifelsfrei das Zeug zum Richter hätte, wegen seines Wunsches, Jurist zu werden, für einen wertlosen Kerl hielte. Aber ist dies auch dann der Fall, wenn er von der Gleichbehandlung abweicht und das Bedürfnisprinzip anwendet? Lässt sich der Grund, der die Gleichbehandlung zunächst auszuschließen scheint, unter Hinweis auf die Gleichheit wieder entkräften?

Möglicherweise wird der Sachverhalt klarer, wenn wir dazu übergehen, G in folgendem Sinne zu verstehen:

(G1) Wenn nichts dagegen spricht, dann ist eine Ungleichbehandlung erlaubt.

Gegen die Erlaubtheit einer Ungleichbehandlung sprechen bekanntlich so genannte »Unterscheidungsverbote«. Um deren Funktion zu verstehen, ist es günstig, zwischen einem *deontologischen* und einem semi-konsequentialistischen[160] oder *strukturellen* Verständnis

160 Siehe Thomas Pogge, *Realizing Rawls*, Ithaca 1989, 55-57.

der Gleichheit zu unterscheiden. Während das erstere auf eine Diskriminierungsabsicht abstellt, also darauf, dass gezielt gegen die Gleichheit verstoßen wird,[161] betrachtet das letztere die Auswirkung einer Ungleichbehandlung auf die Position der davon betroffenen Personen und fragt, ob sie angesichts dessen geschehen darf, was wir füreinander *zu sein* legitimerweise fordern dürfen. In beiden Gleichheitsverständnissen spielen Unterscheidungsverbote eine wichtige Rolle, wenn auch auf unterschiedliche Weise. Während es auf deontologischer Ebene verboten ist, jemanden bewusst zu diskriminieren und ihm also das Stigma des Ungleich-Seins aufzudrücken, betreffen die strukturellen Unterscheidungsverbote die wechselseitige Anerkennung von Personen, ohne auf die spezielle *Beziehung* zwischen dem Handelnden und einem potentiellen Opfer zu achten. Sie nehmen vielmehr die Gegenseitigkeit des Person-Seins generell in den Blick – ob es also etwa aus der Perspektive aller anderen nicht zu beanstanden ist, dass einer in bestimmter Hinsicht als bedürftiger erscheint als alle anderen. Ich werde darauf noch zurückkommen.

Aus deontologischer Sicht lässt sich kein Einwand dagegen erheben, wenn Isaak sich bei der Zuteilung der Unterstützung auf seine Söhne vom Gedanken leiten lässt, es sei auf ihre Bedürfnisse zu achten. Denn das impliziert nichts Böses.[162] Das Bedürfnis ist kein diskriminierendes Merkmal. Die Konsequenz, dass Esau besser dastünde, wenn sein Bruder dasselbe Berufsziel hätte wie er, fällt hier nicht ins Gewicht. Das Bedürfnisprinzip stellt eben nur darauf ab, ob jemand ein Bedürfnis hat, nicht aber darauf, weshalb er es hat, und auch nicht, was die Bedürftigkeit des einen bedeutet, wenn man sie in Opportunitätskosten des anderen ausdrückt. Das deontologische Verständnis der Gleichheit achtet bloß auf die Beziehung zwischen Isaak auf der einen Seite und Jakob und Esau auf der anderen. In diesem Verhältnis auf die Bedürfnisse der Söhne zu achten, ist von einer Diskriminierung weit entfernt. Deswegen wird nicht die Frage relevant, ob es Esau überhaupt zuzumuten ist, aufgrund der vergleichsweise teureren Wünsche Jakobs einen Nachteil in Kauf zu nehmen – und zwar *unabhängig* davon, ob Isaak sich zur Verteilung nach dem Bedürfnisprinzip entscheidet *oder* Jakob den

161 Siehe Thomas Nagel, *The View from Nowhere*, New York/Oxford 1986, 177. (Dt.: *Der Blick von nirgendwo*, Frankfurt/M. 1992.)

162 Siehe ebd., 180-181.

Esau ermahnt, es sei seine brüderliche Pflicht, ihn gefälligst zu subventionieren.

Aus struktureller Sicht ist es allerdings die entscheidende Frage, ob Jakob für seine Wünsche nicht selbst verantwortlich ist.[163] Diese Sichtweise ermöglicht es daher, die *deontologisch unbedenklich anmutende* Anwendung eines Verteilungsgrundsatzes darauf hin zu untersuchen, ob sie *im Effekt* Verzichte fordert, die mit einer persönlichen Qualität in Zusammenhang stehen, die sich aufgrund der interpersonalen Gegenseitigkeit nicht auf das Verteilungsergebnis auswirken darf. Die spezielle Beziehung zwischen den betroffenen Personen und der verteilenden Instanz spielt, anders als beim deontologischen Gleichheitsverständnis, dabei keine Rolle. Jakobs teurere Wünsche wären auch dann ein Problem, wenn ein anonymer emphatischer Mechanismus – ein als geheimnisvoller Apparat auftretender »impartial spectator«[164] – sich ihrer annähme. Daher fällt auch Isaaks Freiheit, ein Kriterium zu wählen, das keine Diskriminierungsabsicht zeigt, nicht ins Gewicht. Was zählt, ist das bloße Faktum, dass im Verhältnis von Jakob und Esau etwas *nach einem bestimmten Muster* verteilt wird. Deswegen kann es zu einem normativen Problem werden, dass Esau schlechter gestellt ist als Jakob, weil er durch die Anwendung des Bedürfnisprinzips den teureren Wünschen seines Bruders zum Opfer fällt. Zu beurteilen ist daher, ob dieses Opfer gemessen an G1 einen Grund darstellt, die Ungleichbehandlung als unerlaubt zu qualifizieren. In egalitärer Sicht sieht es so aus, als wäre dies nur dann nicht der Fall, wenn der vergleichsweise größere Vorteil Jakobs sich auch für Esau vorteilhaft auswirkte. Es müsste also auch für Esau wünschenswert sein, wenn Jakob Arzt würde.[165] Die egalitäre Sicht unterwirft Isaaks Freiheit, ein Verteilungskriterium zu wählen, also einer engeren Beschränkung, indem sie fragt, ob es Esau überhaupt zuzumuten ist, dass bei der Verteilung Jakobs teurer Wunsch, wenn auch nur indirekt und nicht gezielt, berücksichtigt wird.

Im Verhältnis zu F entsteht aufgrund sowohl der deontologischen als auch der strukturellen Sicht ein gänzlich anderes Bild. Die

163 Siehe Rawls, *Political Liberalism* (oben Anm. 86), 189.

164 Siehe Adam Smith, *The Theory of Moral Sentiments*, Oxford 1976, 82-83. (Dt.: *Die Theorie der ethischen Gefühle*, Hamburg 1977.)

165 Wenn man dies für das Verhältnis der Brüder zueinander verneinte, wäre noch immer zu ergründen, ob es für Esau von Vorteil ist, dass es überhaupt Ärzte gibt.

Gleichheit stellt sich nicht als ein Grundsatz dar, der zu seiner Applikation der Unterstützung durch zusätzliche Kriterien der Gerechtigkeit bedarf. Das genaue Gegenteil ist der Fall. Die Gleichheit begrenzt die Anwendung solcher Kriterien.

Der zweite Einwand

Ich komme nun auf den zweiten Einwand zurück, wonach eine egalitäre Ausdeutung komparativer Prinzipien zu einer Konfusion mit der Verhältnismäßigkeit führt. Die Gleichheit, so lautet der Einwand, verlange eine horizontale Betrachtung von Situationen, die Verhältnismäßigkeit eine vertikale Abwägung von gemeinsamen Vorteilen für alle und individuellen Nachteilen für jeden. Bei letzterer komme es auf den Vergleich von Alternativen nicht an,[166] sondern nur darauf, ob das Gewicht eines öffentlichen Interesses groß genug sei, um einen Freiheitsverzicht rechtfertigen zu können.

Dieser Einwand verliert im Kontext dessen, was als Verhältnismäßigkeit genommen wird, die *gleiche Freiheit* aus den Augen. Denn Eingriffe in ein Freiheitsrecht können deswegen schwerer als andere wiegen, weil *im Vergleich* zu anderen denkbaren Eingriffen die verbleibenden Alternativen der Wunscherfüllung sich derart verengen, dass Personen, um diese Alternativen ergreifen zu können, zu einer Anpassung an die veränderten Umstände genötigt würden, die von niemandem gefordert werden darf. Eine Person, welche die betroffene Wunscherfüllung für wertvoll hielte, wäre im Verhältnis zu anderen, bei denen dies nicht der Fall ist, wegen der *Unvermeidlichkeit der Anpassung* benachteiligt. Folgendes Beispiel möge verdeutlichen, wie wenig spektakulär der damit gemeinte Sachverhalt ist. Es soll auch zeigen, dass der Umfang der zumutbaren Anpassung von der *Bedeutung* des Ziels des staatlichen Handelns abhängt.

Die Kontrolle des Inhalts elektronischer Kommunikationen durch die Ordnungsbehörde ist im Prinzip ausgeschlossen. Die augenscheinliche Evidenz dieses Grundsatzes lässt sich, wenn man die soeben skizzierte Sichtweise zugrunde legt, folgendermaßen erläutern. Angenommen der Staat entschließt sich dazu, elektronische Nachrichten von Zeit zu Zeit zu überprüfen. Eine solche Kontrolle

166 Siehe Peter Lerche, *Übermaß und Verfassungsrecht. Zur Bindung des Gesetzgebers an die Grundsätze der Verhältnismäßigkeit und Erforderlichkeit*, Köln 1961, 29-30.

hätte zur Folge, dass die betroffenen Menschen, um sicher gehen zu können, ihre Angelegenheit unbeobachtet verhandeln zu können, zu anderen Mitteln der Kommunikation (wie Briefen oder Telephonaten) greifen müssten. Das ist, sobald einmal die elektronische Kommunikation zur Verfügung gestanden hat, umständlich. Für die Betroffenen trifft dies auch dann zu, wenn ein nicht geringer Teil der Menschen auf die elektronische Kommunikation verzichtet – möglicherweise sogar deshalb, weil er zu träge ist, sich mit den neuen Kommunikationstechniken vertraut zu machen. Dennoch könnte die staatliche Kontrolle der elektronischen Kommunikation *auch* deswegen ausgeschlossen sein, weil Menschen den Wunsch haben, elektronisch zu kommunizieren. Von Menschen, die gerne elektronisch kommunizieren, ist eine Anpassung ihres Verhaltens an das Faktum, dass eine staatliche Kontrolle stattfindet, nur zu fordern, wenn es dafür einen bedeutsamen Grund gibt.

Was wir als Gleiche voneinander wechselseitig fordern dürfen, lässt sich also nicht bestimmen, ohne die *Bedeutung* des Ziels staatlichen Handelns ins Auge zu fassen. Je bedeutender das Gut ist, dessen Realisierung ansteht, umso eher werden wir bereit sein, Anpassungen unseres Wünschens in Kauf zu nehmen, um uns erfüllbare Wünsche erfüllen zu können. Im Kontext einer bedeutsamen staatlichen Zweckverfolgung (etwa der Bekämpfung des organisierten Verbrechens) können Verzichte gefordert werden, die *im Vergleich* zur Realisierung anderer Ziele nicht unangemessen sind. Ohne den vergleichenden Blick darauf, was *uns* ein Ziel im Verhältnis zu dem *bedeutet*, was wir uns wechselseitig zumuten, ließe sich weder die »Intensität« eines Eingriffs noch das Gewicht der ihn rechtfertigenden Gründe bestimmen.[167] Es sieht also so aus, als obwaltete hier der einfache aristotelische Grundsatz, wonach eine »Gleichheit« der jeweiligen Verhältnisse zwischen den Zielen und den Freiheitsverzichten herzustellen ist.[168]

Damit gelange ich zur letzten Überlegung, mit der ich zu zeigen versuche, dass abnehmende Prinzipien einen verdeckten und indirekten gleichheitsspezifischen Gehalt haben. Kehren wir zu Jakob und Esau zurück. Wir sind bei der Überlegung stehen geblieben,

167 Siehe Magdalena Pöschl, Über Gleichheit und Verhältnismäßigkeit, in: *Juristische Blätter* 119 (1997), 432-433.

168 Siehe Aristoteles, *Nikomachische Ethik*, hrsg. v. Olof Gigon, 5. Auflage München 1984, 1131a 30.

wonach die Anwendung des Bedürfnisprinzips aus der strukturellen Sicht der Gleichheit problematisch erscheint, weil Esau den teureren Wünschen des Jakob zum Opfer fällt. Die Gleichheit dürfte vielmehr fordern, die Wünsche der beiden nur insofern zu berücksichtigen, als sie gleichwertig sind. Jakob und Esau müssten wechselseitig anerkennen, *überhaupt* einen Ausbildungswunsch zu haben, nicht aber einen spezifischen Wunsch.[169]

Jakob würde dieser Überlegung entgegenhalten, dass diese Gleichwertigkeit nur dann gewahrt bliebe, wenn er verhältnismäßig mehr als Esau erhalte. Denn immerhin sei er nicht dafür *verantwortlich*, dass sein Wunsch, Arzt zu werden, sozial teurer sei als der Wunsch des Esau, Richter zu werden. Die Gleichheit schließe folglich jedes andere Verteilungskriterium aus als jenes, wonach jedem *im Verhältnis zu den Kosten der Wunscherfüllung* gegeben werde. Andernfalls werde er aufgrund des Umstands benachteiligt, diesen und keinen anderen Wunsch zu haben. Der von Jakob ins Spiel gebrachte Grundsatz würde also die Annahme eines abnehmenden Prinzips einschließen.

Die Gleichheit würde dies fordern, wenn zwei Bedingungen erfüllt wären. Erstens müsste es sich bei einem Ausbildungswunsch um etwas handeln, über das zu disponieren einem Menschen nicht zuzumuten ist. Dem ist zu entnehmen, dass je stärker eine persönliche Eigenschaft, Fähigkeit oder Haltung der Qualität des Nicht-nicht-sein-Könnens annimmt, sie umso weniger zum Anknüpfungspunkt einer Benachteiligung werden darf. Zweitens aber müsste Isaak auch der richtige Adressat von Jakobs Forderung sein. Das versteht sich nicht von selbst. Denn es ist ja die Pointe der strukturellen Sicht, von der Verantwortung der Instanz zu abstrahieren, welche die Verteilung durchführt. Wenn es sich aber bei Isaak nicht um die Instanz handelt, die dazu verpflichtet ist, die unterschiedlichen Kosten der Wünsche der Brüder zu berücksichtigen, könnte er nach wie vor frei sein, das Verteilungsprinzip selbst zu wählen. Warum sollte es auch nicht sachlich angemessen sein, jedem das Gleiche zu geben und es Jakobs Geschick zu überlassen, sich für den fehlenden Betrag ein Stipendium zu erwerben, vorausgesetzt, dass dieses in fairer Weise vergeben wird?

Man sieht, dass die Beantwortung der Frage letztlich auf den Ge-

169 Siehe Rawls, *Political Liberalism* (oben Anm. 86), 19.

halt der *sozialen Teilung der Verantwortung* hinausläuft. Gleichheitsfragen sind von innen betrachtet größer als sie von außen gesehen anmuten. Sie weisen von innen über den Kontext hinaus, in dem sie auftreten.

Elemente einer positiven Theorie

Gleichheit als side-constraint

Ich habe eingangs darauf hingewiesen, dass die Ablehnung einer ordinalen und kardinalen Skalierung von Prinzipien zur Folge hat, dass über den Vorrang von Prinzipien nur in einer *konkreten Situation* befunden werden kann.[170] Die Gleichheit stellt dafür eine universell anwendbare Regel in Aussicht.

Die Begründung der damit vorgeschlagenen egalitären Rekonstruktion der grundrechtlichen Güterabwägung kann im folgenden nicht einmal ansatzweise versucht werden. Es ist bloß thesenhaft einzuführen, inwiefern die Gleichheit in Relation zu grundrechtlichen Ordnungsmodellen als kritisches Moralprinzip fungiert – wobei unter Ordnungsmodellen komparative Prinzipienrelationen für unterschiedliche Sachbereiche zu verstehen sind.[171]

Die Gleichheit als »side-constraint« von Verteilungssystemen[172] zu deuten, schließt ein, distributive Systeme, die für ihre Funktionsweise zur Veranwortung gezogen werden können,[173] Bedingungen zu unterstellen, bei deren Vorliegen ein Verteilungskriterium zu verwerfen ist. Die »simple« Gleichheit[174] ist *kein Ziel*, das durch ein Verteilungssystem anzuvisieren ist. Die Gleichheit ist eine Norm, die bei der *Verwirklichung* von Verteilungszielen durch die gewählten *Verteilungskriterien* nicht verletzt werden darf.[175]

Allerdings entsteht kraft der Operation der Gleichheit als side-constraint der *Anschein*, bei ihr handle es sich um ein Verteilungs-

170 Siehe Alexy, *Theorie* (oben Anm. 1), 81.
171 Siehe näher Somek, Verallgemeinerung (oben Anm. 14).
172 Siehe Nozick, *Anarchy* (oben Anm. 19), 29.
173 Siehe Pogge, *Realizing Rawls* (oben Anm. 160), 31.
174 Siehe Michael Walzer, *Spheres of Justice. A Defense of Pluralism and Equality*, Oxford 1983, 13-17. (Dt.: *Sphären der Gerechtigkeit*, Frankfurt/M. 1992.)
175 Siehe Nozick, *Anarchy* (oben Anm. 19), 30.

ziel. Durch eine Negativauslese ist die Gleichheit für die *Auswahl der zu verteilenden Güter* mitverantwortlich. Das hat nicht zuletzt die jüngere philosophische Gleichheitsdiskussion gezeigt, die durch Dworkins Reaktion auf Rawls' Theorie der Gerechtigkeit ausgelöst worden ist.[176] Im Ergebnis lässt sich festhalten, dass Versuche, Güter wie das individuelle Wohlergehen so zu verteilen, dass die Gleichheit nicht verletzt wird, sich nicht aufrechterhalten lassen, weil sie an der Gleichheitsbedingung scheitern. Exemplarisch ist aber auch Sens[177] Einwand gegen die Rawlssche Konzeption der Grundgüter. Sie ist seines Erachtens zu korrigieren, weil die natürliche Ungleichheit aufgrund physischer Handicaps unberücksichtigt bleibt.[178] Wenn ein Prinzip an der Gleichheitsbedingung scheitert, dann ist – so der diese Diskussion immer wieder bestimmende Schritt – ein anderes Gut zu wählen und zu prüfen, ob dessen Verteilung die Gleichheit nicht verletzt. Walzer[179] hat also durchaus richtig gesehen, dass sich Gleichheitsfragen nicht unabhängig von den Gütern stellen, die zur Verteilung anstehen.

Das dürfte für das berüchtigte »Rettungsbootbeispiel« unmittelbar einleuchten. Wenn in einem Rettungsboot nur 10 Personen Platz haben, obwohl 11 Personen gerettet werden müssten, lautet die Auskunft der Gleichheit, dass – unter normalen Bedingungen – keine der 11 Personen würdiger als eine andere ist, einen Platz zu erhalten (mag sie auch noch so ein tüchtiger Mensch sein). In der Tat *egalisiert* die Gleichheit hier die Personen im Hinblick darauf, welche Eigenschaften, Fähigkeiten und Haltungen als irrelevant ausscheiden. Sie bringt also Unterscheidungsverbote ins Spiel, indem sie keines Menschen Leben als besonders würdig erscheinen lässt, gerettet zu werden. Im Effekt kann diese Egalisierung zur Substitution des zu verteilenden Gutes oder der aufzuerlegenden Last nötigen. Wenn ein unteilbares Gut nicht ohne Verletzung der Gleichheit zu verteilen ist, dann ist es, wenn möglich, durch ein teilbares zu ersetzen. Im Rettungsbootbeispiel bedeutet dies, dass jedem die *gleiche Chance* zugeteilt werden könnte, einen Platz zu erhalten, indem man Lose

176 Siehe dazu John E. Roemer, *Theories of Distributive Justice*, Cambridge (Mass.)/London 1996.

177 Siehe Amartya Sen, Equality of What?, in: S. Darwall (Hrsg.), *Equal Freedom. Selected Tanner Lectures on Human Values*, Ann Arbor 1995, 39-104, hier: 327.

178 So auch Kymlicka (oben Anm. 89), 76-77.

179 Siehe Walzer, *Spheres of Justice* (oben Anm. 174).

zieht. Aber eine solche Substitution des zu verteilenden Guts lässt sich nur dann durchführen, wenn jeder dazu bereit ist, das Risiko auf sich zu nehmen, als jene elfte Person zu enden, deren Schicksal es sein wird, einsam zu ertrinken. Voneinander gegenseitig zu erwarten, vor der Übernahme eines solchen Risikos nicht feige zurückzuschrecken und sie nicht der wechselseitigen Tröstung im gemeinsamen Tod vorzuziehen, lässt sich zwar durch die Überlegung unterstützen, dass es wohl niemandem in die Hand gegeben sein dürfe, durch sein Veto den Tod aller zu verfügen; allerdings könnte jemand, der für ein solches Veto eintreten würde, darauf beharren, dass es unehrenhaft wäre, das eigene Überleben dem Tod einer unschuldigen anderen Person zu verdanken. Ob also alle 11 Personen gleich würdig sind, eine Chance auf einen Platz im Rettungsboot zu erhalten, indem man unteilbare Güter in teilbare verwandelt, oder aber alle dem Untergang geweiht sein müssen, weil diese Umwandlung (oder Substitution) als *moralisch* unstatthaft zu betrachten ist, hängt entscheidend davon ab, welche *Haltung* dem eigenen Leben und dem Leben der anderen gegenüber man als von der Gegenseitigkeit des Füreinander-Person-Seins umfasst sieht. Entweder dürfen wir von den anderen fordern, das Risiko auf sich zu nehmen, letztlich als das einzige Opfer einer Lotterie dazustehen, die dem guten Ziel dient, alle anderen überleben zu lassen, oder aber mit Recht von allen erwarten, einander gemeinsam im Tod beizustehen, weil es schlimm wäre, wenn alle bis auf einen ihr Leben dem unschuldigen Opfer eines einzelnen verdankten. Keine der Varianten lässt sich der anderen vorziehen, es sei denn, man gibt an, in Bezug auf welche Haltung wir uns alle zu gleichen haben. Weil die Anwendung der Gleichheit eine Bestimmung solcher Haltungen voraussetzt, entsteht der *Anschein*, sie sei ein Verteilungsziel, denn diese Haltungen sind mit Zielen verknüpft.

Gegenseitiges als unbestimmt bestimmen und die Grenze politischer Selbstbestimmung

Menschen haben *irgendeinen* Grund, ihre Wünsche für wertvoll zu erachten. Vom Handlungsgrund einer anderen Person könnte man überzeugt sein, wenn man die betreffende andere Person wäre. Das würde bedeuten, ihre geheimnisvolle Kombination von Eigenschaften, Fähigkeiten und Haltungen als eigene *persönliche Qualitäten* zu haben. Da man aber die andere Person nicht ist, bleibt einem der Grund möglicherweise entzogen. Auf der Ebene gegenseitiger Anerkennung ist wesentlich, dass der Respekt vor dem Tun von Personen *unabhängig* davon geschuldet ist, ob man ihre Gründe einsieht oder für richtig hält.

Anerkennung ist etwas Konstitutives. Sie konstituiert das Anerkannte. Die gegenseitig respektierte Unbestimmtheit der Gründe überträgt sich auf das, was wir wechselseitig füreinander sind und sein sollen, nämlich die unbestimmt bestimmenden Autoren unseres Lebens. Indem wir das Tun anderer respektieren ohne nachzufragen, bestimmen wir uns gegenseitig als unbestimmte Personen. In dieser Beziehung herrscht vollständige Reversibilität. Jeder ist sich selbst darin genauso nahe oder so fern wie jedem anderen. Da man aus der Perspektive der Gegenseitigkeit sich nur als irgendein einzelner unter anderen identifizieren kann, begegnet man in jeder anderen Person sich selbst.

Indes hat diese Anerkennung, um wirklich zu sein, eine eigentümliche Dialektik. Die Personen, die sich als die unbestimmten Autoren ihres Lebens und Wünschens bestimmen, müssen voneinander zum Zwecke der sozialen Kooperation *bestimmte* Eigenschaften, Fähigkeiten und Haltungen fordern. Sonst wäre es unmöglich, die Beziehung gegenseitiger Anerkennung aufrechtzuerhalten. Damit die Gegenseitigkeit zwischen unbestimmten Personen Realität sein kann, haben diese sich auch zu bestimmen. Die *Form* wechselseitiger Anerkennung gerät damit in Widerspruch zu ihrem *Inhalt*, der darin besteht, auf die als unbestimmter Grund ihres autonomen Handelns bestimmte Person bezogen zu sein.[180]

Die Gleichheitsprinzip ist die Auflösung dieses Widerspruchs. Wenn wir zwar als unbestimmt bestimmt sind, aber dennoch füreinander nicht unbestimmt bleiben können, dann ist festzulegen, zu den Trägern welcher für die Partizipation an grundrechtlichen Schutzgütern relevanten persönlichen Qualitäten wir uns – gemessen an den Umständen der sozialen Kooperation – *gemeinsam selbst bestimmen dürfen*. Zum Problem wird damit, in welchem Ausmaß von uns als Personen, sofern diese überhaupt *möglich* ist, die *freiwil-*

180 Siehe Alexander Somek, Unbestimmtheit und Anerkennung. Prolegomena zu einer Theorie der grundrechtlichen Schutzgüter, in: P. Koller/K. Puhl (Hrsg.), *Aktuelle Fragen politischer Philosophie: Gerechtigkeit in Gesellschaft und Weltordnung*, Wien 1997, 62-74.

lige Anpassung an die Bedingungen der sozialen Kooperation zu erwarten ist. Der Rekurs auf die Gleichheit dient dazu, die Grenzen der *zumutbaren Bestimmtheit der für uns als unbestimmt bestimmten Person* festzulegen. Jenseits dieser Grenze liegen persönliche Qualitäten, über die zu verfügen oder nicht zu verfügen von niemandem erwartet werden darf. Daher dürfen Unterscheidungen, mit denen *Verzichte* auf die Partizipation an grundrechtlichen Schutzgütern verbunden sind,[181] nicht an persönliche Qualitäten anknüpfen, die entweder *auszubilden nicht allseitig zu fordern* oder *zu vermeiden unmöglich* ist. Dasselbe gilt aber auch für die Überwindung von *Hindernissen*, die durch Differenzierungen geschaffen werden. Mit Blick auf G1 verbietet die Gleichheit der Partizipation überdies, jemandem deswegen einen Vorteil zu verschaffen, weil anderen ein Nachteil daraus erwächst, ein solches Hindernis nicht überwinden zu können oder mit Recht nicht überwinden zu wollen.

Gleichheit als Freiheitsrecht zweiter Ordnung

In dem hier exponierten Verständnis blickt die Gleichheit auf allgemein zumutbare Varianten des Anders-als-man-selbst-Seins bei der Partizipation an grundrechtlichen Schutzgütern. Deswegen sind Diskriminierungen aufgrund der Rasse oder des Geschlechts besonders augenfällige Beispiele für Gleichheitsverstöße. Eine persönliche Qualität dieser Art zu haben, lässt sich nicht vermeiden, es sei denn, man denkt an absurde Alternativen. Opfer solcher Diskriminierungen müssen auf die Vorteile der sozialen Kooperation verzichten, weil sie ein unverfügbares Merkmal tragen. Sofern wir uns als Gleiche achten, müssen wir aber das, was uns unverfügbar *ist* oder von uns als unverfügbar behandelt werden *darf*, auch unverfügbar sein lassen. Es darf damit weder ein Nachteil verknüpft sein noch bei anderen ein Vorteil entstehen.[182]

181 Siehe ebd.

182 Dieses Unverfügbare darf nicht mit dem auf der Ebene der Gegenseitigkeit als unbestimmt bestimmten Grund des Handelns verwechselt werden. Es markiert die Grenze der Anpassung an die Bedingungen gleichwertiger Partizipation an Schutzgütern, die zu ziehen ist, damit sich das Füreinander-bestimmt-Sein als Ausdruck gemeinsamer Selbst-Bestimmung deuten lässt. So wäre es klarerweise unfair, wenn Jakob sich zur medizinischen Ausbildung nur deswegen entschlösse, weil er darauf vertraute, dass Esau ohnedies Richter werden wolle. Esau wür-

Indes besteht zwischen persönlichen Qualitäten, die *unvermeidlich* sind, und solchen, die *auszubilden nicht zu fordern* ist, ein nicht unbeachtlicher Unterschied, der dazu angetan ist, die Differenz zwischen Gleichheitsverstößen und unzulässigen Beeinträchtigungen der gleichen Handlungsfreiheit zu erhellen. Es ist eine Sache, die Rasse oder das Geschlecht als unvermeidlich zu betrachten; es wäre indes fragwürdig, sie als etwas zu sehen, das sich auch verändern ließe, um Nachteile von sich abzuwenden. Ein solcher Gedanke hätte, gelinde gesagt, etwas Gezwungenes an sich. Es gibt daher einen Unterschied in der Funktion von Verboten, die entweder Benachteiligungen aufgrund persönlicher Qualitäten abwenden oder aber der Nötigung zur Anpassung für die Partizipation an Freiheiten Grenzen zu setzen. Gleichheitsverstöße und Verstöße gegen die gleiche Handlungsfreiheit haben daher eine unterschiedliche Form, die sich vereinfacht folgendermaßen ausdrücken lässt:

(U1) Jemand wird in der Teilhabe an X vergleichsweise schlechter gestellt, weil er die Eigenschaft Y hat.
(U2) Jemand muss darauf verzichten, X zu tun, weil man aufgrund der Eigenschaft Y ohnedies noch die Handlung Z ausführen kann.

Im Fall von U1 kommt es, was die Beurteilung der Erlaubtheit einer Ungleichbehandlung angeht, darauf an, ob es möglich oder zumutbar ist, die Realisierung der Eigenschaft Y zu *vermeiden*. Bei U2 stellt sich die Frage, ob es allseitig zumutbar ist, die Eigenschaft Y auszubilden, um sich an die durch U2 veränderte Situation *anzupassen*. Was die zweite Frage betrifft, fungiert die Gleichheit als das *Freiheitsrecht zweiter Ordnung*, ohne dessen Intervention von jeglicher Freiheit zur Wunscherfüllung die grenzenlose Anpassung an benachteiligende Umstände abverlangt werden könnte. In beiden Ausprägungen beruht die Gleichheit indes auf demselben Grundgedanken. Sie gestattet den Menschen, ohne Nachteil zu sein, was sie sind. Sie sind, was sie sind, entweder weil sie nicht anders sein

de auf diese Weise zum Opfer seines ihn *ausbeutenden* Bruders (Siehe John E. Roemer, *Egalitarian perspectives. Essays in philosophical economics*, Cambridge 1994, 27, 35; Jon Elster, *Making Sense of Marx*, Cambridge 1985, 169, 174). Es ist ihm nicht zuzumuten, über seinen Berufswunsch zugunsten des Jakob nicht disponieren zu können.

können, selbst wenn sie es wollten (wie in den Fällen von Rasse und Geschlecht), oder weil sie an etwas glauben oder etwas tun, das von ihnen als unverfügbar betrachtet wird und als unverfügbar gewollt wird (wie das religiöse oder politische Bekenntnis). Wenn man sich etwa die Differenzierungsverbote von Art. 3 Abs. 3 GG oder Art. 7 Abs. 1 B-VG vorlegt, ist unschwer zu ersehen, dass die Gleichheit sozial vom *Unvermeidlichen* entlastet. Sie ist das Recht, einerseits aus unveränderlichen sozialen Merkmalen keinen Nachteil zu haben und andererseits aufgrund mangelnder Anpassung an ein System, das dazu tendiert, gewisse persönliche Qualitäten mit besseren Aussichten zu verknüpfen, keinen Mangel bei der Ausübung von Freiheiten zu leiden. Die Bestimmung von Personen als wechselseitig unbestimmt verleiht, indem sie die Grenzen zumutbarer Bestimmtheit zu einem Problem macht, dem Sosein den Charakter einer geschützten Position. Vor allem in ihrer zweiten Funktion versichert die Freiheit gegen das Risiko des eigenen Soseins in einer Gesellschaft, die, wie unsere, Gefahr läuft, sich für liberal zu halten, weil sie mit Freiheitsrechten auch die allseitige Flexibilität ermöglicht.[183] Erst durch die Abwehr unzumutbarer Anpassung, also durch die Anerkennung von Unbeugsamkeit, erhält ein System von Handlungsfreiheiten seinen Abschluss. Nur durch sie kann die Ausgestaltung der Freiheiten davor bewahrt werden, auf unzumutbaren Voraussetzungen zu beruhen oder unzumutbare Konsequenzen zuzulassen. So wie die Menschen sich also an die Bedingungen der sozialen Kooperation anzupassen haben, haben diese die Würde von Personen zu achten. Es ist kein Zufall, dass die Gleichheit in der neueren Geschichte vor allem als das Recht derjenigen betrachtet worden ist, denen es an der »inclusive fitness« mangelte, an den Vorteilen eines Systems zu partizipieren, das gewisse persönliche Eigenschaften nachfragt, ohne darauf zu achten, ob diese überhaupt allgemein gefordert werden dürfen. Die Gleichheit ist das Freiheitsrecht der »sozial Schwachen«, also all jener, deren Lebensglück daran zu scheitern droht, dass sie nicht jene Eigenschaften ausbilden können, die von existierenden distributiven Systemen zum Anknüpfungspunkt einer sozialen Bevorzugung gemacht werden.

183 Siehe Theodor W. Adorno, *Negative Dialektik*, Frankfurt/M. 1966, 231.

In ihrer deontologischen und strukturellen Variante lässt sich die Gleichheit im Kontext von Freiheitsrechten als das Recht betrachten, kraft unserer Verschiedenheit als *Gleiche* behandelt zu werden.[184] Daraus ergibt sich folgende vorläufige Abwägungsregel:

(£) Es darf nicht sein, dass
(1) zur Teilhabe an grundrechtlichen Schutzgütern von Menschen eine persönliche Qualität erwartet wird, obwohl gemessen an der Bedeutung des öffentlichen Interesses von niemandem erwartet werden darf, diese Qualität auszubilden.
(2) Menschen einen Nachteil aus der persönlichen Qualität anderer Menschen haben, obwohl gemessen an der Bedeutung eines öffentlichen Interesses von niemandem erwartet werden darf, diese Qualität auszubilden.

Die erste Variante der Abwägungsregel bietet mit Blick auf U2 eine egalitäre Rekonstruktion der typischen Eingriffskonstellation. Die zweite Variante ist auf jene Situation anwendbar, die als Gleichheitsproblem im Sinne von U1 verstanden wird.

Das Verbot, auf einer belebten Straßenkreuzung ein Bild zu malen, lässt sich, anders als das Müller vorschwebt,[185] deswegen rechtfertigen, weil von jeder Person zu fordern ist, ihren *Drang* nach künstlerischer Expression unter Bedingungen zu unterdrücken, unter denen das Leben und die Gesundheit unbeteiligter Dritter gefährdet wären. Durch das Verbot werden die Personen, die diesen Drang verspüren, im Verhältnis zu den Personen, die diesen Drang nicht verspüren, ungleich behandelt. Diese Ungleichbehandlung ist aber nach G1 erlaubt, weil und insofern wir uns wechselseitig zu Wesen bestimmen, denen im Hinblick auf das verfolgte Ziel die Beherrschung des kreativen Dranges in diesem Fall zuzumuten ist. Wir bestimmen uns als *darin* gleich, diesen Verzicht ertragen zu können, ohne Gefahr zu laufen, wegen des Verzichts unser Leben wegwerfen zu müssen, zumindest solange wir genügend Entfaltungsräume fin-

184 Siehe Ronald Dworkin, *Taking Rights Seriously*, 2. Aufl. Cambridge (Mass.)/London 1978, 272-273. (Dt.: *Bürgerrechte ernstgenommen*, Frankfurt/M. 1984.)

185 Siehe Friedrich Müller, *Die Positivität der Grundrechte. Fragen einer praktischen Grundrechtsdogmatik*, 2. Aufl. Berlin 1990, 35.

den, in denen wird frei sind, unter dem Titel der Kunst aus- und vorzuführen, was immer wir für Kunst halten mögen. Es ist also vom verfolgten öffentlichen Interesse abhängig, über welche persönlichen Qualitäten zu verfügen uns zuzumuten ist. Diesen internen Zusammenhang zwischen der Rechtfertigung des Verzichts unter Gleichen und dem Ziel der Beschränkung enthält die Güterabwägung nicht. Bei ihr wird bloß die Frage gestellt, ob ein Verzicht auf eine Handlungsfreiheit angesichts der *Bedeutung* (»der Wichtigkeit«) eines öffentlichen Interesses ausgewogen ist. Demgegenüber ist unter egalitären Vorzeichen vielmehr zu fragen, ob es angesichts dieser Bedeutung des öffentlichen Interesses legitim ist, von Personen die Disposition über eine persönliche Qualität zu fordern (Disziplin beim Ausleben der Kunst im Beispielsfall), um trotz des abgedrungenen Verzichts an dem grundrechtlichen Schutzgut (üblicherweise einer Handlungsfreiheit oder einem Recht, das mit Handlungsfreiheiten verbunden ist) weiterhin partizipieren zu können. Das Malen auf der Straße ist ein Beispiel dafür, dass die Beherrschung des schöpferischen Drangs nicht zu beanstanden ist, wenn es andere Entfaltungsmöglichkeiten dieses Drangs gibt. In einem politischen System, in dem die Ausübung oder Zur-Schau-Stellung jeglicher Kunst verboten wäre, wäre allerdings das Malen auf der Straße solange erlaubt, bis es andere, »zivilisiertere« Ausdrucksmöglichkeiten gäbe.[186]

Der entscheidende Unterschied zwischen der grundrechtlichen Güterabwägung und der hier skizzierten egalitären Alternative besteht darin, dass letztere auf die elementare Ebene gegenseitiger Anerkennung rekurriert. Daher vermag diese ein Gleichheitsproblem dort zu entdecken, wo jene diffus von der mehr oder weniger »intensiven« Einschränkung von Freiheiten spricht. Das damit verdeckte Gleichheitsproblem betrifft die Gleichheit unserer Verschiedenheit. Die Gleichheit bewahrt uns (in Grenzen) davor, unser eigenes Leben gemessen an der kollektiven Selbstbestimmung der

186 Wenn beispielsweise die Religionsfreiheit in einem Staat generell abgeschafft würde, ginge auch die Partizipation an dem Schutzgut generell verloren. Ein solcher Eingriff ist deswegen besonders gravierend, weil die Menschen nichts mehr dazu tun könnten, um sich die Partizipation am grundrechtlichen Schutzgut zu sichern. Paradoxerweise wäre von ihnen die Eigenschaft gefordert, ohne Bekenntnis zu sein. In einem solchen Staat wäre jegliche Form der Religionsausübung erlaubt.

anderen leben zu müssen.[187] Die hier vertretene These lautet demnach, dass die Bestimmung des Eigengewichts von Freiheiten unverständlich bleiben würde, wenn man nicht auf diese tiefere egalitäre Ebene rekurrierte.

Um Missverständnissen vorzubeugen, ist abschließend hervorzuheben, dass die Wahl der egalitären Alternative nicht auf eine simple Anwendung des verfassungsrechtlichen Gleichheitssatzes bei der Güterabwägung hinausläuft. Es handelt sich bei ihr vielmehr um eine spezifische Ausprägung des Gleichheitsprinzips. Im Verständnis von G1 besagt der Gleichheitssatz, dass eine Ungleichbehandlung erlaubt ist, wenn nichts gegen sie spricht. Gegen eine Ungleichbehandlung kann auch *unabhängig* davon, ob sie direkt die Distribution von Handlungsfreiheiten betrifft, vorgebracht werden, dass sie auf einem Kriterium beruht, aufgrund dessen die Verteilung mit einer persönlichen Qualität verknüpft wird, die weder negativ noch positiv von der Gegenseitigkeit umfasst ist. Davon abgesehen werden aus den verfassungsrechtlichen Gleichheitssätzen bekanntlich auch andere Maximen abgeleitet, etwa die folgenden:

- Eine Ungleichbehandlung darf dann nicht erfolgen, wenn sie in keinem zweckrationalen Zusammenhang mit dem verfolgten Regelungsziel steht.
- Bei der Anwendung von Kriterien der Gerechtigkeit ist darauf zu achten, dass gleich gelagerte Fälle auch gleich behandelt werden.

Eine Analyse des Zusammenhangs dieser Maximen mit dem Gleichheitsprinzip muss ich hier schuldig bleiben. An dieser Stelle kommt es nur darauf an, die Pointe der egalitären Alternative zur Güterabwägung herauszustellen. Sie lässt sich als Anwendung der Dialektik gegenseitiger Anerkennung auf die Distribution von Handlungsfreiheiten verstehen. Mehr zu entwickeln, haben die vorstehenden Überlegungen nicht beabsichtigt.

187 Siehe Somek, *Verallgemeinerung* (oben Anm. 14).

Fünftes Kapitel
Gleichheit

Die Normativität des Gleichheitsrechts

Das Gleichheitsrecht ist auf ein universelles Problem bezogen. Auf elementarer Ebene lässt sich davon abstrahieren, ob die Adressatin dieses Rechts eine Privatperson oder ein Staatsorgan ist.[1] Ein Gleichheitsproblem tritt immer dann auf, wenn die Rechtfertigung einer Ungleichbehandlung ansteht.[2] Wenn die Ungleichbehandlung durch nichts gerechtfertigt werden kann, fordert das Gleichheitsrecht die Gleichbehandlung. Das ist sein normativer Gehalt.

Die Normativität des Gleichheitsrechts besteht demnach nicht in der Anordnung der Gleichbehandlung des Gleichen und der Ungleichbehandlung des Ungleichen. Der Sitz seiner Normativität liegt in Gründen, mit denen die Gründe, die für eine Ungleichbehandlung sprechen könnten, auf ihre Gültigkeit beurteilt werden.[3] Es setzt sich also zusammen aus Gründen, deren Funktion darin besteht, Gründe der Ungleichbehandlung als gültig oder ungültig zu bewerten. Man kann solche Gründe als *Gründe zweiter Ordnung* bezeichnen.

Das Gleichheitsrecht ist also eine Norm, insofern es Gründe enthält, aufgrund derer potentielle Gründe der Ungleichbehandlung zugelassen oder ausgeschlossen werden. Die einen erfüllen eine *einschließende*, die anderen eine *ausschließende* Funktion.[4] Die Unterscheidung zwischen beiden Sorten von Gründen ist streng binär. Gründe, die vom Gleichheitsrecht nicht zugelassen – also: nicht eingeschlossen – werden, sind ausgeschlossen.

1 So auch Samuel Pufendorf, *On the Duty of Man and Citizen According to Natural Law*, hrsg. v. J. Tully, Cambridge 1991, VII.1, 61.

2 Für eine gründliche Ausarbeitung und Verteidigung dieser Idee siehe Kenneth W. Simons, Equality as a Comparative Right, in: *Boston University Law Review* 65 (1985), 387-481.

3 Siehe dazu allgemein Joseph Raz, *Practical Reason and Norms*, 2. Aufl. Princeton 1990.

4 Siehe Alexander Somek, Equality and Constitutional Indeterminacy. An Interpretative Perspective on the European Economic Constitution, in: *European Law Journal* 7 (2001), 171-195, hier: 175-179.

Gründe mit *einschließender* Funktion billigen die zweckrationale Verfolgung von Zielen. Aus jedem nur denkbaren Grund darf eine Ungleichbehandlung vorgenommen werden, solange nur das gewählte Mittel, d. h. die Ungleichbehandlung, in einem durchsichtigen Zusammenhang mit der Verfolgung eines Handlungsziels steht. Auf verfassungsrechtlicher Ebene wird die inklusive Funktion, die wegen des Abstellens auf einen denkbaren instrumentellen Zusammenhang einen normativen Filter enthält, durch etwas wahrgenommen, was man als den *grundrechtlichen Rationalitätsstandard* bezeichnen kann.[5] Dieser lässt sich – abermals auf verfassungsrechtlicher Ebene – zum *elementaren gleichheitsrechtlichen Rationalitätsstandard* erweitern, der in der deutschen verfassungsrechtlichen Tradition unter dem Namen »Willkürverbot« bekannt geworden ist.[6] Er ist dazu bloß durch die Maxime zu ergänzen, dass die Ungleichbehandlung kein Zweck sein darf.[7] Ungleichbehandlung um der Ungleichbehandlung willen darf es nicht geben.[8]

Was es bedeutet, dass die bloße Ungleichbehandlung kein Zweck sein darf, wird ersichtlich, wenn man die Gründe mit *ausschließender* Funktion betrachtet. Man kann sie als Gründe der Antidiskriminierung oder des Diskriminierungsschutzes bezeichnen. Sie sortieren aus den Gründen, die abgesehen von der bloßen Ungleichbehandlung zur Rechtfertigung einer Ungleichbehandlung herangezogen werden könnten, auch noch jene heraus, in denen durch eine rationale Ungleichbehandlung die Geringschätzung oder der ungleiche Wert von Personen zum Ausdruck gebracht wird. Den Grundsatz, der dies ausschließt, kann man als *Antidiskriminierungsgrundsatz* bezeichnen.[9]

Bereits auf einer elementaren Analyseebene erhält man diese Doppelung einschließender und ausschließender Gründe. Sie erhält den Bauplan für jene Konstrukte, die auch von Verfassungsgerich-

5 Siehe Alexander Somek, *Rationalität und Diskriminierung. Zur Bindung der Gesetzgebung an das Gleichheitsrecht*, Wien/New York 2001, 301-305.

6 Siehe Gerhard Leibholz, *Die Gleichheit vor dem Gesetz. Eine Studie auf rechtsvergleichender und rechtsphilosophischer Grundlage*, 2. Aufl. München/Berlin 1959.

7 Siehe Somek, *Rationalität und Diskriminierung* (oben Anm. 5), 309.

8 Diese Maxime ist durch die Integration des Antidiskriminierungsgrundsatzes in den gleichheitsrechtlichen Rationalitätsstandard einzuschränken. Siehe ebd., 314-318.

9 Siehe etwa (unter dem Titel »anti-caste principle«) Cass R. Sunstein, *The Partial Constitution*, Cambridge (Mass.)/London 1993, 339.

ten und Höchstgerichten mehr oder weniger explizit bei der Anwendung des Gleichheitsrechts auf Akte der Gesetzgebung herangezogen werden.[10] Seinen normativen Gehalt erhält das Gleichheitsrecht, genauer betrachtet, aus der *Verhältnisbestimmung* von einschließenden und ausschließenden Gründen. Insofern bezieht das Gleichheitsrecht seine normative Wirkung aus einer Verhältnisbestimmung von Rationalität und Diskriminierung. Würde nicht grundsätzlich der Antidiskriminierung Vorrang vor der rationalen Zweckverfolgung eingeräumt, wäre das Gleichheitsrecht bedeutungslos. Den Rationalisierungen von Ungleichheiten wäre andernfalls keine Grenze bezeichnet.

Konstruktionsfragen

Gegen den von mir unternommenen Versuch, das Gleichheitsrecht, insofern es über einen Rationalitätsmaßstab hinausgeht, als Ausdruck des Antidiskriminierungsgrundsatzes zu deuten, hat Huster zwei bedenkenswerte Einwände formuliert.[11] Der erste Einwand betrifft ein Problem der juristischen Konstruktion. Der zweite geht tiefer. Er betrifft die Quellen der Rechtsgeltung.

Der erste Einwand geht dahin, dass das Gleichheitsrecht eine Fülle von Differenzierungen erfasse, ohne dass die Diskriminierung von Normadressaten eine Rolle spielen müsse. Seine Anwendung stelle eben darauf ab, dass Gleiches gleich und Ungleiches ungleich behandelt werde. Zur Problemlösung nehme die Gleichheit bereichsspezifische Gerechtigkeitsmaßstäbe in sich auf. Da ich das Denken in Kategorien der Sachgerechtigkeit aus der Anwendung des Gleichheitsrechtsrechts eskamotieren wolle, werde mein dogmatisches Konstrukt an dem Punkt brüchig, an dem ich versuche, auch noch diesen bedeutenden Teil der Rechtsprechung zu »beschreiben«.[12]

Was Huster als Problem wahrnimmt, ist nicht dem Ansatz, sondern vielmehr der Sache geschuldet. Die Normativität des verfassungsrechtlichen Gleichheitsrechts hat, wie erwähnt, zwei Wurzeln.

10 Siehe dazu ausführlich Richard Fallon, *Implementing the Constitution*, Cambridge (Mass.)/London 2001.

11 Siehe Stefan Huster, Buchbesprechung, in: *Der Staat* (2003), 145-149.

12 Huster, ebd., 147.

Die eine liegt im grundrechtlichen Rationalitätsstandard. Er besagt, dass die Gesetzgebung in grundrechtliche Schutzgüter eingreifen darf, solange sie sich dabei rational verhält.[13] Dieser grundrechtliche Rationalitätsstandard erhält seinen gleichheitsrechtlichen Gehalt dadurch, dass er das Verbot ungerechtfertigter Ungleichbehandlungen in sich aufnimmt. Dieses wird durch den Antidiskriminierungsgrundsatz – der zweiten Wurzel des verfassungsrechtlichen Gleichheitsrechts – in seiner Anwendung reguliert. Nicht zu diesen Wurzeln zählt meines Erachtens das von Huster vermisste Argumentieren mit Sachgerechtigkeit, das er so eindrucksvoll als »Entsprechungsprüfung« rekonstruiert hat.[14] Durch die Anwendung eines solchen Entsprechungstests ist herauszufinden, ob eine Regelung einem Gerechtigkeitsmaßstab (wie etwa dem Leistungsfähigkeitsprinzips) entspricht. Allerdings lassen sich manche Argumente der Sachgerechtigkeit, die Huster dem Entsprechungstest zuordnet, umdeuten und ihnen solcherart gleichheitsrechtliche Würde verschaffen. Dazu gehört das, was ich als das instrumentelle Verständnis von Gleiches-gleich-und-Ungleiches-ungleich-Behandeln bezeichne.[15] Der gleichheitsrechtliche Rationalitätsstandard verwirft Regelungen als ungeeignet, wenn eine Gruppe von einer Belastung ausgenommen oder eine Gruppe in diese eingeschlossen wird, obwohl dies die Erreichung eines Regelungsziels vereitelt oder erschwert. Dazu bedarf es keines Entsprechungstests. Außerdem lassen sich Normenvergleiche durchführen, auch wenn man die Sachgerechtigkeit beiseite lässt. Wenn die Gesetzgebung Fälle der Art A dem Prinzip P und Fälle der Art B dem Prinzip R unterwirft, können die Regelungszwecke die Ungleichbehandlung des *im Lichte der Zweckverfolgung Ungleichen* rechtfertigen. Diese Überlegung verdeutlicht einen der Gründe, weshalb die Formel, das Gleichheitsrecht fordere die Ungleichbehandlung des Ungleichen und Gleichbehandlung des Gleichen, abzulehnen ist.[16] Sie formuliert metaphysischen Unsinn. Es gibt nicht das an sich Gleiche oder

13 Zu seiner Begründung habe ich Überlegungen angestellt, die an eine transzendentale Deduktion gemahnen. Sie mögen hier dahinstehen. Siehe Somek, *Rationalität und Diskriminierung* (oben Anm. 5), 261-276.

14 Siehe Stefan Huster, *Rechte und Ziele. Zur Dogmatik des allgemeinen Gleichheitssatzes*, Berlin 1993, 161-163, 226-228.

15 Siehe Somek, *Rationalität und Diskriminierung* (oben Anm. 5), 152-153.

16 Siehe ebd., 43-46.

Ungleiche. Als gleich oder ungleich erscheinen Fälle oder Fallgruppen bloß im Hinblick auf einen politischen Zweck. Der Unsinn der Formel hat gleichwohl in der Rechtsprechung Schule gemacht. Das Gleichheitsrecht ist über den Diskriminierungsschutz für Personen hinausgehend ausgedehnt worden zum Gebot der Gleich- oder Ungleichbehandlung der Sachen und Sachverhalte. Solchen Aberrationen ist ein Riegel vorzuschieben. Dass manche Stränge der verfassungsrechtlichen Judikatur mit meiner Analyse nicht übereinstimmen, lässt sich nicht gegen diese einwenden. Darin besteht ihre Leistung. Sie sträubt sich gegen die Reduktion der juristischen Analyse auf den Verfassungsgerichtspositivismus.[17]

Zur Bedeutung des Antidiskriminierungsgrundsatzes

Huster mag erwidern wollen, dass es sich bei solchen Modifikationen um Ausflüchte handle. Letztlich müsse im Rahmen meines Modells über den Antidiskriminierungsgrundsatz jene Sachgerechtigkeit hineinschmuggelt werden, die ich so kühn wie arrogant aus der Anwendung des Gleichheitsrechts eliminieren wolle. Alle Ungleichbehandlungen als Diskriminierungen begreifen zu müssen, sei aber unmöglich, denn »[d]ie Liste der plausiblen Diskriminierungsverbote ist endlich, die Anzahl der denkbaren problematischen Ungleichbehandlungen aber unendlich«.[18] Dieser zweite Einwand geht tiefer. Er betrifft den Gehalt des von der Gleichheit verbürgten Diskriminierungsschutzes.

In der Tat sieht Huster richtig, dass meiner Auffassung nach der Schutz gegen Diskriminierung, der vom Gleichheitsrecht ausgeht, sich *nicht* in einer endlichen Anzahl von Diskriminierungsverboten erschöpft. Er ist vielmehr darauf bezogen, Menschen vor der Verlegenheit zu bewahren, zur Vermeidung von Nachteilen ihr Sosein verleugnen zu müssen. Der Antidiskriminierungsgrundsatz setzt Anpassungszwängen Grenzen. Insofern ist er das Freiheitsrecht der

17 Siehe dazu nunmehr die scharfsinnige Analyse von Matthias Jestaedt, Verfassungsgerichtspositivismus. Die Ohnmacht des Verfassungsgesetzgebers im verfassungsgerichtlichen Jurisdiktionsstaat, in: O. Depenheuer et al. (Hrsg.), *Nomos und Ethos. Hommage an Josef Isensee zum 65. Geburtstag von seinen Schülern*, Berlin 2002, 183-228.

18 Siehe Huster (oben Anm. 11), 146.

sozial Schwachen. Die sozial Starken sind immer schon angepasst. Die Gleichheit ist demgegenüber das Recht jener, deren Talente, Lebensperspektiven und Wünsche nicht in eine zunehmend eindimensionale Welt passen.

Die so verstandene Bedeutung des Antidiskriminierungsgrundsatzes lässt sich anhand eines Beispiels erläutern, das zunächst in eine andere Richtung zu weisen scheint. Jegliche Form der Rassendiskriminierung ist ein gravierendes Unrecht. Menschen werden aufgrund eines »beliebigen« Merkmals benachteiligt. Was dies bedeutet, lässt sich präziser fassen, indem man die Benachteiligung aus der Sicht des Aufwandes betrachtet, den es erforderte, um ihr ausweichen zu können. Die Rassendiskriminierung ist deswegen demütigend, weil die Ungleichbehandlung – die *einen* werden so, die *anderen* anders behandelt – impliziert, dass man zur Vermeidung des Nachteils bloß anders sein müsse. Diese Erwartung ist im Falle der Rassendiskriminierung zwar besonders zynisch, aber alles andere als fiktiv. In einer Gesellschaft von Weißen, in der Vorurteile gegen Schwarze bestehen, *kann* man als Schwarzer nur Nachteile vermeiden, indem man *sozial* so weiß wird, dass die schwarze Hautfarbe nicht mehr auffällt oder wenigstens nicht mehr die Identität eines Menschen markiert. Auch der Diskriminierung, die wegen unveränderlicher Merkmale zu geschehen *scheint*, kann man unter günstigen Umständen durch soziale Verhaltensweisen wie »Ducken« und »Verstellen« ausweichen.[19]

Daran ist erkennbar, dass hinter der Bezugnahme auf »unveränderliche Merkmale«, die für spezielle Diskriminierungsverbote charakteristisch ist, ein generelles Prinzip steht. Es besagt, dass zur Abwehr sozialer Nachteile die Selbstverleugnung nicht erwartet werden darf. Die Nötigung zu einer solchen Verleugnung und die mit ihr verbundene Unausweichlichkeit des Ausweichens machen Akte der Diskriminierung demütigend. Wenn eine Person zur Vermeidung beruflicher Nachteile ihr religiöses Bekenntnis, ihre politische Einstellung oder ihre sexuelle Orientierung verbergen muss, dann liegt das Unrecht der Diskriminierung in der Notwendigkeit, vor einer Ungleichbehandlung ausweichen und sich anderen (der Mehr-

19 Siehe dazu die beeindruckenden Überlegungen bei Kenji Yoshino, The Assimilationist Bias in Equal Protection: The Visibility Presumption and the Case of ›Don't Ask, Don't Tell‹, in: *Yale Law Journal* 108 (1998), 485-571, hier: 500-502.

heit) gleichmachen zu müssen. Die Gleichheit stellt sich schützend vor die Ungleichheit.

Huster mag gegen diese Überlegung einwenden wollen, der Gleichheit werde damit ein Gehalt unterschoben, die ihr nicht zukomme. Das Gleichheitsrecht schütze gegen die Ungleichbehandlung aufgrund von Rasse, es erstrecke sich aber nicht auf damit zusammenhängende Adaptionsleistungen. Wenn Huster so argumentierte, würde er übersehen, dass der Antidiskriminierungsgrundsatz sich sogar darauf erstrecken *muss*, weil jegliche irrationale Diskriminierung – etwa »bloß« aufgrund der Hautfarbe – schon durch den elementaren gleichheitsrechtlichen Rationalitätsstandard ausgeschlossen wird. Ohne Schutz vor unzumutbaren Adaptionsleistungen zu bieten, hätte der Antidiskriminierungsgrundsatz keinen Gehalt.

Der Umstand, dass spezielle Diskriminierungsverbote die Anknüpfung an ein unveränderliches Merkmal verbieten,[20] verführt zu der Annahme, sie regulierten den Ausschluss der Diskriminierung einer Person *wegen* der Rasse oder des Geschlechts. Der Sinn der Diskriminierungstatbestände wird insofern durch ihre bloße Existenz verdunkelt. Man darf sich durch die Art, wie sie erscheinen, nicht beirren lassen. Aus der Sicht der Diskriminierungstäter fungieren unveränderliche Merkmale als extensionale Prädikate. Ihr Gebrauch soll sicherstellen, dass sich die betroffene Gruppe der Ungleichbehandlung nur unter großem Aufwand oder überhaupt nicht entziehen kann. Aus der Sicht der Diskriminierungsopfer fungieren unveränderliche Merkmale als Zeichen für ein über sie hinausgehendes normatives Prinzip. Sie bringen *exemplarisch* zum Ausdruck, worüber zu disponieren einer Person nicht zugemutet werden darf. Das religiöse Bekenntnis, die sexuelle Orientierung oder die politische Einstellung dürfen wir deswegen als indisponibel behandeln, weil sie uns als die Menschen ausmachen, die wir sind. Insofern unterhält das Gleichheitsrecht eine untergründige Beziehung zur personalen Identität. Wenn »unveränderliche« Merkmale im Spiel sind, wie Hautfarbe (auch bei Michael Jackson?) oder Geschlecht (auch bei Julian Schutting?), dann tritt die Unzumutbar-

20 Siehe dazu Ute Sacksofsky, *Das Grundrecht auf Gleichberechtigung. Eine rechtsdogmatische Untersuchung zu Artikel 3 Absatz 2 des Grundgesetzes*, Baden-Baden 1991, 306-308.

keit, als disponibel behandeln zu müssen, was nicht disponibel sein darf, uns bloß sinnfällig vor Augen. Es käme allerdings einer glatten Verdinglichung gleich, den normativen Gehalt, der sich hinter der Anerkennung von Indisponiblem verbirgt, auf sichtbare unveränderliche Merkmale zu reduzieren.

Sollte Huster vermuten, dass solcherart mit dem Diskriminierungsbegriff der Sachgerechtigkeit durch die Hintertür wieder Einlass geboten wird, dann müsste ich ihm in *einer* Hinsicht Recht geben. Die Anwendung des Antidiskriminierungsgrundsatzes wird die Ungleichbehandlung des Ungleichen fordern, wenn eine Anpassungsleistung einer Gruppe, etwa körperlich behinderten Personen, nicht zumutbar ist. In einem solchen Fall wird allerdings eine Regelung, die *vordergründig* als Gleichbehandlung auftritt, der Ungleichbehandlung überführt, weil durch sie die Lasten ungleich verteilt werden. Selbst in dieser Hinsicht fällt der Antidiskriminierungsgrundsatz nicht mit der intuitiven Anwendung der Sachgerechtigkeit zusammen. In diesem Grundsatz drückt sich vielmehr ein kritisches Prinzip aus, das dieser abgeht.

Zur liberalen Verwechslung von Neutralität und Mobilität

Huster stößt sich sichtlich an der bereits erwähnten Verallgemeinerung des Diskriminierungskonzepts. Er fragt: »Kann man tatsächlich behaupten, dass in einer Wettbewerbsgesellschaft die Faulen diskriminiert werden?«[21] Man kann es. Man kann es sogar mit *gutem* Grund. Dazu ist bloß im Auge zu behalten, dass der Gehalt des verfassungsrechtlichen Gleichheitsrechts von drei Aporien bestimmt ist.[22]

Erstens kommt das Gleichheitsrecht als Abwehrrecht im Verhältnis zur sozialen Praxis des Diskriminierens immer schon zu spät. Es kann bloß der Rekonfirmierung von Geflechten der Diskriminierungen entgegenwirken.

Zweitens beruht es auf einer deontologischen Reduktion. Das

21 Siehe Huster (oben Anm. 11), 146.

22 Siehe Somek, *Rationalität und Diskriminierung* (oben Anm. 5), 400-403.

bedeutet, dass es nicht auf die Veränderung sozialer Strukturen, sondern auf das Unterlassen von diskriminierenden Akten abzielt.[23]

Drittens setzt die soziale Sichtbarkeit von Diskriminierung die Selbstbehauptung der Opfer voraus. Ohne diese würde sie nicht normativ relevant.

Die Faulen sind in einer Wettbewerbsgesellschaft diskriminiert. Die allseitig notwendige Orientierung am Grenznutzen verlangt ihnen die Maximierung des Outputs ab: »improve or die«.[24] Unter Konkurrenzbedingungen ist ein Leben in Ruhe genau jene Art von Leben, das in den Untergang führt. Die Faulen wollen in Ruhe leben. Aber sie können es nicht. Die Faulen sind systematisch benachteiligt. Aber normativ relevant wird das nicht, solange die Faulen sich nicht gegen die von den Tüchtigen, Fleißigen und Anständigen geschaffene Welt auflehnen. Sie haben vermöge ihres Soseins ein besonders gravierendes »collective action problem«.

An diesem Punkt bemängelt Huster, dass ich mich hartnäckig der Orientierung an der staatlichen Neutralität verschließe.[25] Dabei überlasse der liberal neutrale Staat dem Bürger doch die Wahl, ob er einer Erwerbstätigkeit nachgehe oder »seine Zeit biertrinkend vor dem Fernseher verbringt«.[26] Alle Lebensformen, die nicht in Rechte anderer eingreifen, werden zugelassen. Der Staat enthält sich einer Stellungnahme zu ihrem Wert. Es gibt gleiche Freiheit für alle.[27] Aber das bedeutet nicht, dass die Umstände der Freiheitsrealisierung für alle gleich leicht sein müssen:[28]

> Manche Lebensformen werden nicht in diesen Rahmen passen; das kann für die Betroffenen hart sein, stellt aber nicht einmal ein Indiz für eine Ungerechtigkeit dar, weil niemand einen Anspruch darauf hat, dass das Gemeinwesen auf eine Weise eingerichtet wird, die gerade seiner Lebensform entgegenkommt.

23 Die Problematik der mittelbaren Diskriminierung muss ich hier außen vor lassen.
24 Der ökonomische Zugang zum Wettbewerbsrecht spricht dies unverhohlen aus. Siehe Robert H. Bork, *The Antitrust Paradox. A Policy at War with Itself*, New York 1978, 95.
25 Siehe Huster (oben Anm. 11), 148-149.
26 Ebd., 148.
27 Ebd.
28 Ebd.

Die vordergründige Toleranz liberaler Neutralität[29] weiß sich zugerüstet durch den Markt. Der Markt ist indessen kein Medium zur Realisierung von Toleranz. Der Markt ist auch nicht neutral.[30] Überleben kann nur, wer oder was sich kommodifizieren lässt.[31] Der Markt fordert von den Kontemplativen und Langsamen ein Leben in Hektik und Betriebsamkeit. Außerdem bevorzugt er eine Vorstellung vom Leben, in der dieses als ein Projekt erscheint, das geplant, modifiziert und je nach Bilanzlage nachjustiert wird.[32] Mit Neutralität hat das nichts zu tun.[33] Es ist vielmehr Ausdruck allseitiger Mobilität. An der liberalen Neutralität muss man sich daher wegen der an Verlogenheit grenzenden Kurzsichtigkeit stoßen, mit der ihre Proponenten sie mit liberaler Mobilität verwechseln.

Die liberale Rede von der »Lebensform« und ihre implizite Inanspruchnahme des Werts von »freedom of choice« verdeckt, worum es geht. Es geht nicht darum, wie man sich sein Leben einrichtet. Es geht um Autonomie und die zu ihrer Realisierung erforderliche Freiheit von Anpassungszwängen. Die Beschwörung der liberalen Neutralität ist die verdeckte Verantwortungsabdikation vor der Nicht-Neutralität eines mobilitätshungrigen Marktes. Sie überlässt den Ausschluss autonomen Lebens den unintendierten kollektiven Konsequenzen einer Vielzahl menschlicher Handlungen. Man mag das billigen. Aber eine solche Billigung wäre mit der Gleichheit nicht kompatibel. Denn interessanterweise treten Diskriminierungsverbote genau dagegen an. Sie zielen darauf ab, das Geflecht

29 Sie wird wenigstens beobachtet bei John Rawls, Fairness to Goodness, in: ders., *Collected Papers*, hrsg. v. S. Freeman, Cambridge (Mass.)/London 1999, 276-285.

30 Zur mangelnden »baseline neutrality« verfassungsrechtlicher Freiheitsgarantien, die einfach den Marktmechanismus zu ihrer Realisierung voraussetzen, siehe schon Sunstein, *Partial Constitution* (oben Anm. 9), 68-88.

31 Siehe Karl Polanyi, *The Great Transformation. The Political and Economic Origins of Our Time*, 3rd ed. Boston 2001, 75. (Dt.: *The Great Transformation. Politische und ökonomische Ursprünge von Gesellschaften und Wirtschaftssystemen*, Frankfurt/M. 1973.)

32 Siehe dazu und zum folgenden Satz Michael Walzer, *Thick and Thin: Moral Argument at Home and Abroad*, Notre Dame/London 1994.

33 Es lässt sich auch zeigen, dass wir eine kulturell geprägte Wertschätzung zum Ausdruck bringen, wenn wir den Tüchtigen, Fleißigen und Anständigen den Weg ebnen, indem wir ihnen Chancengleichheit versprechen. Siehe Alexander Somek, Grenzen der Anpassung, in: W. Schluchter (Hrsg.), *Kolloquien des Max-Weber-Kollegs VI-XIV* (1999/2000), Erfurt 2000, 201-255.

sozialer Diskriminierung dort zu unterbrechen, wo man auffällige Nahtstellen seiner Reproduktion findet, also beim Staatsakt oder bei der privaten Distribution von Grundgütern wie Arbeitsplätzen und Wohnraum. Dem Eintreten für Diskriminierungsschutz die liberale Neutralität entgegenzustellen, ist daher paradox. Der Diskriminierungsschutz ist gerade der Versuch, mit den autonomiegefährdenden Konsequenzen der liberalen Neutralität fertig zu werden.

Sollen die Faulen also den besonderen Schutz der Verfassungsgerichte genießen? Aus funktionell-rechtlichen Gründen wäre das nicht tunlich.[34] Aber das ändert nichts daran, dass in einer »Wettbewerbsgesellschaft« ein Gerechtigkeitsproblem besteht. Seine Artikulation ist ein historisches Phänomen. Von seinem Auftreten bleibt eine Deutung der verfassungsrechtlichen Garantie des Gleichheitsrechts nicht unberührt. Die Bedeutung der Gleichheit quillt nicht aus den wenigen Worten, die eine geschriebene Verfassung darauf verwendet. Verfassungsrechtliche Analyse ist etwas, mit dem an geeigneter Stelle zur richtigen Zeit etwas gemacht werden kann. Die Vertreter der historischen Rechtsschule hatten vermöge ihres Idealismus das richtige Gespür dafür, dass durch das semantisch elaborierte rechtliche Wissen dem Volksgeist eine besondere Artikulation verliehen wird. Wir müssen den verstaubten Ausdruck »Volksgeist« bloß durch einen modernen wie »Rechtskultur« ersetzen, um dieser Idee ein weniger ausgestorbenes und weniger verschrobenes Aussehen zu verleihen. Es ist an der Zeit, zu einer Rechtsquellenlehre zurückzukehren, die sich der Zusammenhänge zwischen dem Recht und der geschichtlichen Dominanz von Mentalitäten versichert.

34 Siehe Somek, *Rationalität und Diskriminierung* (oben Anm. 5), 474-476.

Sechstes Kapitel
Diskriminierungsschutz

Wissen des Nicht-Wissens

Die soziale Welt ist das Produkt des auf sie bezogenen Halbwissens der in ihr lebenden Menschen. Wir verstehen die soziale Welt zwar nicht, aber wir finden uns in ihr irgendwie zurecht. Indem wir uns in ihr zurechtfinden, reproduzieren wir sie auch. Wir lieben und wir schließen Freundschaft, ohne zu wissen, wie das möglich ist oder was es bedeutet. Märkte entstehen und vergehen. Dies geschieht, indem Menschen aufgrund von Annahmen über die Wünsche und die Zahlungsfähigkeit anderer Menschen handeln. Die Kenntnis der Mechanismen, die zu Gleichgewichtspreisen führen, ist dafür entbehrlich.

Es scheint, als wäre Gesellschaft anders nicht möglich. Zumindest lehrt dies die Soziologie des Wissens.[1] Ihr Befund wird durch die Analyse der Wissensgesellschaft bestätigt und in bedeutender Hinsicht erweitert.[2] Demnach ist das Nicht-Wissen ums eigene Nicht-Wissen die Bedingung der Möglichkeit dafür, etwas in der Welt anfangen zu können. Jenes Wissen hingegen, das im Medium der Wissenschaft systematisch Einwänden ausgesetzt und mit Zweifeln belastet wird, macht Kontingenzen sichtbar und schafft unbequeme Selektionszwänge. Die Wissenschaft ist eine Quelle von Unsicherheit. Im Vergleich dazu bietet, was nur halb gewusst oder von Experten in vertrauenswürdiger Form vermittelt wird, den Schlüssel zur Handlungsmacht. Nicht das Wissen allein ist Macht; es erhält diese Qualität vermöge des Nicht-Wissens, dass alles praktische Wissen von Nicht-Wissen begleitet wird: *ignorance is bliss*.

Dieser Befund trifft vor allem auch auf die juristische Dogmatik zu. Juristisches Sprechen verdankt sich über weite Strecken dem Verzicht auf rechtstheoretisches Denken. Die Rechtstheorie produziert Deutungsmöglichkeiten des juristischen Sprechens, ohne sie mundgerecht für den Einzelfall – in der Form leicht verdaulicher Rechtsinformationen – zu reduzieren. Indem sie durch die Beobachtung

1 Siehe etwa Norbert Elias, *Engagement und Distanzierung*, Frankfurt/M. 1973.
2 Siehe Nico Stehr, *Die Zerbrechlichkeit moderner Gesellschaften. Die Stagnation der Macht und die Chance des Individuums*, Weilerswist 2000.

des juristischen Sprechens Wissen gewinnt, belastet sie die Anwendung mit dem Wissen ums Nicht-Wissen. Sie erschwert es daher, mit dem Brustton der Überzeugung Recht zu sprechen, indem sie zur Disposition stellt, was zunächst indisponibel erschienen sein mag.

Unwissenheit ist nicht nur ein Geschenk des Himmels. Sie ist auch die Wurzel des Wahns. Deswegen ist der Modus, aufgrund dessen wir Gesellschaft machen, so beunruhigend. Wer dieser Beunruhigung auf den Grund gehen will, der sieht sich dazu verhalten, das Risiko der Entmachtung durch theoretisches Wissen auf sich zu nehmen. Das Eingehen dieses Risikos rechtfertigt sich aus seinem intellektuellen Ertrag.

Wie die nachstehenden Überlegungen zeigen, hat es mit diesem Ertrag allein nicht sein Bewenden. Sie bieten ein Beispiel für juristischen Konstruktivismus. Juristisch zu konstruieren bedeutet, ein Rechtsgebiet aus ein paar wenigen Grundbegriffen zu entwickeln. Der Stoff wird auf das Wesentliche konzentriert. Die darin beschlossene Vereinfachung des Rechts[3] erhöht die Verständlichkeit des begrifflich Erfassten.

Begriff

Unter »Antidiskriminierungsrecht« wird üblicherweise ein Rechtsgebiet verstanden, das die Diskriminierung in einem bestimmten Bereich privatautonomer Rechtsgestaltung oder des zwischenmenschlichen Umgangs verbietet.[4] Aufgrund antidiskriminierungsrechtlicher Regelungen ist es etwa dem Arbeitgeber verwehrt, Frauen bei der Beförderung zu benachteiligen. Die Sanktionen, die das Antidiskriminierungsrecht für die Täter vorsieht, sind entweder privatrechtlicher (Schadenersatz, Nichtigkeit von Entlassungen) oder öffentlich-rechtlicher Art (Geldstrafen).

Dass das Antidiskriminierungsrecht in dieser Form in die Europäische Rechtskultur Eingang gefunden hat, verdanken wir nicht zuletzt dem Europäischen Gemeinschaftsrecht, vor allem der Rechtsprechung und Gesetzgebung zu Art. 141 (vormals 119) EGV.[5] Eine

3 Siehe Rudolph von Jhering, *Geist des römischen Rechts auf den verschiedensten Stufen seiner Entwicklung*, Bd. 2.2, Leipzig 1858, 360.

4 Siehe bloß Christopher McCrudden, Introduction, in: ders., (Hrsg.), *Anti-Discrimination Law*, Aldershot 1991, xi-xxxi.

5 Siehe Evelyn Ellis, *EC Sex Equality Law*, Oxford 1998.

länger zurückreichende Tradition hat das Antidiskriminierungsrecht in den Vereinigten Staaten von Amerika. Es spielt im Kontext des amerikanischen Arbeitsrechts eine bedeutende Rolle. Dort erfüllt es in gewisser Weise die Funktion, fehlende Regelungen des sozialen Schutzes zu kompensieren.[6]

Das Antidiskriminierungsrecht beruht auf einer *Grundunterscheidung*. Sie besteht darin, bestimmte Subjekte in bestimmten Handlungszusammenhängen an vergleichsweise strengere Gleichheitsforderungen zu binden als andere Subjekte. Die Unterscheidung wird gezogen, insofern das Verhalten der Adressaten in solchen Kontexten über die soziale Verteilung von Gütern und Lasten einen wesentlichen Ausschlag gibt. Die damit vollzogene Hervorhebung einer sozialen Stellung kann sich bloß an die Subjekte halten, die besonderen Einfluss auf die Verteilung haben (wie Arbeitgeber), oder darüber hinausgehend mit einem Bezug auf Güter kombiniert werden, die zur Verteilung anstehen (man denke etwa an die Vermietung von Wohnraum).

Das Antidiskriminierungsrecht hat also eine bedeutende distributive Dimension. Es geht um die Gleichheit als das individuelle Recht, bei der sozialen Kooperation und bei der Verteilung wichtiger Güter von Diskriminierung frei zu sein.

Einschließende und ausschließende Gründe

Das Gleichheitsrecht besteht aus einer Stellungnahme zu zwei Arten von Gründen.[7] Die ersteren gestatten es, eine Ungleichbehandlung zu rechtfertigen, aufgrund der letzteren ist eine Rechtfertigung ausgeschlossen. Es handelt sich also um *einschließende* Gründe einerseits und um *ausschließende* Gründe andererseits. Einschließende Gründe sind auf die Struktur rationalen Verhaltens bezogen. Sie geben an, dass eine Ungleichbehandlung dann sein darf, wenn sie der Erreichung eines legitimen (nicht-diskriminierenden) Ziels zuträglich ist. Ausschließende Gründe schließen Gründe der Ungleichbehandlung aus, wenn die Verhängung eines Nachteils demütigend

6 Siehe dazu McCrudden, *Introduction* (oben Anm. 4).

7 Siehe dazu Alexander Somek, Equality and Constitutional Indeterminacy. An Interpretative Perspective on the European Economic Constitution, in: *European Law Journal* 7 (2001), 171-195, hier: 178.

ist. Eine Demütigung liegt in diesem Zusammenhang immer dann vor, wenn die betroffene Person aus ihrem nicht zu verantwortenden Sosein einen Nachteil erleidet.[8] Der Diskriminierungsschutz setzt somit voraus, die Zone des nicht zu verantwortenden Soseins im Verhältnis zu Anpassungsleistungen zu bestimmen, die rational handelnde Personen von anderen erwarten dürfen, damit sie frei sein können, ihre eigenen Zwecke zu verfolgen.

Einschließende und ausschließende Gründe sind aufeinander bezogen. In dieser Relation steckt der normative Kern des Antidiskriminierungsrechts. Mit der Festlegung dieser Relation wird über den Gehalt des Diskriminierungsschutzes entschieden. Er betrifft zunächst die Frage, welches rationale Verhalten *anderer* man gegen sich gelten lassen muss. Man mag es etwa dulden, dass Menschen aufgrund von Stereotypen handeln. Das kann deswegen der Fall sein, weil man ein Leben nach diesem Stereotyp für erstrebenswert hält, selbst wenn man ihm nicht zu genügen vermag. Auch kann es rational sein, Ungleichbehandlung auf sich zu nehmen. Nichts anderes bringt das Rawlssche Differenzprinzip zum Ausdruck.[9] Für diejenigen, die über eine geringere wirtschaftliche Leistungsfähigkeit verfügen als andere, kann es rational sein, vergleichsweise benachteiligt zu sein, solange sie mit sozialer Ungleichheit besser dastehen als ohne.[10]

Die Verhältnisbestimmung von Rationalität und Diskriminierung, auf der jeglicher Diskriminierungsschutz beruht, hat eine bemerkenswerte Tiefendimension. Wenn die soziale Bestimmung von Anpassungsfähigkeit ansteht, stellt sich auch die Frage, wieviel *eigenes* rationales Verhalten man gegen sich selbst gelten lässt oder gelten lassen muss. Es geht um nichts anderes als um das Maß an Selbstverfügung, das man für angemessen hält und sich selbst wie anderen zumutet. Je nachdem, wie dieses Maß bestimmt wird, lassen sich Institutionen unter dem Gesichtspunkt der Antidiskriminierung *neutralisieren*. Jede gesellschaftliche Grundstruktur enthält

8 Siehe Alexander Somek, *Rationalität und Diskriminierung. Zur Bindung der Gesetzgebung an das Gleichheitsrecht*, Wien/New York, 2001, 380, 386.

9 Siehe John Rawls, *Eine Theorie der Gerechtigkeit*, Frankfurt/M. 1975, 95-104.

10 Daran ändert sich nichts, wenn man den Begriff der Grundstruktur, wie Cohen dies tut, weit fasst und das »Ethos« einer Gesellschaft mit einbezieht. Siehe G.A. Cohen, Where the Action Is: On the Site of Distributive Justice, in: *Philosophy & Public Affairs* 26 (1997), 3-10, hier: 28.

begrifflich eine *Entscheidung* darüber, welche Art von Diskriminierung als zulässig erachtet wird und welche nicht.[11] Damit steht die nach wie vor zutreffende Einsicht Platons in Zusammenhang, dass Verfassungen sich nach dem Typus von Mensch unterscheiden, den sie als für sie gültig voraussetzen.[12] Auch der Sozialstaat herkömmlicher Prägung lässt sich vor dem Hintergrund einer Neutralisierungsleistung verstehen. Immerhin setzt der Bezug von Unterstützungsleistungen im Prinzip die Arbeitswilligkeit voraus. Diejenigen, die zur Arbeit sich nicht berufen fühlen, gelten nicht als diskriminiert.

Die Aufgabe des im Sinne der Verhältnisbestimmung von Rationalität und Diskriminierung verstandenen Diskriminierungsschutzes lässt sich mittels zweier Sprachen artikulieren. Mit ihnen wird auf unterschiedliche Weise dem Gleichheitsrecht ein normativer Gehalt beigemessen. Die eine Sprache ist die distributive Sprache der Theorie der sozialen Gerechtigkeit.[13] Sie gehört zur politischen Philosophie.[14] Ihr Problemhorizont ist die Verteilung von sozialen Gütern. Die andere Sprache entspringt der deontologischen Perspektive des juristischen Denkens.[15] Sie dient der Beobachtung des menschlichen Verhaltens und der Beurteilung der mit dem Verhalten verknüpften Verantwortung für dessen Folgen.

Ich habe eingangs erwähnt, dass die Grundunterscheidung des Antidiskriminierungsrechts auf einer Unterscheidung beruht, die auf eine ihm immanente distributive Dimension hindeutet. Deswegen beginne ich mit der distributiven Sprache.

11 Nicht unähnlich an diesem Punkt sogar Ronald Dworkin, *Sovereign Virtue. The Theory and Practice of Equality*, Cambridge (Mass.) 2000, 282.

12 Siehe Platon, *Politeia* 544d-e, München 1974, 398.

13 Damit ist eine Theorie des Rawlsschen Typs gemeint, aufgrund derer die Gesellschaft als ein System der Zusammenarbeit zu begreifen ist und der zufolge das Problem der sozialen Gerechtigkeit darin besteht, die Erträge und Kosten der sozialen Zusammenarbeit richtig zu verteilen.

14 Siehe zur politischen Philosophie als dem Versuch, dem philosophischen Gedanken auf dem Gebiet der Politik Gehör zu verschaffen, bei Leo Strauss, On Classical Political Philosophy, in: ders., *The Rebirth of Classical Political Rationalism. An Introduction to the Thought of Leo Strauss*, hrsg. v. T. Pangle, Chicago/London 1989, 49-63.

15 Siehe dazu vorzugsweise Leo Katz, *Ill-Gotten Gains. Evasion, Blackmail, Fraud, and Kindred Puzzles of the Law*, Chicago/London 1996.

Die Theorie der sozialen Gerechtigkeit beschäftigt sich mit der Gleichheit im Verhältnis zur Grundstruktur der Gesellschaft. Sie widmet sich grundlegenden Institutionen, welche die gesellschaftliche Zusammenarbeit und die Gestaltung der diesbezüglichen Rechte und Pflichten regeln. Die Gleichheit ist von Bedeutung im Hinblick auf die *relative Position*, die man in dieser Struktur einnimmt.[16] Dabei ist es unerheblich, ob man in diese aufgrund diskriminierender Akte gelangt ist oder nicht. Wesentlich ist, dass die Positionen im Verhältnis zueinander nicht so gestaltet sein dürfen, dass über Menschen systematisch Nachteile verhängt werden, für die sie selbst nicht verantwortlich sind.[17]

Systematische Nachteile können unterschiedliche Ursachen haben. Sie mögen auf sozialen Vorurteilen beruhen, die systemisch reproduziert werden,[18] oder sich als Konsequenz der Grundregeln ergeben, auf denen soziale Kooperation basiert. Solche Ursachen sind für die Beurteilung der distributiven Frage im Prinzip unerheblich. Sie können erheblich sein, wenn es um die angemessene Bestimmung der Position von benachteiligten Gruppen geht. Davon abgesehen stellt sich unter distributiven Vorzeichen die Frage, ob es einzelnen Personen zuzumuten ist, innerhalb einer gegebenen Grundstruktur kraft eigener Anstrengung die Einnahme einer vergleichsweise nachteiligen Position zu vermeiden. Wenn das nicht der Fall ist, dann darf es eine solche Position nicht geben.

Da es bei der distributiven Sicht entscheidend um die Zumutbarkeit eigener Anstrengungen geht, korrespondieren den Regeln der Grundstruktur bestimmte Erwartungen. Sie lassen sich mit Rawls als *soziale Teilung der Verantwortung* bezeichnen.[19] Die soziale Teilung der Verantwortung bestimmt, unter welchen Bedingungen Menschen soziale Nachteile selbst zu tragen haben, ohne dass die Gemeinschaft dazu verpflichtet ist, sie auszugleichen. Wer beispielsweise über große mathematische Fähigkeiten verfügt und des-

16 Siehe Rawls, *Theorie der Gerechtigkeit* (oben Anm. 9), 115-120.

17 Siehe dazu bekanntlich Dworkin, *Sovereign Virtue* (oben Anm. 11), 297.

18 Siehe dazu die Analyse bei Cass Sunstein, *Free Markets and Social Justice*, New York/Oxford 1997, 151-166.

19 Siehe John Rawls, *Political Liberalism*, New York 1993, 189. (Dt.: *Politischer Liberalismus*, Frankfurt/M. 1998.)

wegen in der Lage wäre, eine wohlbestallte Position in der sozialen Arbeitsteilung einzunehmen, es aber gleichwohl vorzieht, als Straßensänger sein Einkommen zu verdienen, der darf sich über sein vergleichsweise geringeres Einkommen nicht beklagen. Er darf es wenigstens solange nicht, als es im Rahmen der sozialen Zusammenarbeit für alle von größerem Vorteil ist, wenn Mathematiker ein ansehnlicheres Einkommen als Straßensänger haben.

Die deontologische Sprache

Die deontologische Sprache ist auf die Beurteilung von Verhalten zugeschnitten. Bei deontologischer Betrachtung macht es den spezifischen Sinn von Normen aus, ein bestimmtes Verhalten unabhängig von der Größe oder Geringfügigkeit seiner Konsequenzen zu verbieten.[20] Man darf nicht töten. Man darf es nicht deswegen nicht, weil dies für die getötete Person eine schlimme Konsequenz hat. Man darf es nicht, weil es *falsch* ist, einen anderen zu töten. Es ist falsch, da niemand der Herr über das Leben einer anderen Person ist.

Ein Verhalten darf vom Adressaten eines Verbots nicht gesetzt werden, wenn es mangelnden Respekt vor dem Opfer signalisiert. Der Vorwurf, ein verbotenes Verhalten sei gesetzt worden, lässt sich nur unter der Bedingung erheben, dass der Adressat das verbotene Verhalten gewollt oder dessen Wirkung in Kauf genommen hat. Andernfalls würde die verpönte Signalwirkung entfallen. Folglich ist die Identifikation von *Gründen* des Verhaltens wesentlich für die deontologische Betrachtungsweise.

Für die Artikulation des Gleichheitsrechts impliziert dies, dass eine Diskriminierung als Akt zwar unabhängig von der Größe oder Geringfügigkeit ihrer Folgen verboten, aber auch nur dann zu verantworten ist, wenn der Adressat des Diskriminierungsverbots den unwiderlegten Verdacht auf sich gezogen hat, in seinem Verhalten einer bestimmten Person einen geringeren Wert als anderen Personen beizumessen. Die Ungleichbehandlung interessiert als demütigender Akt. Der Vollzug des diskriminierenden Aktes setzt voraus,

20 Siehe Thomas Nagel, *The View from Nowhere*, Oxford 1986, 176. (Dt.: *Der Blick von nirgendwo*, Frankfurt/M. 1992.)

dass die Diskriminierung für den Akteur einen *Grund* des Verhaltens darstellt.[21]

Die *Verantwortung für Verteilungsfolgen* wird auf andere Weise relevant als aus distributiver Sicht. Es kommt darauf an, ob jemand eine Diskriminierung als einen Akt der Ungleichbehandlung vollzieht. Die deontologische Sicht widmet sich der Verantwortung für die Auswirkung, die das Verhalten *auf andere* hat. Die distributive Sicht beschäftigt sich, wenn sie auf Verantwortung rekurriert, mit der Auswirkung des Verhaltens auf die soziale Position des Handelnden selbst.[22]

Die Einheit des Antidiskriminierungsrechts

Die vorstehenden Überlegungen haben uns darauf vorbereitet, die Einheit des Antidiskriminierungsrechts präzise zu fassen. Sie ergibt sich aus dem ihm immanenten Versuch, die distributive Sichtweise der Theorie der Gerechtigkeit in die deontologische Sprache des Rechts zu übersetzen. Diese seine *Übersetzungsfunktion* ist zwiespältig. Die Übersetzung gelingt im Falle der »unmittelbaren Diskriminierung«. Sie misslingt für deren »mittelbares« Gegenstück. Und das wirft ein Problem auf.

Das Antidiskriminierungsrecht kann nicht bloß auf einem Bein stehen. Der Schutz vor unmittelbarer Diskriminierung ist um den Schutz vor mittelbarer Diskriminierung zu ergänzen, weil er andernfalls spielend unterlaufen werden könnte. Allerdings fehlt der mittelbaren Diskriminierung die für die Übersetzung charakteristische distributive Regel. Deswegen kann das Antidiskriminierungsrecht in seiner Anwendung an die marktwirtschaftliche soziale Teilung der Verantwortung assimiliert werden. Für das Antidis-

21 Zur Attribution von Gründen des Verhaltens siehe Thomas Nagel, *The Possibility of Altruism*, Princeton 1970, 47-48, 120, 129. (Dt.: *Die Möglichkeit des Altruismus*, Berlin/Wien 2005.)

22 In diesem Zusammenhang versteht es sich von selbst, dass jemand umso freier ist, je weniger er oder sie die Kosten seines Verhaltens trägt. Für eine verwandte, allerdings auf die zeitlichen Dimensionen des Verhaltens abstellende Unterscheidung zweier Typen von Verantwortung, siehe Robert E. Goodin, Social Welfare as a Collective Social Responsibility, in: D. Schmitz/R. E. Goodin, *Social Welfare and Individual Responsibility*, Cambridge 1998, 97-196, hier: 150.

kriminierungsrecht bedeutet dies, dass es in seiner Anwendung notwendig den Verdacht auf sich ziehen muss, ein neoliberales und daher stumpfes Instrument der Sozialpolitik zu sein.

Der Darstellung dieses Problems sind die weiteren Ausführungen dieses Kapitels gewidmet. Der folgende Abschnitt bietet dazu einen Leitfaden. Die Ausführungen dürfen nicht als Prämissen der weiteren Analysen verstanden werden. Vielmehr fassen sie deren Resultat zusammen.

Übersetzung – Unvollständigkeit – Assimilierung

Wegen der Übersetzungsfunktion des Antidiskriminierungsrechts hat die distributive Funktion des Diskriminierungsschutzes normativ als Zurechnung dargestellt zu werden. Das ist zweifelsfrei paradox. Das Antidiskriminierungsrecht muss, um seiner distributiven Aufgabe gerecht zu werden, als individuelles Unrecht ausgeben, was aus deontologischer Sicht nicht individuell zu verantworten ist. Der Grund dafür ist offensichtlich. Die Theorie der Gerechtigkeit ist an »citizens as a collective body«[23] adressiert. Sie richtet sich *nicht* direkt an bestimmte soziale Funktionsträger im Rahmen einer etablierten Grundstruktur. Diese Unbestimmtheit ist bei der Übersetzung in das deontologische Idiom abzubauen. Durch die Konstruktion von Zurechnung und Verantwortung für die Schlechterstellung bestimmter Personen setzt das Antidiskriminierungsrecht seine Adressaten als *Distributionsagenten* ein.[24] Diejenigen, die vom Verhalten dieser Agenten negativ betroffen sein könnten, ohne die soziale Macht zu haben, diesem Verhalten auszuweichen, sind dessen *Klienten*. In nichts anderem als in dieser Übersetzungsfunktion liegt die Bedeutung der »unmittelbaren Diskriminierung«.

Diskriminierungsverbote laden zu ihrer Umgehung durch rational handelnde Personen ein. Zur Gegensteuerung ist der Schutz vor unmittelbarer Diskriminierung um den Schutz vor mittelbarer Diskriminierung zu erweitern. An dieser Erweiterung tritt allerdings nichts anderes als die *Unvollständigkeit* der Übersetzung von Vertei-

23 Siehe Rawls, *Political Liberalism* (oben Anm. 19), 189.

24 Siehe dazu schon John Gardner, Liberals and Unlawful Discrimination, *Oxford Journal of Legal Studies* 9 (1989), 1-21.

lungs- in Zurechnungsfragen hervor. Die Übersetzung von Verteilungs- in Zurechnungsfragen ließe sich nur vollständig durchführen, wenn klar wäre, wie weit oder wie eng die Verantwortung der Distributionsagenten gezogen ist. Dem Antidiskriminierungsrecht fehlt in diesem Zusammenhang ein Prinzip, das über das Verbot unmittelbarer Diskriminierung hinausginge. Die Bedeutung der »mittelbaren Diskriminierung« liegt in dem damit aufgeworfenen Rätsel. Dem Antidiskriminierungsrecht fehlt an diesem für sein Gelingen so entscheidenden Punkt die distributive Regel.

Daran zeigt sich der Konservativismus dieses Rechtsgebiets. Es ist ein Instrument der Marktkorrektur. Das setzt voraus, dass der Markt als Verteilungsmodus durch das Antidiskriminierungsrecht nicht in Frage gestellt wird. Es entspringt daher keinem Zufall, dass im Kontext der Beurteilung von Fällen mittelbarer Diskriminierung angesichts des Fehlens klarer distributiver Normierungen sich jene Form der sozialen Teilung der Verantwortung des Antidiskriminierungsrechts bemächtigt, die für marktförmige Transaktionen nicht untypisch ist. Es verengt den systematisch antidiskriminierenden Anspruch der Theorie sozialer Gerechtigkeit auf die Beobachtung des *Verhaltens* bestimmter Distributions*agenten*, die als rationale marktwirtschaftliche Akteure verstanden werden. Deswegen können die ausschließenden Gründe (also Gründe der Antidiskriminierung) an diesen Kontext assimiliert werden. Der Bereich der einschließenden Gründe wird damit prinzipiell erweiterungsfähig. Das lässt sich für eine soziale Welt wie die unsere beobachten, in welcher Anpassungsfähigkeit als Tugend erlebt wird.[25]

Die nun folgende Analyse der Grundsätze des arbeitsrechtlichen Antidiskriminierungsrechts der Europäischen Union wird diese Beobachtungen bestätigen.

Unmittelbare und mittelbare Diskriminierung

Das Europäische Gemeinschaftsrecht kennt zwei Anwendungsbereiche des diskriminierungsrechtlichen Schutzes im Arbeitsrecht. Die geschlechtsbezogene Gleichbehandlung, wie sie in Art. 141 EG Vertrag niedergelegt und durch Richtlinien präzisiert worden ist,

25 Siehe Somek, *Rationalität und Diskriminierung* (oben Anm. 8), 407.

und die darüber hinausgehende Verwirklichung der Gleichbehandlung in Beschäftigung und Beruf, die sich auf Art. 13 EG Vertrag stützt und in der Rahmenrichtlinie für die Verwirklichung der Gleichbehandlung in Beschäftigung und Beruf (2000/78/EG Rat vom 27.11.2000) geregelt worden ist. Über die Bereiche von Arbeit und Beschäftigung hinausgehend sieht die Richtlinie 2000/43/EG des EG Rats vom 29.6.2000 zur Anwendung des Gleichbehandlungsgrundsatzes ohne Unterschied der Rasse oder der ethnischen Herkunft (siehe lit. e-h des Art. 3 leg. cit.) einen diesbezüglichen Diskriminierungsschutz für Bereiche wie soziale Vergünstigungen oder Bildung vor.

In beiden neuen Richtlinien wird unter Anknüpfung an die Rechtsprechung des Europäischen Gerichtshofs in Art. 2 zwischen unmittelbarer und mittelbarer Diskriminierung unterschieden. Beide Arten der Diskriminierung sind aufgrund des so genannten *Gleichbehandlungsgrundsatzes* unstatthaft, der sich inhaltlich in der Festlegung dieser Diskriminierungsverbote erschöpft. Eine *unmittelbare* Diskriminierung liegt demnach dann vor, wenn eine Person wegen eines der vom Gleichbehandlungsgrundsatz ausdrücklich ausgeschlossenen Gründe (Rasse, ethnische Herkunft, Religion, Weltanschauung, Behinderung, Alter, sexuelle Ausrichtung) »in einer vergleichbaren Situation eine weniger günstige Behandlung erfährt, als eine andere Person erfährt, erfahren hat oder erfahren würde«. Eine Diskriminierung ist im Vergleich dazu *mittelbar*, wenn dem Anschein nach neutrale Vorschriften, Kriterien oder Verfahren Personen, in denen sich ein verpönter Grund realisiert, in besonderer Weise benachteiligen können. Für die mittelbare Diskriminierung wird im Anschluss an die Definition unter anderem hervorgehoben, dass ein Diskriminierungsverdacht sich *nicht* erhärtet, wenn die angewendeten Vorschriften, Kriterien oder Verfahren durch ein rechtmäßiges Ziel sachlich gerechtfertigt und die Mittel zu seiner Erreichung angemessen und erforderlich sind.

Der rechtlich erhebliche Unterschied, der solcherart bereits auf der Ebene der Definition zwischen unmittelbarer und mittelbarer Diskriminierung gemacht wird, ist auffällig. Während die erstere den Eindruck erweckt, einer strikten Regel unterworfen zu sein (Ausnahmen dürfen nach Art. 4 der zitierten Richtlinien für berufliche Anforderungen gesetzlich vorgesehen werden), unterliegt die zweitere einem Erforderlichkeitstest.

Das mit der unmittelbaren Diskriminierung verbundene Rätsel

Der Unterschied zwischen unmittelbarer und mittelbarer Diskriminierung scheint damit klargestellt zu sein. Solange es sich nicht um eine gesetzlich festgelegte berufliche Anforderung handelt, ist die unmittelbare Diskriminierung verboten. Eine solche liegt vor, wenn eine Person aufgrund einer der in Art. 1 der betreffenden Richtlinien genannten Merkmale oder Eigenschaften – wenn auch nur hypothetisch – vergleichsweise schlechter behandelt wird als eine andere, die ein solches Merkmal nicht trägt oder eine solche Eigenschaft nicht hat. Es sollte sich daher ein einfacher Fall konstruieren lassen, der demonstriert, wie sich ein Arbeitgeber anstellt, wenn er oder sie eine Person aufgrund von deren Rasse, ethnischer Herkunft, Religion, Weltanschauung, Behinderung, Alter oder sexueller Ausrichtung diskriminiert.

Hier ist ein solcher Fall. Ein Betreiber einer Gastwirtschaft gebe bei einem Stellenangebot an, dass er »Schwule« nicht beschäftigen wolle. Man kann wohl kaum direkter und plumper diskriminieren. Der Grund, aus dem der Gastwirt bestimmte Männer nicht anstellen will, ist offensichtlich der, dass sie homosexuell sind. Es liegt ein paradigmatischer Fall der unmittelbaren Diskriminierung vor.

Auf den zweiten Blick kann sich freilich herausstellen, dass der Gastwirt sich völlig rational verhält und keineswegs aufgrund einer Abneigung gegenüber homosexuellen Männern handelt. Angenommen der Gastwirt fürchtet ums Geschäft. Seine Stammkundschaft setzt sich aus dickbäuchigen Männern zusammen, die gerne derbe Scherze machen. Sie würden es gewiss ablehnen, sich von einer »Schwuchtel« bedienen zu lassen oder sich einen Spaß daraus machen, einen homosexuellen Mann zu demütigen. Im ersten Fall würden die gestandenen Männer zur Konkurrenz ausweichen; im zweiteren Fall wäre das Betriebsklima unerträglich. Der Grund des diskriminierenden Verhaltens des Gastwirtes ist daher nicht die sexuelle Orientierung potentieller Angestellter. Er handelt aus rein geschäftlichen Gründen. Er beachtet die Präferenzen der Verbraucher. Wenn das verpönt wäre, gäbe es keine Marktwirtschaft. Dass diese Präferenzen so und nicht anders beschaffen sind, hat er nicht zu verantworten. Die Diskriminierung wegen der sexuellen Orientierung ist deswegen also nur *mittelbar* ein Grund seines Verhaltens. Der

Gastwirt beachtet sie, weil die sexuelle Orientierung über den Umweg der Präferenzen der Verbraucher ein Faktor ist, der bei der Planung eines optimalen Betriebsergebnisses zu berücksichtigen ist. Wäre es daher nicht angemessener, von einer mittelbaren Diskriminierung zu sprechen, obwohl der Gastwirt inseriert, dass »Schwule« in seinem Betrieb nicht erwünscht sind?

Mittelbare mittelbare Diskriminierung

Aufgrund der Legaldefinition liegt eine mittelbare Diskriminierung nur dann vor, wenn die Anwendung von dem Anschein nach neutralen Kriterien darin resultiert, dass eine Person, die ein bestimmtes Merkmal trägt oder eine bestimmte Eigenschaft hat, gegenüber anderen aktuell oder potentiell benachteiligt wird. Der ausdrückliche Ausschluss männlicher Homosexueller von der Beschäftigung beruht aber nicht auf der Verwendung eines neutralen, sondern eines verpönten Kriteriums. Eine mittelbare Diskriminierung kann deswegen nicht vorliegen.

Der Gastwirt könnte gleichwohl behaupten, sein Einstellungskriterium fungiere bloß als ein Stellvertreter für »neutrale Kriterien«. Die neutralen Kriterien seien das Geschäftsergebnis und das Betriebsklima. Was wie eine unmittelbare Diskriminierung anmute, müsse daher als mittelbare mittelbare Diskriminierung betrachtet werden. Die Anknüpfung an die verpönte Eigenschaft sei ein Mittel, eine mittelbare, weil auf das Geschäftsergebnis abstellende, Ungleichbehandlung zu realisieren. Die mittelbare mittelbare Diskriminierung sei aber nicht verboten.

Diese Behauptung deckt den Kern der Schwierigkeit auf. Denn in der Tat lässt sich im Rahmen der Verhältnisbestimmung von Rationalität und Diskriminierung (siehe oben S. 213) die unmittelbare Diskriminierung als eine mittelbare mittelbare Diskriminierung darstellen. Das ist möglich, ohne dass die unmittelbare Diskriminierung durch die implizite doppelte Negation ihrem vermeinten Sinn nach mit sich identisch bleibt. Denn jede unmittelbare Diskriminierung lässt sich, sofern man sie unter dem Vorzeichen der Rationalität betrachtet, *im Grunde genommen* als mittelbare mittelbare Diskriminierung verstehen. Das verhält sich deswegen so, weil das Merkmal (wie Rasse oder Geschlecht), an das angeknüpft wird, als ein *extensionales Prädikat* fungiert.[26] Sein Gebrauch stellt sicher, dass die Adressaten der Unterscheidung sich dem diskriminierenden Verhalten nicht entziehen können. Die Ungleichbehandlung erreicht ihr (an sich erlaubtes) Ziel.

Es ist wichtig, die zuvor gemachte Einschränkung zu beachten, dass die Konversion der unmittelbaren in die mittelbare mittelbare Diskriminierung voraussetzt, das gesetzte Verhalten als rationales Verhalten zu verstehen. Die unmittelbare Diskriminierung tritt bloß dann unvermittelt auf, wenn sie irrational ist. Das geschieht, wenn die Träger bestimmter Eigenschaften oder Merkmale ohne weiteres benachteiligt werden. Die Diskriminierung beruht auf grundloser Ablehnung. Die irrationale Diskriminierung mag sozial weit verbreitet sein. Sie ist aber ein prozessual uninteressanter Fall. Unter der Bedingung, dass sich jemand gegenüber dem Vorwurf der Diskriminierung zu rechtfertigen hat, stellen Rationalisierungen die Begleitmusik jeglicher Diskriminierung dar.[27]

Zwei Gründe für den Schutz vor unmittelbarer Diskriminierung

Die Wichtigkeit des Diskriminierungsschutzes leuchtet dennoch für beide Fälle ein. Erstens lassen sich irrationale Diskriminierungen unter Rechtfertigungsdruck bringen. Zweitens ist die Verwendung extensionaler Prädikate prekär, weil sich die Opfer dem diskriminierenden Verhalten nicht (oder nur durch Verstellung oder soziales Ducken) entziehen können. Auf Unveränderliches Bezug zu nehmen, ist ein Kennzeichen der betreffenden Merkmale. Die sexuelle Orientierung wählt man nicht. Man entdeckt sie (der eine früher, die andere später). Allerdings sind diese Merkmale (oder Eigenschaften), wenn man sie unter dem Vorzeichen der Rationalität betrachtet, kein Grund, ihre Träger gering zu schätzen. Wenn es nicht gänzlich irrational zugeht, dann werden Menschen mit dunkler Hautfarbe nicht deswegen diskriminiert, weil sie »schwarz« sind. Der Umgang mit ihnen wird etwa aufgrund der Annahme vermie-

26 Siehe ebd., 395-397.

27 Für eine Fallstudie siehe Elisabeth Holzleithner, Gleichbehandlung an den Universitäten, in: Christine Goldberg/Sieglinde K. Rosenberger (Hrsg.), *Karriere-FrauenKonkurrenz*, Innsbruck/Wien/München/Bozen 2002, 191-204.

den, dass sich kleine Kinder vor Menschen mit dunkler Hautfarbe fürchten. Das ist der diskriminierende Grund. Er beruht auf einem Stereotyp. Durch den Gebrauch des Stereotyps nimmt sich das diskriminierende Verhalten als etwas aus, das mit dem Anspruch auf Rationalität auftritt. Der Diskriminierungsschutz untersucht, ob dieser Anspruch zu Recht besteht.

Unter dem Gesichtspunkt der Rationalität knüpft eine unmittelbare Diskriminierung an ein verpöntes Merkmal bloß deswegen an, weil es sich *besser* als ein »dem Anschein nach« neutrales Kriterium dazu eignet, einen Zweck zu verfolgen, der zunächst selbst nichts Diskriminierendes an sich hat. Die unmittelbare Diskriminierung ist »proxy discrimination«.[28] An ein Merkmal wird angeknüpft, damit eine davon verschiedene Eigenschaft bezeichnet werden kann, die für die Unterscheidung wesentlich ist. Insofern sich die unmittelbare Diskriminierung dabei als treffsicherer erweist als die mittelbare, ist sie vergleichsweise rationaler. In seiner stellvertretenden Funktion (etwa: »sexuelle Orientierung« für »geschäftsschädigend«) ist das verwendete Merkmal sogar neutral. Es ist bloß »dem Anschein nach« nicht neutral.

Unmittelbare Diskriminierung als reflexive Kategorie

Im Gewand der rationalen Diskriminierung ist die unmittelbare Diskriminierung dem Diskriminierungsschutz als etwas Unmittelbares kategorial entzogen. Sobald man sie vor dem Hintergrund der Unterscheidung zwischen Rationalität und Diskriminierung beobachtet, löst sie sich auf. Als Kategorie lässt sich die unmittelbare Diskriminierung daher nur als Antwort auf das durch die mittelbare mittelbare Diskriminierung aufgeworfene Problem verstehen. Sie ist auf nichts Unmittelbares bezogen.

Aufgrund dieser Überlegung mag einsichtig werden, worin ein wesentlicher Zweck des Antidiskriminierungsrechts besteht. Arbeitgeber müssen *selbst dann* für eine Diskriminierung von Schwarzen oder Homosexuellen haften, wenn sich diese als mittelbare mittelbare Diskriminierung darstellen lässt. Das ist in denjenigen Fällen

28 Siehe dazu vorzugsweise Deborah Hellman, Two Types of Discrimination: The Familiar and the Forgotten, in: *California Law Review* 86 (1998), 315-361, insbes. 334-335.

evident, in denen Vorurteile von Konsumenten und Klienten durch rationales Verhalten indirekt affirmiert werden. Das zu erwartende Verhalten der Gäste des Wirts ist von Homophobie geprägt. Dafür gibt es keine sachlichen Gründe. Analoges gilt für kleine Kinder, die sich (angeblich) vor Menschen mit dunkler Hautfarbe fürchten.

Das Antidiskriminierungsrecht kann nicht anders, als bei eingeschliffenen Erwartungen und grundlosen Vorurteilen Dritter anzusetzen. Würden diese durch das Verhalten des Distributionsagenten permanent bestätigt, dann wären Homosexuelle oder Schwarze niemals dazu in der Lage, sich Respekt in der Gesellschaft zu verschaffen. Das systemische Geflecht von Diskriminierungen lässt sich nur auflösen, indem man es an einer bedeutenden Stelle unterbricht. Indem man vorurteilsbeladene Menschen dazu nötigt, mit jenen Umgang zu haben, die bislang ihren Vorurteilen zum Opfer gefallen sind, lässt sich ein Ziel des Antidiskriminierungsrechts erreichen. Es besteht darin, die gleichwertige Teilnahme aller an der sozialen Zusammenarbeit zu garantieren.

Im Lichte der Verhältnisbestimmung von Rationalität und Diskriminierung (oben S. 213-214) bedeutet dies, dass dem Diskriminierungsschutz gegenüber der Achtung rationalen Verhaltens *Priorität* eingeräumt wird. Der Begriff der »unmittelbaren Diskriminierung« bezeichnet diesen Vorrang. Das Gleichheitsrecht wäre ohne einen solchen Vorrang *bedeutungslos.*[29] Es erhält seine Bedeutung nur unter der Bedingung, dass gewisse Gründe für rationales Verhalten aufgrund ihres Inhalts als diskriminierend ausgeschlossen werden.

Die distributive Dimension und der Inhalt des Gleichbehandlungsgrundsatzes

Die Übersetzung, von der ich oben (S. 217) gesprochen habe, gelingt. An der Kategorie der unmittelbaren Diskriminierung tritt die distributive Dimension des Antidiskriminierungsrechts in deontologischer Einkleidung hervor. In Punkt 9 der Präambel der Rahmenrichtlinie wird diese Dimension deutlich zum Ausdruck ge-

29 Siehe Somek, *Rationalität und Diskriminierung* (oben Anm. 8), 317, 356, 359, 391-392.

bracht. Beschäftigung und Beruf werden als Bereiche bezeichnet, »die für die Gewährleistung gleicher Chancen für alle und für eine volle Teilhabe der Bürger am wirtschaftlichen, kulturellen und sozialen Leben sowie für die individuelle Entfaltung von entscheidender Bedeutung sind«. Im Verhältnis zu den Klienten des antidiskriminierungsrechtlichen Schutzes lässt sich deren scheinbar bedingungslose Inklusion ohne Weiteres mit der sozialen Teilung der Verantwortung in Einklang bringen, wie sie sich aus der Sicht der Theorie der Gerechtigkeit darstellt. Denn es ist nicht einzusehen, weshalb Menschen aufgrund bestehender rassistischer oder homophober Vorurteile einen sozialen Nachteil hinnehmen müssen. Es ist auch dann nicht einzusehen, wenn das sie benachteiligende Verhalten bloß auf einer rationalen Berücksichtigung solcher Vorurteile beruht. Unter distributiven Vorzeichen ist der Schutz gegen unmittelbare Diskriminierung nicht zu beanstanden. Die rationale Berücksichtigung von Vorurteilen ist unerlaubt. Das ist der Inhalt des Gleichheitsrechts, das in den Richtlinien als »Gleichbehandlungsgrundsatz« bezeichnet wird (Art. 1 leg. cit.).[30]

Inhaltlich bedeutet der Gleichbehandlungsgrundsatz als Verbot der unmittelbaren Diskriminierung für die Distributionsagenten nichts anderes, als dass sie kollektiv dazu verpflichtet sind, zur Bekämpfung von systemischer Diskriminierung einen angemessenen Beitrag zu leisten. Die Verpflichtung gilt für alle, indem sie jeden Einzelnen persönlich trifft. Da sie durch die Präferenzen der Konsumenten nicht aufgehoben wird, tragen die Distributionsagenten im Verhältnis zu diesen eine finanzielle und pädagogische Last. Die Distributionsagenten werden als die Erzieher der Konsumenten in die Pflicht genommen. Durch die Beschäftigung der Klienten des Antidiskriminierungsrechts sollen die *Haltungen* der Gesellschaftsmitglieder verändert werden. Aufgrund veränderter Hal-

30 Der Gleichbehandlungsgrundsatz stellt darauf ab, dass den Klienten des Diskriminierungsschutzes durch das Verhalten der Distributionsagenten der chancengleiche Zugang zu sozialen Positionen nicht verbaut werden darf. Das hat seinen guten Sinn. Es gibt wohl kaum einen geeigneteren Punkt, den Zirkel der sozialen Konfirmation von Vorurteilen zu unterbrechen als jenen, an dem es um Beschäftigung geht. Die Beschäftigung und damit die Teilnahme am sozialen Leben gehört zu den Gütern, die alle haben wollen, was immer sie sonst noch haben wollen. Der chancengleiche Zugang ist wichtig. Die Andersfarbigen und Homosexuellen auf Inseln abzusondern, wo sie untereinander ein bequemes Leben führen, ist keine billigenswerte Alternative.

tungen soll sich langfristig die soziale Position der Klienten verbessern. In einer Gesellschaft, in der soziale Güter aufgrund von freiwilligen Transaktionen zugeteilt werden, ist die gleichwertige Partizipation aller wohl auch nicht anders zu realisieren.[31]

Unvollständigkeit

Die dezentrale Wertbestimmung auf Märkten ist ihrer Form nach so beschaffen wie die soziale Diskriminierung, die zu vermeiden das Antidiskriminierungsrecht antritt. Wenn *A* aufgrund seines Teints in den Augen des konsumierenden Publikums besser aussieht als *B*, dann wird ein Modeschöpfer wohl eher *A* als *B* als Model anstellen, bloß weil das konsumierende Publikum eine Präferenz für *A* hat. Das Publikum muss seine Präferenz nicht begründen. Die Marktwirtschaft fordert Anpassungsfähigkeit von allen, *bloß nicht* von den Konsumenten, wenn es um ihre Präferenzen geht. Sie müssen es sich allerdings gefallen lassen, von den Anbietern manipuliert zu werden. Da sie selbst dazu neigen, ihre Wünsche als Datum aufzufassen, kümmert sie das nicht.

Davon abgesehen ist die Anpassungsfähigkeit das eherne Gesetz des Überlebens in der Marktwirtschaft. Ausgenommen werden davon durch das Antidiskriminierungsrecht nur jene, die zumeist auffällige, jedenfalls aber unveränderliche Merkmale tragen und sich daher nicht anpassen können.[32] Sie sind nicht flexibel. Diskriminierungsverbote gleichen dies aus. Unflexibilität wird neutralisiert. Darüber hinaus ist die soziale Verteilung der Verantwortung in der Marktwirtschaft so gestaltet, dass Arbeitgeber jedes rationale Verhalten wählen dürfen, das dazu geeignet ist, einen Konflikt mit dem Schutz gegen unmittelbare Diskriminierung zu vermeiden. Ihre

31 Durch eine Veränderung der Ressourcenverteilung kann eine Veränderung von Einstellungen bewirkt werden. Es erfreut sich allgemeiner Bekanntheit, dass der Reichtum die Bildung oder den persönlichen Stil als Quelle sozialer Wertschätzung verdrängen kann. Die Gesellschaftsspalten der Zeitungen sind voll von Berichten über unfeine Leute. Das Recht kann an soziale Mechanismen dieser Art anknüpfen und über die Verteilung von Ressourcen eine Veränderung von Haltungen stimulieren.

32 Siehe zum Problem Kenji Yoshino, The Assimilationist Bias in Equal Protection: The Visibility Presumption and the Case of ›Don't Ask, Don't Tell‹, in: *Yale Law Journal* 108 (1998), 485-571.

Verantwortung als Distributionsagenten schließt nicht aus, dass sie sich an jene Verhältnisbestimmung von Rationalität und Diskriminierung rational anpassen, die ihnen durch das Verbot der unmittelbaren Diskriminierung vorgegeben wird.

Um eine rationale Anpassung, die nicht zu beanstanden ist, von der Umgehung trennen zu können, kommt die Anwendung des Antidiskriminierungsrechts nicht umhin, die Diskriminierung als einen *Akt* zu verstehen. Es ist auf die Rechtfertigung des Aktes zu achten und in diesem Zusammenhang auf *denkbare Gründe* des Verhaltens zu rekurrieren. Den Distributionsagenten muss es daher darum gehen, ein Verhalten zu vermeiden, das als Ausdruck einer diskriminierenden Haltung verstanden werden *könnte*.

Allerdings darf es wegen der Übersetzungsfunktion des Antidiskriminierungsrechts auf die *Haltung der Distributionsagenten* nicht ankommen. Gäbe sie den Ausschlag, würde dieses Rechtsgebiet, entgegen seinem eigenen Anspruch, deontologisch reduziert.[33] Die Übersetzung entfiele. Die Bestimmung des Verhaltens, das der Distributionsagent sich zurechnen lassen muss, *muss* daher auf einer Verhältnisbestimmung von Rationalität und Diskriminierung aus distributiver Sicht beruhen, die von seinen Haltungen *unabhängig* ist. Ein weiterer Blick auf die unmittelbare Diskriminierung mag verständlich machen, was das bedeutet.

Damenkapellen (bzw. girl groups) beschäftigen keine männlichen Musiker. Das dürfte ein Fall unmittelbarer Diskriminierung sein. Das Urteil darüber, ob eine solche in der Tat vorliegt, setzt voraus, den Fall zunächst als das zu verstehen, was er wirklich ist, nämlich als mittelbare mittelbare Diskriminierung. Bloß aufgrund der mit dem Gleichbehandlungsgrundsatz bezeichneten Verhältnisbestimmung von Rationalität und Diskriminierung wird er vom Antidiskriminierungsrecht prima facie als ein Fall unmittelbarer Diskriminierung ausgegeben. Zur Beurteilung der Frage, ob sich die Damen der Damenkapelle gegenüber Männern *wirklich* diskriminierend verhalten, wenn sie diesen die Beschäftigung verwehren, ist zu bestimmen, welchen Gehalt der Gleichbehandlungsgrundsatz in diesem Fall hat. Dabei ist auf die systematische Konsequenz des Verhaltens der Distributionsagenten im Verhältnis zur rationalen

33 Zur deontologischen Reduktion siehe Somek, *Rationalität und Diskriminierung* (oben Anm. 8), 456-458.

Zweckverfolgung zu achten. Gründe des Verhaltens spielen nicht die entscheidende Rolle.

Der Ausschluss der Männer von der Beschäftigung ist ein rationales und notwendiges Mittel, die Identität des Dienstleitungsunternehmens »Damenkapelle« (bzw. einer girl group) aufrechtzuerhalten. Die Verfolgung des Ziels, mit einem solchen Unternehmen wirtschaftlich erfolgreich zu sein, wäre dann diskriminierend, wenn dadurch die *systematische* soziale Schlechterstellung von Männern gefestigt würde. Das ist aber nicht zu erwarten. Der Betrieb einer Damenkapelle dient keinem diskriminierenden Ziel. Es wird keinem Vorurteil dahingehend Vorschub geleistet, dass Männer schlechtere Musiker als Frauen seien, mit dem sich die Konsequenz verbände, dass männliche Musiker sozio-ökonomisch schlechter dastünden als weibliche. Insofern und weil diese Konsequenz nicht zu befürchten ist,[34] muss der Antidiskriminierung nicht Vorrang vor der rationalen Zweckverfolgung eingeräumt werden. Es wäre selbst dann nicht nötig, wenn die Angehörigen einer girl group sich unter anderem deswegen zusammenfänden, weil sie Männer für abstoßende Wesen hielten und daher in einem deontologischen Sinne Männern einen geringeren Wert beimäßen als Frauen.

An dieser Überlegung ist *einerseits* ersichtlich, dass die Verhältnisbestimmung von Rationalität und Diskriminierung nur unter Rekurs auf die distributive Dimension des Antidiskriminierungsrechts durchzuführen ist; zu beurteilen ist die Frage, ob eine unternehmerische Entscheidung in die systematische Schlechterstellung einer Person eingeht oder in diese verwickelt ist. *Andererseits* hat das Antidiskriminierungsrecht aus der Sicht der Distributionsagenten einen deontologischen Horizont. Dieser droht bei der mittelbaren Diskriminierung die fehlende distributive Dimension zu ersetzen.

Die mittelbare Diskriminierung, die auf der Verwendung »scheinbar neutraler Merkmale« beruht (»Teilzeitkräfte« statt »Frauen«), lässt sich als zulässig ausgeben, wenn »die angewendeten Vorschriften, Kriterien oder Verfahren durch ein rechtmäßiges Ziel sachlich gerechtfertigt und die Mittel zu seiner Erreichung ange-

34 Von girl groups oder boy groups sind Fälle zu unterscheiden, in denen geschlechtsspezifisch zusammengesetzte Gruppen die soziale und wirtschaftliche Macht haben, den Qualitätsstandard entscheidend zu bestimmen. Daher lassen sich die obenstehenden Überlegungen nicht auf die Wiener Philharmoniker übertragen.

messen und erforderlich sind« (Art. 2 beider Rahmenrichtlinien). Daran ist ersichtlich, dass der Schutz gegen mittelbare Diskriminierung die Vorrangbestimmung im Verhältnis von Rationalität und Diskriminierung einer Abwägung im Verhältnis zur Rationalität unterwirft. Die Verhältnisbestimmung zwischen Diskriminierungsschutz und ökonomischer Rationalität gerät auf eine Ebene mit der letzteren. Sie wird potentiell zur Disposition wirtschaftlicher Interessen gestellt. Es fehlt ihr die distributive Regel. Sie verflüchtigt sich in einen Gesichtspunkt der Güterabwägung, die die Domäne des moralischen Intuitionismus ist.[35] Vor allem aber ermutigt das Fehlen einer distributiven Regel zum Schielen nach bösen Absichten. Wenn die Anwendung der deontologischen Sprache nicht von einer distributiven Regel bestimmt ist, dann gewinnt diese freie Hand. Das Entstehen disproportionaler Verteilungseffekte wird deswegen nur dann als Diskriminierung klassifiziert, wenn Anhaltspunkte dafür bestehen, sie sei vom Distributionsagenten intendiert gewesen. Lässt sich eine Intention nicht finden – und wann wird das schon der Fall sein? –, lassen sich diskriminierende Verteilungseffekte als unintendierte Nebenfolgen des Verhaltens abtun. Die deontologische Sprache dominiert. Das Antidiskriminierungsrecht dekonstruiert sich selbst. In seiner Anwendung wird es von den Füßen auf den Kopf gestellt.

Assimilierung

Wie stünde es um den Gastwirt, wenn er sich darauf kaprizierte, nur »Verehelichte« anzustellen?[36] Zunächst mag es so aussehen, als habe der kluge Mann bloß die Diskriminierungstechnik gewechselt. Anstelle der unmittelbaren hat er die mittelbare Diskriminierung gewählt. Die Verehelichung ist im Vergleich zur verpönten »sexuellen Orientierung« ein neutrales Merkmal. So sieht es zumindest aus. Es sieht zumindest solange so aus, als man nicht die Frage stellt, was »mittelbar« bedeutet.

Intensional betrachtet ist eine Diskriminierung mittelbar, wenn die direkte Benennung des verpönten Merkmals vermieden wird,

35 Siehe Kapitel 5.

36 Das Gelingen des Beispiels setzt voraus, dass es Homosexuellen rechtlich nicht möglich ist, eine »Ehe« einzugehen.

die gewählte Bezeichnung aber sinnverwandt ist. Man sagt »nicht-verehelicht« statt »schwul«. Unter extensionalen Vorzeichen ist eine Diskriminierung mittelbar, wenn sie nicht treffsicher ist. Die Selektion Nicht-Verheirateter schließt auch heterosexuelle Junggesellen (und Junggesellinnen) ein. Je weniger treffsicher eine Klassifikation ist, umso leichter lässt sich der Verdacht abwenden, es werde unmittelbar diskriminiert.

Unter dem Gesichtspunkt der Rationalität sind bei der Diskriminierung extensionale Prädikate relevant (siehe schon oben S. 205, 223). Daher sollte man sich an eine extensionale Charakterisierung halten. Demnach liegt eine mittelbare Diskriminierung immer dann vor, wenn durch eine an sich überinklusive Klassifikation ein erstaunlich hoher Anteil der verpönten Gruppe erfasst wird und deren Angehörige einen »besonderen Nachteil« erleiden. Indessen reicht die mittelbare Diskriminierung begrifflich nicht an das heran, was durch die Feststellung einer solchen unmittelbar mittelbaren Diskriminierung geleistet werden sollte. Zum einen ergibt sich eine auffällige Asymmetrie im Verhältnis zur unmittelbaren Diskriminierung. Die letztere *ist* vermöge der oben rekonstruierten Übersetzung der distributiven Funktion in ein deontologisches Idiom als Kategorie selbst die Verteilungsregel. Bei der mittelbaren Diskriminierung verhält es sich anders. Es fehlt eine Regel, die angibt, ab welchem Prozentsatz der Benachteiligung eine Diskriminierung vorliegt. Zum anderen mag dieses Fehlen einer Regel durchaus auf einem sachlichen Grund beruhen. Aus distributiver Sicht enthüllt der »disparate impact« einer Maßnahme oder Praxis nicht von sich aus den verteilungsrelevanten Positionsnachteil. Ob siebzig Prozent derer, die in vergleichsweise schlechter bezahlten Jobs arbeiten, Frauen und nicht Männer sind, ist unerheblich, wenn die siebzig Prozent Frauen mit den dreißig Prozent Männern, die ebenfalls solche Jobs haben, gemeinsam haben, aufgrund ihrer sozialen Ohnmacht einen systematischen Nachteil zu haben. Gewiss ließe sich der mittelbaren Diskriminierung eine distributive Regel auch in solchen Fällen noch unterschieben. Man könnte Frauen immer dann für diskriminiert erachten, wenn sie weniger als die Hälfte der Positionen einnehmen. Allerdings ist ein solches Verständnis unmittelbarer mittelbarer Diskriminierung nicht mit der mittelbaren Diskriminierung vereinbar, wie sie vom Antidiskriminierungsrecht verstanden wird. In diese ist nämlich eine deontologische Bremse eingebaut.

Den Arbeitgebern ist es gestattet, »objektive Gründe« vorzuweisen, die ihnen dazu verhelfen, aus ihrer Verantwortung als Distributionsagenten entlassen zu werden. Immerhin ermöglicht es der Gebrauch einer überinklusiven Klassifikation, Gründe für rationales Verhalten darzulegen, aufgrund derer zu handeln den Distributionsagenten *wie allen anderen Marktteilnehmern* gestattet ist. Was die unmittelbare Diskriminierung durch die Etablierung einer Verteilungsregel zurückweist, wird durch die mittelbare Diskriminierung als Erlaubnis wieder eingeführt.

Das Antidiskriminierungsrecht ist damit in seiner Anwendung an jene Art der sozialen Teilung der Verantwortung assimiliert, die für den marktwirtschaftlichen Verkehr typisch ist. Sie ist mit der deontologischen Sprache des Rechts kohärent. Das Argument, dass den Distributionsagenten kein übermäßiges Opfer abverlangt werden darf, lässt sich dafür heranziehen, ihr Verhalten vom Verdacht zu befreien, *Ausdruck* einer diskriminierenden Haltung zu sein. Das Antidiskriminierungsrecht wird nachgiebig gegenüber ökonomischen Sachzwängen.[37] An diesem für das Antidiskriminierungsrecht entscheidenden Punkt fehlt eine Verteilungsregel. Statt dessen dominiert die deontologische Sprache. Das Antidiskriminierungsrecht kennt hier weder ein Maß der sozialen Teilung der Verantwortung noch ein Muster für die Positionsbestimmung. Deswegen ist es dafür anfällig, Verteilungsfragen durch Zurechnungsfragen im Kontext marktwirtschaftlichen Verhaltens zu ersetzen.

Ob das Antidiskriminierungsrecht in seiner Anwendung auch in Fällen der mittelbaren Diskriminierung eine effektive Intervention in die Logik marktförmiger Diskriminierung darstellen *kann*, wird damit abhängig von den Haltungen der rechtsanwendenden Organe. Die Gewährleistung von Diskriminierungsschutz wird nachge-

37 Siehe Nikola Lacey, From Individual to Group?, in: B. Hepple/E. Szyszczak (Hrsg.), *Discrimination: The Limits of Law?*, London 1992, 99-124, hier: 105: »[I]n deciding what constitutes less favorable treatment, sexist [...] stereotypes can creep in; in deciding what is justified, the view of anti-discrimination law as essentially concerned with dismantling restrictive practices and opening up a genuine market of equal opportunity predisposes tribunals to be sympathetic to economic arguments and discourages any clear appeal to the intrinsic value of a more egalitarian world.«

38 Für eine optimistische Einschätzung siehe Karl-Jürgen Bieback, *Die mittelbare Diskriminierung wegen des Geschlechts. Ihre Grundlage im Recht der EU und ihre Auswirkungen auf das Sozialrecht der Mitgliedsstaaten*, Baden-Baden 1997.

rade zur freiwilligen Leistung wohlmeinender Richterinnen und Richter.[38] Seltsamerweise ist das kohärent mit einer neoliberalen Sozialpolitik, die neben der Förderung von Flexibilität und Anpassungsfähigkeit gewisse soziale Mindeststandards gewährleistet (in diesem Fall den Schutz vor unmittelbarer Diskriminierung) und für den Bereich, der über Mindeststandards hinausgeht, die freiwillige, eben nicht durch das Recht geforderte Gewährung von sozialem Schutz zu ihrem Prinzip erhoben hat.[39]

Schluss

Das Antidiskriminierungsrecht ist ein Rechtsgebiet, von dem sich manche eine Vermehrung der sozialen Gerechtigkeit erwarten. Ich fürchte, diese Hoffnung ist unbegründet. Die Anwendung des Antidiskriminierungsrechts ist letztlich keinen allgemeinen distributiven Maßstäben unterworfen. Im Effekt wird den entscheidenden Stellen großer Entscheidungsspielraum eingeräumt. Den Normen fehlt, was man von Normen erwartet: die Normierung.

Ob die solcherart aufgedeckte Unbestimmtheit des Rechts eine Angelegenheit ist, die auf das Antidiskriminierungsrecht beschränkt ist, mag an dieser Stelle dahinstehen.[40] Was uns in Hinkunft interessieren sollte, ist die Frage, ob ein berüchtigtes Instrument wie »die Quote« oder die altmodische Technik der Gewährleistung von »unflexiblen« sozialen Rechten sich nicht als bei weitem harmloser, weil als bei weitem normativ gehaltvoller, als der private Diskriminierungsschutz ausnehmen.

39 Zu letzterem siehe Wolfgang Streeck, Neo-Voluntarism: A New Social Policy Regime?, in: *European Law Journal* 1 (1995), 31-59.

40 Siehe dazu Alexander Somek/Nikolaus Forgó, *Nachpositivistisches Rechtsdenken. Inhalt und Form des positiven Rechts*, Wien 1996.

Nachweise

Teile der Einleitung lagen einem Vortrag zugrunde, den ich im Mai 2003 im Rahmen des von Matthias Jestaedt und Oliver Lepsius organisierten »Intradisziplinären Forum Franken« an der Universität Erlangen hielt. Sie ist bislang unveröffentlicht.

Der Text des ersten Kapitels ist zunächst im Rechtshistorischen Journal 20 (2001), 698-714, erschienen und unverändert in K. Lerch (Hrsg.) Sprache und Recht, Bd. 1, Berlin 2004, 413-428, abgedruckt worden. Er erscheint hier in stark überarbeiteter Form. Für die kritische Lektüre von früheren Fassungen dieses Beitrags danke ich Nikolaus Forgó, Roland Gerlach, Elisabeth Holzleithner, Gerhard Luf und Peter Pollak. Eine ausführlichere Version bildete Grundlage für eine Diskussion im Rahmen eines Workshops über Theorie und Praxis in den Wissenschaften, der auf Einladung von Nico Stehr im März 2001 am Hanse-Kolleg (Delmenhorst) stattfand. Martin Schulte sei an dieser Stelle nochmals für seine freundlich-kritischen Kommentare gedankt.

Eine frühere Version des zweiten Kapitels ist unter dem Titel »Gesetzesbindung als Problem der Demokratie« zunächst im Journal für Rechtspolitik 6 (1998), 41-62, erschienen. Der ursprüngliche Text lag im April 1998 dem juristisch-linguistischen Arbeitskreis in Mannheim zur Diskussion vor. Es ziemt sich, den Teilnehmern für ihre kritischen Bemerkungen zu danken.

Das dritte Kapitel ist die überarbeitete Fassung eines auf Einladung der Deutschen Richterakademie am 15.1.1997 in Trier gehaltenen Vortrages. Der Besuch dieser Akademie war ein ernüchternder. Ich fand mich deutschen Jungrichterinnen und -richtern gegenüber, deren Reaktion auf meinen Text mir bestätigte, dass, wer Rechtstheorie macht, nicht dazugehört – zumindest nicht zur jungen deutschen Richterschaft. Der Text ist zunächst unter dem Titel »Rechtsanwendung verstehen« in der Österreichischen Zeitschrift für öffentliches Recht 53 (1998), 337-362, erschienen.

Der Text des vierten Kapitels hat sein eigenes Schicksal. Ein erster Entwurf des gesamten Manuskripts erschien 1998 als Vienna Working Paper in Legal Theory, Political Philosophy and Applied Ethics 5 (http://www.juridicum.at/fdocuments/Somek_Abwaegungsregeln.pdf). Sodann erschien eine überarbeitete Fassung des letzten

Abschnitts unter dem Titel »Eine egalitäre Alternative zur Güterabwägung« in B. Schilcher et al. (Hrsg.), Regeln, Prinzipien und Elemente im System des Rechts, Wien 2000, 193-220. Im Jahr 2003 publizierten Christian Hiebaum und Peter Koller die vollständig überarbeitete Version der vorangegangenen Abschnitte dieses Textes unter dem Titel »Abwägungsregeln. Ein didaktischer Beitrag zur Grundrechtsdogmatik«, in dem von ihnen herausgegebenen ARSP Sonderheft über Politische Ziele und juristische Argumentation, Stuttgart 2003, 113-141. Der Text wurde hier wieder zusammengefügt. Er hat mannigfaltige Transformationen durchgemacht.

Das fünfte Kapitel enthält manche Passagen eines working paper, das ich unter dem Titel »Das Ethos der Menschenrechte und die Verfassungsrechtslehre« veröffentlicht habe (http://www.juridicum.at/fdocuments/Somek_Ethos_der_Menschenrechte.pdf). Eine überarbeitete Version erschien unter dem Titel »Gleichheit als Diskriminierungsschutz. Eine Replik auf Huster« in Der Staat (2004), 425-433. Ich danke Armin von Bogdandy, Elisabeth Holzleithner und meiner Frau Sabine für die kritische Lektüre von früheren Versionen.

Das sechste Kapitel erschien ursprünglich unter dem Titel »Neoliberale Gerechtigkeit« in der Deutschen Zeitschrift für Philosophie 51 (2003), 45-59. Die in diesem Text zum Ausdruck gebrachten Ideen habe ich 2001 in einer Wiener Rechtsanwaltskanzlei und 2002 in Graz bei einer von Christian Hiebaum und Peter Koller veranstalteten Tagung über politische Ziele und juristische Argumentation präsentiert. Für herausfordernde Diskussionen danke ich vor allem Elisabeth Holzleithner, Stefan Huster und Franz Merli. Die wohlwollende Kritik meiner Frau hat dem Text gutgetan. Roland Gerlach diskutiert mit mir seit Jahren über die Thematik des Antidiskriminierungsrechts. Ich schulde ihm dafür meinen aufrichtigen Dank.

Register